ELAINE N. ARON

HOCH-SENSIBLE ELTERN

ELAINE N. ARON

HOCH-SENSIBLE ELTERN

Zwischen Empathie und Reizüberflutung – wie Sie Ihrem Kind und sich selbst gerecht werden

mvgverlag

Bibliografische Information der Deutschen Nationalbibliothek:
Die Deutsche Nationalbibliothek verzeichnet diese Publikation in der Deutschen Nationalbibliografie. Detaillierte bibliografische Daten sind im Internet über https://dnb.de abrufbar.

Für Fragen und Anregungen:
info@m-vg.de

2. Auflage 2025

Türkenstraße 89
80799 München
Tel.: 089 651285-0

Die amerikanische Originalausgabe erschien 2020 bei Citadel unter dem Titel *The Highly Sensitive Parent*.

Übersetzung: Elisabeth Liebl
Redaktion: Caroline Draeger
Umschlaggestaltung: Pamela Machleidt
Umschlagabbildung: shutterstock/TAW4
Satz: Christiane Schuster | www.kapazunder.de
Druck: GGP Media GmbH, Pößneck
Printed in Germany

ISBN Print 978-3-7474-0149-1
ISBN E-Book (EPUB, Mobi) 978-3-96121-510-2

Für alle schwer arbeitenden Eltern:
Ohne Sie würde es uns nicht geben.

Vor allem aber für die Hochsensiblen unter Ihnen:
Sie verleihen dem Elterndasein eine neue Tiefe.

Einige Worte vorab

Alle Eltern finden das Elternsein schwierig. Unsere Forschungen haben gezeigt, dass hochsensible Eltern – zumindest in den englischsprachigen Ländern – dies noch stärker empfinden. Andererseits können hochsensible Eltern besser auf ihre Kinder eingehen – und das ist die andere Seite der Medaille.[1]

Es stellt sich also die Frage: Sind *Sie* hochsensibel? Wenn Sie sich nicht sicher sind, gehen Sie den Fragebogen ab Seite 13 durch. Er hilft Ihnen, eine Antwort auf diese Frage zu finden. Gehören Sie zu den Hochsensiblen, dann ist Ihr überragendes Einfühlungsvermögen einer Ihrer größten Pluspunkte im Elterndasein. Ziel dieses Buches ist es, Ihnen das Elterndasein leichter zu machen, sodass Sie Freude daran finden. (Nur der Klarheit halber: In diesem Buch geht es nicht um den Umgang mit hochsensiblen Kindern. Dieser ist Thema meines Buches »Das hochsensible Kind«. Hier geht es um hochsensible *Eltern*, ganz unabhängig davon, wie deren Kinder veranlagt sind.)

Alle Eltern haben wenig Zeit, ob sie nun hochsensibel sind oder nicht. Aber wenn Sie zur Gruppe der hochsensiblen Persönlichkeiten (HSP) gehören, dann müssen Sie noch mehr als andere Eltern auf Ihr Timing achten. Forschungsarbeiten zeigen nämlich, dass Hochsensible schnell unter Reizüberflutung leiden. Sie brauchen daher neben der Zeit für Ihr Kind viel Zeit für sich selbst, um Ihre Batterien wieder aufzuladen. Ohne solche Zeiten der Muße werden Sie schnell reizbar und bestimmt kreuzunglücklich – und dann ist es auch mit Ihrem Einfühlungsvermögen vorbei. Dieses Buch will Ihnen ein Ratgeber sein, wie Sie mit Ihrer kostbaren Zeit achtsam umgehen, ein Ratgeber, der Ihnen aufzeigt, was Sie am meisten brauchen. Das erste Kapitel ist wichtig, wenn Sie Zweifel daran haben, ob Sie überhaupt hochsensibel sind. Ich betone immer wieder, dass es für Hochsensible essenziell ist, sich dessen gewiss zu sein. Für HS-Eltern gilt dies noch mehr. Auch Kapitel 2 ist wichtig, denn dort erfahren Sie, wie Sie mit Reizüberflutung besser umgehen können, denn diese »Dünnhäutigkeit« ist der einzige Nachteil, der mit Ihrer Besonderheit einhergeht. Kapitel 3 hat eine Einsicht zum Thema, von der ich zutiefst überzeugt bin: dass HS-Eltern bei der Erziehung ihrer Kinder Hilfe brauchen. Es hat wenig Sinn, sich da durchbeißen zu wollen, wie viele Menschen das tun. Kapitel 4 beschäftigt sich mit der Entscheidungsfindung. Uns HS-Eltern fällt es schwerer als anderen, bei sich bietenden Optionen und komplexen Problemen die richtigen Entscheidungen für unsere Kinder zu treffen. In Kapitel 5 geht es um das Ausbalancieren unserer Emotionen, die stärker sind als bei anderen Menschen. Es vergeht kaum ein Augenblick unseres Elterndaseins, da wir uns nicht enorm aufregen. Sie brauchen dieses Kapitel, es sei denn, Sie hätten Ihre Emotionen unter Kontrolle. (Jetzt schmunzeln wir beide. *Ja, klar.*)

Kapitel 6 beschäftigt sich mit den sozialen Aspekten des Elternseins und hilft Ihnen gerade dann, wenn Sie zu den Extrovertierten unter uns gehören (was auf gut 30 Prozent der HSP zutrifft). Der Umgang mit anderen Menschen ist zweifellos die wichtigste Quelle emotionaler Ansprache. Daher laufen Hochsensible dort am ehesten Gefahr, von Reizen einfach überrollt zu werden. Die letzten beiden Kapitel, in denen es um Eltern und ihre Beziehungen zueinander geht, sind auch für Alleinerziehende von Bedeutung. Wenn wir uns nämlich ansehen, wie sich das Elterndasein auf unsere Beziehungen zu anderen Menschen auswirkt, gibt uns dies Aufschluss über all unsere engeren Bindungen.

Wir wollten, dass dieses Buch zügig zu lesen ist. Daher haben wir darauf verzichtet, viele nette Geschichten in den laufenden Text einzustreuen wie in Büchern übers Elternsein üblich. Häufig fließen in diese Geschichten die Erfahrungen vieler Menschen ein. Das liest sich dann so: »Als Janie ihr erstes Baby bekam …« Wir haben festgestellt, dass es mehr bringt, HS-Eltern selbst zu Wort kommen zu lassen. Diese Erfahrungsberichte haben wir optisch vom Rest des Buches abgesetzt, sodass Sie sie leicht überspringen können, wenn Sie nur die Informationen und Tipps lesen wollen. Doch stammen diese Geschichten (die sprachlich zur besseren Lesbarkeit minimal überarbeitet wurden) sozusagen von den Mitgliedern Ihrer »Vergleichsgruppe« und sind daher vielleicht noch hilfreicher als die Basisinformationen.

Dieses Buch fokussiert sich im Wesentlichen auf die Probleme, mit denen sich HS-Eltern gewöhnlich herumschlagen. Alles, was funktioniert, können wir ja schließlich lassen, wie es ist. Doch behalten Sie bitte ein Ergebnis unserer Studie an mehr als 1200 Vätern und Müttern im Hinterkopf: dass Sie als Vater bzw. Mutter nicht nur *gut*, sondern sogar richtig *toll* sind. Wir haben herausgefunden, dass hochsensible Eltern wie Sie in statistisch signifikantem Maße häufiger als andere Eltern von der Erfahrung berichten, für ihre Kinder emotional empfänglich und ansprechbar zu sein. Dies war einer der zwei wesentlichen Faktoren, die sich als Resultat aus den Forschungsarbeiten herausschälten. Denn es ist vor allem ihr Einfühlungsvermögen, das HS-Eltern in die Lage versetzt, die Situation ihres Kindes auf einer tieferen Ebene zu verstehen und entsprechende Entscheidungen für dessen Wohl zu treffen.

Wie aber kann dieses größere Einfühlungsvermögen helfen? Ein Beispiel: Eltern stehen ständig vor Fragen wie diesen: »Braucht er jetzt einfach seine Ruhe oder veranstaltet er den ganzen Zirkus nur, weil er hungrig oder übermüdet ist?« Und: »Hat es Sinn, das Problem jetzt anzusprechen, oder soll ich lieber warten, bis wir beide uns wieder beruhigt haben?« Oder: »Sie ist jetzt fünfzehn. Soll ich einfach darauf vertrauen, dass sie schon das Richtige tun wird, oder soll ich ihr verbieten, zu dieser Party zu gehen?« Hier die richtige Entscheidung zu treffen ist für jeden in der Familie wichtig, und zwar nicht nur auf den Moment bezogen, sondern auf längere Sicht. Im Durchschnitt sind HS-Eltern in diesen Dingen besser als normale Eltern. Das haben jedenfalls diesbezügliche Forschungsarbeiten gezeigt.

Als ich 1991 anfing, über Hochsensibilität zu forschen, durchforstete ich die vorhandene wissenschaftliche Literatur zu den Begriffen »hochsensibel« und schlicht »sensibel«. Damals wurde der Begriff »sensibel« in zwei Bedeutungen gebraucht: zum einen für talentierte Menschen, zum anderen für Eltern, die für ihre Kinder das Beste erreichen.[2] Ich glaube nicht, dass sich die Forschungsarbeiten auf angeborene Hochsensibilität bezogen, denn dieser Begriff existierte damals noch gar nicht. Trotzdem hat man schon 1979 entdeckt, dass Kinder davon profitierten, wenn ihre Eltern in irgendeiner Weise messbar sensibel waren.[3] Und dieses Resultat lässt sich auch heute noch mühelos wissenschaftlich belegen. Je mehr wir über das Elternsein im Allgemeinen herausfinden, desto öfter stellen wir fest, dass der Schlüssel zu einem erfolgreichen Elterndasein die emotionale Offenheit für die Kinder ist, selbst wenn man ihnen im selben Augenblick Grenzen setzt.[4]

Was die Forschungsarbeiten angeht, die hinter vielen der Aussagen in diesem Buch stehen, finden Sie die Quellenangaben am Ende dieses Buches. Sollten Sie »Sind Sie hochsensibel?« noch nicht gelesen haben, möchte ich Ihnen empfehlen, das nachzuholen, wenn Sie Zeit haben. Seit seiner Veröffentlichung 1996 habe ich immer wieder von Lesern gehört: »Dieses Buch hat mein Leben verändert.« Wissen Sie hingegen schon seit Langem, dass Sie hochsensibel sind, dann: »Willkommen zurück in unserer Gemeinschaft« – dieses Mal in der Gemeinschaft von HS-Eltern –, und was mich betrifft: HS-Großeltern!

Sind Sie hochsensibel?

Ein Selbsttest

Anleitung

Beantworten Sie jede Frage nach Ihrem persönlichen Empfinden. Kreuzen Sie »Ja« an, wenn die Aussage zumindest annähernd zutrifft. »Nein«, wenn sie kaum oder gar nicht zutrifft.

1. Ich fühle mich von zu viel Sinnesreizen leicht überwältigt.
   ☐ ja ☐ nein

2. Ich nehme in meiner Umgebung auch Feinheiten wahr.
   ☐ ja ☐ nein

3. Die Launen anderer Leute machen mir etwas aus.
   ☐ ja ☐ nein

4. Ich neige zu Schmerzempfindlichkeit.
   ☐ ja ☐ nein

5. An hektischen Tagen habe ich das Bedürfnis, mich zurückzuziehen – ins Bett, in einen abgedunkelten Raum oder an einen Ort, an dem ich für mich sein und die Reizüberflutung abblocken kann.
   ☐ ja ☐ nein

6. Koffein wirkt bei mir besonders stark.
   ☐ ja ☐ nein

7. Helles Licht, starke Gerüche, kratzige Kleidung oder Sirenen in nächster Nähe lösen bei mir Unwohlsein aus.
   ☐ ja ☐ nein

8. Ich habe ein reiches, komplexes Innenleben.
   ☐ ja ☐ nein

9. Laute Geräusche belasten mich.
   ☐ ja ☐ nein

10. Kunst oder Musik rühren an mein Innerstes.
   ☐ ja ☐ nein

11. Mein Nervenkostüm wird manchmal so dünn und fadenscheinig, dass ich mich unbedingt zurückziehen muss.
   ☐ ja ☐ nein

12. Ich bin gewissenhaft.
   ☐ ja ☐ nein

13. Ich erschrecke leicht.
   ☐ ja ☐ nein

14. Ich werde nervös, wenn ich viel zu tun und nur wenig Zeit habe.
   ☐ ja ☐ nein

15. Wenn Menschen sich in ihrem Umfeld nicht wohlfühlen, weiß ich im Allgemeinen, was zu tun ist, damit es ihnen besser geht (zum Beispiel das Licht dimmen oder die Sitzgelegenheiten umstellen).
   ☐ ja ☐ nein

16. Es nervt mich, wenn Leute mir zumuten, viele Dinge gleichzeitig zu erledigen.
☐ ja ☐ nein

17. Ich tue mein Bestes, um keine Fehler zu machen oder nichts zu vergessen.
☐ ja ☐ nein

18. Wenn rund um mich viel Trubel ist, belastet mich das enorm.
☐ ja ☐ nein

19. Wenn ich sehr hungrig bin, kann ich mich nicht mehr konzentrieren, und meine Stimmung geht in den Keller.
☐ ja ☐ nein

20. Alle Veränderungen in meinem Leben erschüttern mich zutiefst.
☐ ja ☐ nein

21. Ich bemerke und genieße zarte, angenehme Gerüche, geschmackliche Empfindungen, Klänge und alle Arten von Kunstwerken.
☐ ja ☐ nein

22. Ich finde es unangenehm, wenn um mich herum viel los ist.
☐ ja ☐ nein

23. Ich tue mein Möglichstes, um mir das Leben so einzurichten, dass es nicht zu aufregenden oder mich überfordernden Situationen kommt.
☐ ja ☐ nein

24. Starke Reize wie laute Musik oder chaotische Szenen quälen mich förmlich.
    ☐ ja ☐ nein

25. Muss ich mich mit anderen messen oder werde ich bei meinen Aufgaben beobachtet, werde ich so nervös und zittrig, dass ich vieles schlechter mache als üblich.
    ☐ ja ☐ nein

26. Als ich noch klein war, haben meine Eltern bzw. meine Lehrer mich für schüchtern oder scheu gehalten.
    ☐ ja ☐ nein

Auswertung
Wenn Sie mehr als 14 Aussagen mit »Ja« beantwortet haben, gehören Sie vermutlich zu den Hochsensiblen, obwohl HS-Männer vielleicht auf nicht ganz so viele Ja-Antworten kommen. Aber offen gesagt ist kein psychologischer Test so unfehlbar, dass man sein ganzes weiteres Leben danach ausrichten sollte. Wir Psychologen versuchen, viele gute Fragen zu entwickeln, lassen dann aber einen Teil davon weg, sodass nur die Fragen bleiben, die im Durchschnitt die höchsten Ergebnisse erzielt haben. Wenn Sie weniger als 14 klare Ja-Antworten haben, aber diese uneingeschränkt zutreffen, dann sind Sie vermutlich ebenfalls hochsensibel. Und das gilt ganz besonders für Männer.

1
Was es für Eltern bedeutet, hochsensibel zu sein

Beginnen wir mit den Fakten: Hochsensibilität ist ein angeborener Wesenszug, der sich bei etwa zwanzig Prozent der Bevölkerung findet. Man könnte auch von einer alternativen Strategie erfolgreichen Überlebens sprechen, denn dieser Charakterzug findet sich mit mehr oder weniger derselben Häufigkeit bei über hundert Arten.[5] Wie Sie in diesem Kapitel sehen werden, ist er gut erforscht und verstanden. Wissenschaftler sprechen in diesem Zusammenhang auch von »sensibler Wahrnehmungsverarbeitung« (nicht zu verwechseln mit der »Wahrnehmungsverarbeitungsstörung«). Ihr wesentliches Kennzeichen ist die Tatsache, dass Menschen mit diesem Charakterzug Informationen gründlicher verarbeiten als andere.[6] Sie weisen also eine »hohe Sensibilität gegenüber Umweltreizen« auf. Natürlich ist jedes Wesen in unterschiedlichem Maß für Umweltreize empfänglich, aber HS-Menschen sind das ganz besonders.

Wenn Sie den Selbsttest am Anfang dieses Buches gemacht haben, wissen Sie nun vielleicht, dass Sie zu dieser hochsensiblen Minderheit gehören. Vielleicht wussten Sie das aber auch schon vorher. Wie auch immer: In diesem Buch werden Sie erfahren, dass Hochsensibilität das Abenteuer Elternschaft zu einer außergewöhnlichen Erfahrung macht. Und Sie werden lernen, wie Sie mit Ihrem Anderssein umgehen und es zu Ihrem Vorteil nutzen können.

Dieses erste Kapitel soll Ihren Wesenszug für Sie greifbar werden lassen. Und nicht nur für Sie, sondern auch für all jene, mit denen Sie dieses Kapitel teilen wollen, damit sie es lesen und Sie so besser verstehen. Es bietet Ihnen eine kurze, aber umfassende Einführung in diese Facette Ihres Wesens und die vorhandene Forschung.

Forschung: »Meine Sensibilität ist ja toll, aber ...«

Für Sie als Mutter oder Vater ist die wichtigste wissenschaftliche Studie zur Hochsensibilität eine Onlineumfrage, die mein Team und ich anhand von mehr als 1200 englischsprachigen Eltern durchgeführt haben, die teils hochsensibel waren, teils nicht.[7] Aus dieser Studie ging hervor, dass HS-Eltern das Elternsein als schwieriger empfanden als andere, gleichzeitig aber auch ein besseres Gespür für ihre Kinder hatten.

An dieser Stelle möchte ich kurz auf die unterschiedlichen Rollen von Vätern bzw. Müttern eingehen. (Zur Klarstellung: Die Studie unterschied nicht zwischen hetero- und homosexuellen Eltern und fragte nicht danach, ob das Elternpaar verheiratet war oder nicht.) Wir hatten zwei Gruppenstichproben, in denen jeweils hochsensible und nicht hochsensible Eltern vertreten waren. Bei der ersten Untersuchung mit 92 Müttern waren zu wenige Väter vertreten, um die Ergebnisse statistisch auswerten zu können. Daher haben wir nur Aussagen zu den Müttern getroffen. In der zweiten Untersuchung fielen die Resultate beider Müttergruppen sehr ähnlich aus.

An der zweiten Untersuchung nahmen 802 Mütter und 65 Väter teil, was uns eine bessere Ausgangsbasis für die Beurteilung der Väter gab. Im Allgemeinen empfanden HS-Väter das Elternsein als ein bisschen schwieriger als normalsensible Väter. Aber dieser Unterschied war minimal und statistisch nicht signifikant. Das mag auch daran liegen, dass es nach wie vor die Mütter sind, auf deren Schultern die Hauptlast der Kinderbetreuung liegt. Verglichen mit normalsensiblen Vätern gaben mehr HS-Väter an, sich gut auf ihre Kinder einstellen zu können, eine Aussage, die für die HS-Mütter genauso zutraf. Dieses Resultat war statistisch signifikant, obwohl der Prozentsatz der Väter vergleichsweise gering war und der der HS-Väter unter ihnen noch geringer. Dieses Sich-auf-das-Kind-einstellen-Können ist vor allem für die Erziehung hochsensibler Jungen wichtig, und HS-Väter sind dafür besonders geeignet. Einer von ihnen drückt das so aus:

Meine Sensibilität hat meinem Sohn geholfen, sein Herz zu öffnen und als Erwachsener liebevoller zu sein. Wir haben uns viele Filme angesehen, bei denen Männer sich um andere Geschöpfe kümmern. Und das war ein wichtiger Puffer, gerade wenn man bedenkt, was für brutale Videos seine Freunde guckten.

Dass HS-Väter auf die Frage nach den Schwierigkeiten des Elterndaseins nicht sehr viel anders antworteten als normalsensible Väter, liegt wohl hauptsächlich daran, dass 1) die Anzahl der Väter zu gering war, um zu einer entsprechenden Aussage zu kommen, und 2) wir keine Daten darüber hatten, ob die Eltern zu Hause waren oder außer Haus arbeiteten. Aber vermutlich können wir davon ausgehen, dass diese Väter (verglichen mit den Müttern) unter der Woche weniger Zeit mit ihren Kindern verbrachten und daher weniger ausgelaugt waren als die HS-Mütter. Es könnte auch noch andere Gründe geben, weshalb HS-Väter sich bei der Frage nach den Schwierigkeiten, die sie mit dem Elternsein hatten, von normalsensiblen Vätern nicht sonderlich unterschieden.

Da unsere Stichprobe nur wenige Väter umfasste und wir im Hinblick auf die Ursachen väterlicher Probleme nicht sicher sind, ist im Buch meist die Rede von HS-Eltern, und wir unterscheiden nicht zwischen Vätern und Müttern. Vielleicht merken Sie, liebe HS-Väter, sich: Durchschnitt heißt keineswegs »auf alle zutreffend«. Sie persönlich können durchaus eine Ausnahme darstellen. Wenn Sie die Elternschaft als schwierig empfinden, dann heißt das nicht, dass mit Ihrer Erfahrung etwas nicht stimmt.

Etwa 600 HS-Eltern fügten am Ende des Fragebogens noch eigene Kommentare hinzu. Als ich sie las, fiel mir auf, dass eine bestimmte Satzstruktur häufig wiederkehrte. Ich nenne sie den »Ist ja toll, aber …«-Satz. Hier ein paar Beispiele:

Das Elterndasein ist wirklich wunderbar, aber auch ein unglaublicher Stress. Und es ist schwer, dies Leuten zu erklären, die nicht hochsensibel sind.

Es macht mir Freude, ein Kind zu haben. Ich habe mir das immer gewünscht, aber ich merke auch, dass es mich irgendwie überfordert.

Mein Elterndasein als HSP ist zweifelsohne die beste Erfahrung meines Lebens. Obwohl ich immer wieder mit Zweifeln, Schuldgefühlen und Sorgen zu kämpfen habe, glaube ich, dass meine Hochsensibilität meine Fähigkeiten als Mutter verbessert.

Wie sich Reizüberflutung auf Ihr Elternsein auswirkt

All diese Eltern drücken eine Empfindung aus, die man nur als paradox bezeichnen kann: »Es läuft gut und grauenhaft zugleich.«

Das »gut und grauenhaft« sollten wir im Hinterkopf behalten. Denn bevor ich das Thema unserer Forschungsarbeiten zu HS-Eltern beende, möchte ich noch eine Studie erwähnen, die von anderen Wissenschaftlern durchgeführt wurde. Und ich vermute, dass es noch mehr vergleichbare Resultate geben wird. In dieser Studie stellte sich heraus, dass HS-Eltern im Durchschnitt nicht so gut abschnitten wie Eltern ohne dieses Persönlichkeitsmerkmal.[8] Die Ergebnisse der betreffenden Studie fußen auf Angaben der Eltern zu ihrem jeweiligen Erziehungsstil. Von den drei Erziehungsstilen, denen sich die Befragten zuordnen sollten, haben Sie vielleicht schon gehört. Auf der einen Seite steht der autoritäre Stil, dem es hauptsächlich um Gehorsam und strenge Regeln geht (hohe Standards, wenig Kommunikation). In der – idealen – Mitte findet sich der autoritative Stil, der Kindern Struktur und Grenzen vermittelt, aber in liebevoller, zugewandter Weise (viel Kommunikation, hohe Standards). Das andere Extrem ist der permissive Erziehungsstil, der kaum Grenzen setzt und von dem Bemühen beherrscht ist, dem Kind zu gefallen (viel Kommunikation, niedrige Standards). HS-Eltern beschrieben sich selbst als zu einem der Extreme neigend. Sie gaben häufiger an, autoritär oder permissiv und weniger häufig autoritativ zu agieren.

Natürlich variiert der persönliche Erziehungsstil im Laufe eines jeden Tages. Doch die Autoren der Studie kamen zu demselben Ergebnis wie ich. Die Extreme repräsentierten bestimmt nicht die wirkliche Überzeugung der HS-Eltern. Vielmehr sollte man davon ausgehen, dass HS-Eltern, vermutlich zu unterschiedlichen Zeiten, von beiden Erziehungsstilen Gebrauch machen, weil sie sich so häufig überfordert fühlen. Und deshalb geben sie an, dass sie mit den Bedürfnissen ihrer Kinder im Allgemeinen so umgehen, wie sie dies in Zeiten der Überforderung tun.

Man kann sich unschwer vorstellen, wie dies im konkreten Fall abläuft. Vater oder Mutter sind total erschöpft und bräuchten eigentlich eine Pause. Daher entscheiden sie sich dafür, strenge Grenzen zu setzen. Ein Elternteil sagt: »Jetzt ist Schluss. Ich brauche meine Ruhe. Geh auf dein Zimmer und spiel dort. Und ich will keinen Mucks mehr hören.« Das Kind protestiert. Der Elternteil unterbricht: »Du weißt, was dir blüht, wenn du nicht augenblicklich tust, was ich dir sage. Keine Geschichte zum Einschlafen. Ich zähle jetzt bis drei. Nein, ich denke nicht daran, dich hier »wirklich still« spielen zu lassen. Ich werde dich holen, wenn ich mich ausgeruht habe.«

Vermutlich braucht der Elternteil jetzt wirklich eine Pause und wird alles tun, um das durchzusetzen. Eine völlig erschöpfte Mutter sagt vielleicht: »Jetzt ist Ruhe angesagt. Bitte geh auf dein Zimmer und spiel dort, damit ich mich ausruhen kann.« Das Kind: »Aber Mama, ich will hierbleiben und spielen!« (Und natürlich quengelt es und fängt dann an, zu weinen.) »Nein, wenn du mit diesen Sachen spielst, bist du meistens laut.« – »Nein, ich bin ganz leise.« – »Wenn du jetzt gehst, spielen wir später zusammen.« – »Nein, ich hasse dich!« (Jetzt kommt das Geschrei.) Und Mama gibt nach: »Gut. Ja, ich weiß, dass dir das nicht gefällt. Dann bleib hier, aber sei leise. Und das meine ich ernst.«

Doch in diesem Buch geht es nicht darum, wie man seine Kinder richtig erzieht (obwohl ich in Kapitel 3 noch einmal auf dieses Thema eingehen werde). Es gibt unglaublich viele Bücher über Kindererziehung, aus denen jeder etwas lernen kann. Hier geht es einfach darum, aus Ihnen Ihr Optimum als Vater oder Mutter herauszukitzeln, und zwar, indem wir etwas gegen die ständige Überreizung unternehmen, die Sie an den Rand des Nervenzusammenbruchs treibt. Wir werden erforschen, wie Sie besser für sich selbst sorgen und Raum für Auszeiten finden können. Es wird nicht leicht werden, zu mehr guten Erfahrungen beizutragen und das Grauen zu mindern. Allen Eltern geht es manchmal grauenhaft. Doch wenn wir ans Ende dieses Buch gelangt sind, werden Sie, da bin ich mir sicher, verstärkt auf Ihre ursprüngliche zugewandte und autoritative Art auf Ihr Kind zugehen können. (Und ich hoffe, jemand führt danach eine Studie durch, die zeigt, wie toll HS-Eltern sind, wenn sie nicht unter Überreizung leiden.)

Also sehen wir uns an, welche Forschungsergebnisse es zur Hochsensibilität noch so gibt.

Forschung, die auf alle Hochsensiblen zutrifft

Die betreffenden Forschungsarbeiten gliedern sich in vier Teilbereiche, denn Hochsensibilität umfasst vier wesentliche Aspekte:

- Tiefe der Wahrnehmungsverarbeitung: der innige Wunsch, Einsichten zu gewinnen und Informationen auf den Grund zu gehen.
- Schnelle Überreizung: Was das heißt, wissen Sie ja schon!
- Emotionale Empfänglichkeit und Einfühlungsvermögen: Auch das ist Ihnen klar, aber die Forschung zeigt, worauf es dabei im Besonderen ankommt.
- Klares Gespür selbst für feinste Reize: Dieser Zug ist für Sie als Eltern besonders wichtig.

Wir werden die Forschung zu allen vier Punkten eingehend behandeln, weil wir Ihnen in aller Deutlichkeit zeigen möchten, dass Ihr spezieller Wesenszug eine reale Tatsache ist. Außerdem wollen wir Ihnen zeigen, warum Hochsensibilität Sie zu einer besseren Mutter, einem besseren Vater macht, selbst wenn sich Nachteile damit verbinden können. Die Quellenangaben zu diesen Studien finden Sie in den Endnoten hier im Buch.

Tiefe der Wahrnehmungsverarbeitung: der innige Wunsch, Einsichten zu gewinnen, und die Fähigkeit zur Reflexion

Was meine ich mit »Tiefe der Wahrnehmungsverarbeitung«? Wenn man einem Menschen eine Telefonnummer nennt, der keine Möglichkeit hat, sie aufzuschreiben, wird er vermutlich versuchen, sie in irgendeiner Form zu verarbeiten, um sie besser zu behalten: Er wird sie oft wiederholen, in den Zahlen Muster erkennen oder mögliche Ähnlichkeiten zu anderen bekannten Zahlen feststellen. Gelingt dies nicht, wird er sie vermutlich vergessen.

Auf hochsensible Persönlichkeiten (HSP) trifft dies noch mehr zu als auf andere. Hochsensible wollen sich nicht nur etwas merken können, sondern sie versuchen, Querverbindungen zu früheren Erfahrungen herzustellen, als würden sie neue Pfade durch ein Labyrinth erkunden. Das ist im Wesentlichen ihre Überlebensstrategie, eine, die sich schon früh im Tierreich entwickelt hat. Ob es nun um Fruchtfliegen, Fische, Krähen oder Orang-Utans geht: Die hochgradig Sensitiven unter ihnen verarbeiten (registrieren und reagieren auf) Sinneseindrücke stärker als andere Exemplare derselben Art, und sie tun das ständig und ganz automatisch.

Hier ein bekanntes Beispiel aus dem menschlichen Bereich. (Wir werden uns im Folgenden nur noch mit Eltern der Gattung Homo sapiens beschäftigen.) Eine frisch gebackene HS-Mutter sieht, wie jemand einen Buggy an ihr vorbeischiebt. Dabei spielt sich in ihrem Kopf in etwa Folgendes ab: Sie überlegt, was das Ding kostet, sieht die verschiedenen Extras (Becherhalter, Sonnenschutz), fragt sich, was wohl passieren würde, wenn der Buggy umkippt, registriert alle Einzelheiten an der Person, die ihn schiebt, und vergleicht das gute Stück in Lichtgeschwindigkeit mit anderen Buggys. Wenn sie schon einen eigenen hat, wird sie im Stillen Vergleiche anstellen und sich fragen, ob sie mit ihrer Kaufentscheidung richtig lag. Normalsensible Eltern bemerken den Buggy vielleicht gar nicht.

HS-Eltern kreuzten weit häufiger als andere Eltern die folgenden beiden Aussagen an: »Entscheidungen über Kindererziehung (Schule, Einkäufe fürs Kind etc.) treiben mich schon mal in den Wahnsinn.« Und: »Ich glaube, ich habe als Elternteil gute Entscheidungen getroffen.« Genau da liegt der Hase im Pfeffer.

Entscheidungen zu treffen bedeutet für Hochsensible nicht in jedem Fall eine Tortur. Wenn es zu unseren Gewohnheiten gehört, Situationen gründlich zu durchdenken, und wir unsere gewonnenen Einsichten auf vergleichbare Situationen übertragen, dann wissen wir beim nächsten Mal oft schneller als andere, was zu tun ist. Und manchmal haben wir einfach das berühmte »Bauchgefühl« und entscheiden uns für etwas, ohne lange zu überlegen. Man nennt das »Intuition«, und HSP haben eine gute (wenn auch nicht unfehlbare!) Intuition. Diese Intuition ist das Ergebnis tief gehender Wahrnehmungsverarbeitung. Im freiwilligen Kommentarteil unserer Studie äußerten HS-Eltern sich häufig zu ihrer Intuition. Und im Fragebogen bejahten sie häufiger als normalsensible Eltern die Aussage: »Ich weiß, was mein Kind braucht, bevor es mir das sagt.«

Ein weiterer Effekt dieser tiefgründigen Verarbeitung von Sinnesreizen ist die Gewissenhaftigkeit der Betreffenden. Sie denken vermutlich mehr über die Folgen ihres Verhaltens nach als andere. Zum Beispiel, welche Folge es wohl hätte, wenn alle Eltern die schmutzigen Windeln ihrer Sprösslinge einfach unter dem nächsten Busch liegen ließen. Oder was wäre, wenn jeder sein Kind genau vor dem Schultor absetzen würde und dabei in zweiter Reihe parkte. Ihnen fällt auch eher auf als anderen, wenn andere Eltern gedankenlos handeln. Eltern also, die sich keine Gedanken darüber machen, ob sie Dritten Probleme bereiten (denen so etwas gar nicht auffällt, die keine solchen Überlegungen anstellen und die Situation eben nicht weitergehend verarbeiten). Ihre Fähigkeit, Wahrnehmungen so tief zu verarbeiten, lässt Sie mit großer Wahrscheinlichkeit das Richtige tun.

Forschungsarbeiten zur Verarbeitungstiefe

Wissenschaftliche Studien, bei denen die Gehirnaktivität von Hochsensiblen bei verschiedenen Aufgaben der Wahrnehmung und Informationsverarbeitung mit der von nicht hochsensiblen Personen verglichen wurde, unterstützen die Annahme, dass die Verarbeitung von Eindrücken bei HSP tiefer geht.[9] In der ersten und vielleicht wichtigsten Studie, die von Jadzia Jagiellowicz und ihrem Team an der Stony Brook University in New York durchgeführt wurde, hat sich herausgestellt, dass HSP gewöhnlich die Gehirnteile häufiger nutzen, die mit »tief greifender« Informationsverarbeitung zu tun haben, vor allem bei Aufgaben, bei denen es darum ging, Feinheiten wahrzunehmen.[10] In einer Folgestudie, die mein Mann Arthur Aron mit einem Team an der Stanford University durchgeführt hat, stellte man den Probanden Aufgaben, die man auf der Basis früherer Forschungsarbeiten als relativ schwierig einstufte (auf der Basis von bildgebenden Verfahren, die mehr oder weniger Aktivität im Gehirn anzeigten), je nachdem, welcher Kultur (»wechselseitig abhängig« oder »unabhängig«) die Probanden entstammten.[11]

Als man HSP aus beiden Kulturen (in diesem Fall ostasiatische versus europäischstämmige Amerikaner) bei der Lösung dieser Aufgaben im Magnetresonanztomografien beobachtete, ergaben sich erstaunliche Resultate. Die Gehirnaktivität von Normalsensiblen war wie erwartet. Es zeigte sich, dass sie mit der Verarbeitung von Reizen entgegen ihres kulturellen Musters größere Schwierigkeiten hatten. Für Hochsensible aber traf dies nicht zu. Dies zeigt meiner Ansicht nach, dass HSP, egal aus welcher Kultur sie stammen, ganz selbstverständlich über den Tellerrand schauen und auch entgegen ihren kulturellen Erwartungen eher wahrnehmen, wie die Dinge »wirklich sind«.

Alle Eltern unterliegen bei der Kindererziehung dem Einfluss von Familie und kulturellem Umfeld. Viele hochsensible Eltern aber gaben an, dass der Rat anderer sie häufig in Konflikte brachte, sodass sie ihn am Ende ignorierten, wenn sie feststellten, dass ihr Kind ein für das jeweilige kulturelle Umfeld atypisches Bedürfnis hatte. Ich will nicht sagen, dass ich dem zustimme, aber mir berichteten zum Beispiel einige HS-Eltern, dass sie ihr Kind zu sich ins Bett nehmen, obwohl dies den Regeln zur Vermeidung des plötzlichen Kindstodes widerspricht. Manche probierten alternativmedizinische Verfahren (wie Homöopathie oder Akupunktur) aus, wenn die vom Arzt vorgeschlagenen Therapiemaßnahmen keinen Erfolg zeigten. Sie entschieden sich für ungewöhnliche Schulen oder unterrichteten ihre Kinder gleich zu Hause. Sie vermittelten ihrem Nachwuchs Werte, von denen andere Kinder nie etwas hörten. Natürlich tun dies auch Eltern, die beim HS-Fragebogen niedrige Punktwerte erzielt haben. Mein Eindruck aber ist, dass HS-Eltern dies weit öfter tun. Es entsteht der Eindruck, dass Hochsensible sich wie die sensiblen Personen im Magnetresonanztomografen über die Beschränkungen ihrer Kultur erheben und erzieherische Optionen abwägen. Ein Beispiel:

Robert ist ein HS-Vater, der sich gründlich mit Schwangerschaft und Geburt auseinandergesetzt hat. Er erzog seine Kinder in China. Seine Frau hatte eine schwierige Geburt, nach der sie viel Ruhe brauchte. Andererseits brauchte das Baby Körperkontakt und Zuwendung. Wenn Robert also aus dem Haus musste, nahm er ein Babytragetuch, wie die chinesischen Frauen es benutzen, und ging so mit seinem Kind vor dem Bauch durch die Stadt. Damals trug kein einziger chinesischer Mann sein Kind auf diese Weise. Robert tat das nicht, um irgendwie ein Zeichen zu setzen, sondern weil er es für die beste Lösung hielt. Und bald darauf folgten die chinesischen Väter in seinem Viertel Roberts Beispiel. Er ignorierte buchstäblich alle kulturellen Normen, um seinem Kind auf die beste Weise Vater zu sein.

Weitere Belege dafür, dass HSP fähig sind, ihre Wahrnehmungen tiefer zu verarbeiten, liefert uns Bianca Acevedo, die in ihrer Studie Menschen mit Bildern ihres Partners oder unbekannter Personen konfrontierte.[12] Zu dieser Studie werden wir später mehr hören. Hier ist vorläufig nur von Bedeutung, dass auch sie die höhere Verarbeitungstiefe von Hochsensiblen belegt.[13] Im Vergleich zu anderen zeigen HSP höhere Gehirnaktivität in der Inselrinde, jenem Teil des Gehirns, der die (Selbst-)Wahrnehmung von Augenblick zu Augenblick steuert. Man hat die Inselrinde schon als Sitz des Bewusstseins bezeichnet. Genau dieses Ergebnis würde man von Hochsensiblen auch erwarten.

Ihre starken emotionalen Reaktionen, Ihr Einfühlungsvermögen und Ihr Verständnis für andere

Ich verspürte zu meinen beiden Kindern sofort eine Art direkter Verbindung.

Ich konnte die Emotionen meines Kindes fühlen, und das ermöglichte mir, mich hundertprozentig auf es einzustellen.

Ich kenne jede Facette in der Mimik meines Sohnes, selbst kaum wahrnehmbare Anwandlungen, die sonst niemand bemerkt.

Schon in den ersten Studien, die mein Mann und ich 1997 durchführten,[14] stellten wir fest, dass hochsensible Persönlichkeiten häufig angaben, Dinge stärker zu empfinden als andere Menschen. In einem 2005 durchgeführten Experiment vermittelten wir den Probanden den Eindruck, sie hätten bei einer bestimmten Eignungsprüfung sehr gut oder sehr schlecht abgeschnitten.[15] Die hochsensiblen Probanden waren davon sehr betroffen, die anderen interessierte das kaum.

Jadzia Jagiellowicz, dieselbe Psychologin, die die erste Studie mit bildgebenden Verfahren an HSP durchführte, machte 2016 ein Experiment: Sie zeigte ihren Versuchsteilnehmern Fotos, die bei den meisten Menschen starke Reaktionen auslösten (zum Beispiel Bilder von Schlangen, Spinnen oder Müll für negative Reaktionen und Bilder von Welpen oder Geburtstagskuchen für positive Reaktionen. Hochsensible reagierten sowohl auf negative wie positive Bilder stärker als andere Menschen, und sie waren sich schneller über ihre Empfindungen im Klaren, vor allem bei positiven Bildern. Der Effekt ließ sich mit bildgebenden Verfahren bestätigen.[16] Interessanterweise traf dies noch eher zu, wenn sie eine gute Kindheit gehabt hatten.[17]

Natürlich reagieren Sie als HS-Vater oder -Mutter nicht auf Welpen oder Geburtstagskuchen, sondern auf ein anderes menschliches Wesen. Die eben erwähnte Studie von Bianca Acevedo (bei der den Probanden Fotos des Partners bzw. von Fremden vorgelegt wurden, die einen glücklichen, traurigen oder neutralen Ausdruck aufwiesen) hat ergeben, dass HSP mehr Gehirnaktivität zeigen, wenn das Foto eine emotionale Beteiligung signalisiert. Ein Teil dieser Aktivitäten zeichnete sich in den Spiegelneuronen-Systemen ab. Diese helfen Menschen und Primaten, durch Nachahmung zu lernen, und sind auch zentral für unser Mitgefühl gegenüber anderen.[18] Dies unterstreicht, dass gerade dieses System bei Hochsensiblen besonders ausgeprägt ist und ihnen erlaubt, die Absichten und Gefühle anderer zu erahnen. Das galt besonders, wenn sie das glückliche Gesicht ihrer Lieben betrachteten. Der gleiche Effekt zeigte sich übrigens auch bei traurigen Gesichtern – und hier beschränkte er sich nicht auf die Gesichter von Bekannten. Es scheint, dass die größere emotionale Empfänglichkeit von HSP auf ein ausgefeilteres Verarbeitungssystem für emotionale Reize zurückgeht und nicht nur auf ein simples »Emotionalersein« als andere.

Wie ist das denn nun mit dem »zu emotional sein«?

Es ist völlig klar, dass die Fähigkeit, sich in andere Menschen hineinzuversetzen, ein praktischer Wesenszug ist, gerade wenn man das Abenteuer der Elternschaft durchlebt. Aber Sie fragen sich vielleicht auch, ob diese starken Emotionen Sie nicht weniger rational und klar im Denken machen.

Diesbezüglich habe ich wunderbare Nachrichten für Sie. Jüngere wissenschaftliche Modelle stellen die Emotionen ins Zentrum unseres Denkens und unserer Weisheit.[19] Emotionen regen uns dazu an, über die Dinge nachzudenken.[20] Wir lernen mehr (vor allem als HSP) und erinnern uns an mehr Dinge, wenn wir wissen, dass wir geprüft werden. Die wichtigste Aufgabe der Emotionen ist also nicht, uns zum Handeln anzuregen, sondern zum Denken. In diesem Sinne *müssen* Hochsensible sogar emotionaler sein als andere, um das Mehr an Informationen verarbeiten zu können.

Natürlich verleiten Emotionen uns Menschen, auch Hochsensible, dazu, kopflos zu handeln, und das mitunter auf höchst irrationale Weise. Wenn Ihr Haus niedergebrannt ist oder Sie als Schüler an der Tafel vor der ganzen Klasse beschämt wurden, dann stehen Sie als Erwachsener unter Spannung, wenn Sie später eine auch nur annähernd ähnliche Situation durchleben wie die, die das Trauma ursprünglich ausgelöst hat – beispielsweise wenn Sie Rauch riechen oder vor einer Gruppe eine Frage beantworten sollen. Als HSP reagieren Sie ohnehin stärker auf positive und negative Erfahrungen. Mussten Sie bereits viele negative Erfahrungen einstecken, kann Ihre allgemeine Reaktion darauf in manchen Fällen das rationale Denken überlagern – aber ganz sicher nicht in allen Situationen.

Etwas sollten Sie auf jeden Fall im Hinterkopf behalten: Für die meisten Hochsensiblen ist die Elternschaft eine neue Erfahrung und wird daher weniger mit traumatischen Erlebnissen assoziiert, selbst wenn die Kindheit schwierig war. Tatsächlich fanden wir heraus, dass die Erfahrung der Elternschaft bei HS-Eltern nicht stärker von negativen Kindheitserlebnissen geprägt wurde als bei anderen Eltern. Vielleicht schenkt die Elternschaft Hochsensiblen Heilung, weil sie ihnen einen ganz neuen Bereich eröffnet, in dem sie Selbstvertrauen und Freude erfahren können.

Einige der Studien, die wir oben angeführt haben, zeigen auch, dass HS-Eltern von schönen Erfahrungen und Erfolgen stärker beflügelt werden, als negative Vorfälle sie behindern. Auf jeden Fall trifft dies auf Hochsensible eher zu als auf andere Menschen. Wir versuchen vermutlich, die guten Erfahrungen zu wiederholen. HS-Eltern sind möglicherweise auch stärker motiviert als andere, Gelegenheiten zu solchen Erfahrungen zu entdecken und zu nutzen.

So kümmern sich HS-Eltern meist frühzeitig darum, welcher der beste Kindergarten für ihr Kind sein könnte. (Je nach den Aktivitäten, die dort angeboten werden. Jedenfalls geht es HS-Eltern nicht nur darum, ihr Kind sicher verwahrt zu wissen.) Und schon die Vorfreude, die sie bei der Vorstellung empfinden, dass ihr Kind in diesem speziellen Kindergarten angenommen wird, wirkt auf HS-Eltern motivierend. Ein anderes Beispiel: Wenn ein HS-Vater mit seinem Sprössling eine schöne Zeit im Schnee hatte, plant er solche Ausflüge für den nächsten Winter im Voraus. Die meisten HS-Eltern denken auch gründlich darüber nach, was sie unter Glück verstehen (etwa einen guten Charakter oder bereichernde Beziehungen, jedenfalls mehr, als nur Spaß haben und Geld verdienen), damit sie ihr Kind in die richtige Richtung lenken können. Mehr als andere Eltern planen wir für unsere Kinder, weil es *uns* glücklich macht, wenn wir sie froh sehen und beobachten können, wie sie gedeihen. Da wir auf Positives so stark reagieren, gelingt uns das auch gut, selbst wenn dies nicht jeden Tag der Fall sein sollte.

Im nächsten Abschnitt berichtet eine HS-Mutter, wie sie mit ihren starken Emotionen während der (vernünftigen) Scheidung umging. Hier die Zusammenfassung von Nancys Geschichte:

Nancy und Hal arbeiteten Vollzeit in einem fordernden Job. Sie hatten keine Zeit für andere Dinge außer den Diskussionen um die Erziehung ihres Kindes. Nancy fand, dass die Ansprüche im Beruf sowie in ihrer Rolle als Mutter und Ehefrau sie so sehr forderten, dass sie erschöpft, krank und depressiv wurde – kurz gesagt, dass sie »am Rande eines Nervenzusammenbruchs« stand.

Schließlich beschlossen die beiden, sich scheiden zu lassen. Ironischerweise löste dies für beide alle Probleme, denn Nancy kümmerte sich wochentags um ihren Sohn, womit sie Hal entlastete. Er hingegen nahm den Jungen am Wochenende zu sich, sodass Nancy Zeit für sich selbst hatte. (Nebenbei gesagt: Ich weiß auch nicht, warum Paare das nicht ohne Scheidung hinbekommen.) Nancy und Hal blieben gute Freunde und haben ein »Eltern-Arrangement, das von gegenseitigem Respekt getragen ist«, wie Nancy dies formuliert. Sie haben Dan, ihren Sohn, sogar gemeinsam zu einem Geburtstagsausflug nach Disney World begleitet.

Dort hatte Nancy ein zutiefst emotionales Erlebnis. Nachdem sie sich in ihrem Hotelzimmer eingerichtet hatte, kam sie in die Lobby und sah Dan und Hal zusammen. Beide begrüßten sie mit einem breiten Grinsen – und Nancy empfand große Freude. Obwohl sie nicht mehr länger eine traditionelle Familie waren, empfand sie eine tiefe Befriedigung bei dem Gedanken, dass »wir es auf die andere Seite geschafft hatten. Vor uns lag eine Zukunft voller Glück und Erfolg. Dan würde immer zwei glückliche Eltern haben.« In dieser Hotellobby in Orlando war es für sie, als seien sie alle drei in strahlendes Licht getaucht. Sie wusste, dass sie diesen Augenblick nie mehr vergessen würde. »Meine Sensibilität hat diesen Moment unauslöschlich in mein Gehirn eingebrannt«, sagt sie. Sicher hatten diese drei Menschen alle etwas davon, dass Nancy sich dieser positiven Erfahrung, dieser tiefen Freude öffnen konnte.

Ihr klares Gespür für Feinheiten

HS-Eltern sind häufig stolz darauf, wie gut sie sich auf subtile Reize einstellen können:

Mein zweites Kind war dreizehn Wochen zu früh dran und musste beatmet werden. Das erforderte einen Kehlkopfschnitt. Sie hatte keinerlei Möglichkeit, sich stimmlich zu äußern. Also hörte auch niemand, wenn sie weinte. Dank meiner Sensibilität konnte ich mich trotzdem auf ihre Bedürfnisse einstellen. Ich war immer da, wenn ihr Tränen aus den Augen kullerten.

Wir klapperten ein College nach dem anderen ab, damit unser Sohn sich das aussuchen konnte, das am besten zu ihm passte. Dabei achtete ich vorzugsweise auf Kleinigkeiten: wie die Schüler gingen, die uns herumführten, wie sie gekleidet waren,

wie sie sich ausdrückten; wie gut es den Pflanzen ging; welchen Ton die Leute anschlugen, mit denen wir redeten, welche Miene sie an den Tag legten.
Am Ende fasste ich für meinen Sohn meine Eindrücke zusammen, die Auswahl aber traf er. Er entschied sich nicht für das College mit dem großen Namen, sondern für eines, das sich um all diese Kleinigkeiten kümmerte. Dort war unser Sohn am richtigen Platz. Man beriet ihn am Ende auch hervorragend bei der Auswahl seines Studienplatzes für Medizin.

HS-Eltern haben ein klares Gespür für Feinheiten in ihrer Umgebung. Daher sind sie gut in der Kommunikation mit Dingen oder Wesen, die nicht für sich selbst sprechen können wie Pflanzen, Tiere, sehr alte und sehr junge Menschen und jedes Geschöpf (jeder Körper), das (der) eine Diagnose braucht. Von Menschen, die unsere Sprache nicht sprechen, mal ganz abgesehen. Das ist natürlich auch ein unschätzbarer Vorteil im Umgang mit Babys und Kleinkindern. (Auch mit Teenagern, die zwar sprechen *können*, aber das manchmal einfach nicht tun.)

Bei HS-Eltern addieren sich zu diesem Gespür für Feinheiten noch die emotionale Empfänglichkeit und die Fähigkeit zu einer enormen Verarbeitungstiefe. Aus diesem Grund haben sich die zuvor zitierten Studien auch mit diesem klaren Gefühl für subtile Reize beschäftigt. In der ersten Studie, die sich dem Gehirn von Hochsensiblen mit bildgebenden Verfahren näherte (durchgeführt von Jadzia Jagiellowicz), mussten die Probanden schnell entscheiden, ob ein bestimmtes Landschaftsfoto dasselbe war, das sie einen Augenblick zuvor gesehen hatten. Manchmal waren diese Unterschiede augenfällig, dann wieder unterschieden die Bilder sich nur in minimalen Details, zum Beispiel durch einen Heuhaufen oder einen Zaunpfosten mehr oder weniger.[21]

Gerade bei dieser Aufgabe zeigte sich, dass das Gehirn von Hochsensiblen mehr Aktivität aufwies als das Gehirn der anderen Probanden.

Eine andere Untersuchung wurde in Deutschland durchgeführt. Dabei verglich man Hochsensible und Normalsensible bei einem Standard-Laborexperiment: Es galt, in einer gemusterten Fläche aus horizontalen und vertikalen Linien den Buchstaben T von einem L unterscheiden. Auch hier waren Hochsensible schneller und genauer.[22] Für einige Hochsensible ist dieser Aspekt ihres speziellen Wesenszuges deutlicher als andere. Sie bemerken wirklich jede Kleinigkeit. Das können schöne Dinge sein wie der Geruch von Babyhaut, die Atemzüge ihres Kindes bei Nacht oder die Lichteffekte, die die Sonne ins Haar ihrer Teenietochter malt. Sie fühlen sich auch gestört von Dingen, die andere Menschen kaum wahrnehmen, zum Beispiel vom Geräusch, das Kinder machen, wenn sie mit offenem Mund kauen, vom Klirren der Schlüssel in der Jackentasche des Partners oder dem jämmerlichen Unterton einer Bitte, die an sie gestellt wird.

Obwohl wir uns schnell überfordert fühlen, wenn wir zu viel auf einmal verarbeiten müssen – ein Thema, dem wir uns im nächsten Abschnitt zuwenden –, geht es bei der Hochsensibilität keineswegs ausschließlich darum, dass Reizüberflutung uns *Stress* verursacht. Sehr laute Geräusche können zwar nerven, aber auch damit werden HSP gewöhnlich fertig, was bei Menschen mit Störungen, die mit einer niedrigen Reizschwelle zusammenhängen, normalerweise nicht der Fall ist.

Mein Gespür für subtile Reize zum Beispiel hat meiner Familie einmal das Leben gerettet.

Als mein Sohn noch sehr klein war, lebten wir in einer Holzhütte auf einer Insel in Britisch-Kolumbien. Im Herbst hatten wir dann tatsächlich alle drei zur gleichen Zeit eine Erkältung.

Es war kühl draußen, also legten wir im Ofen mehr Holz nach, doch wir wussten nicht, dass wir sinnvollerweise auch den Kamin hätten reinigen sollten. Schmutzige Kamine stecken voller Kreosot, und das kann sich entzünden. Dadurch überhitzt dann der Kamin, und alles was sich an Holz im Kamin oder in dessen unmittelbarer Nähe befindet, fängt an, zu brennen. Und genau das passierte damals – mitten in der Nacht, in der wir alle in fiebrigem Erkältungsschlaf lagen. Ich aber hatte irgendwie etwas gehört. Vielleicht auch gerochen. Was auch immer es war, ich schreckte hoch. Durch einen Spalt in der Holzdecke sah ich glühendes Licht, wo keines sein durfte. Es war der Speicher der Hütte, auf dem auch Holz lagerte. Ich sprang auf, weil mir sofort klar wurde, was los war. Ich weckte meinen Mann, riss unseren Sohn aus der Wiege, und dann rannten wir hinaus. Damals wusste ich nicht, was es war. Heute weiß ich, dass mein Sensorium für dieses schwache Licht, die leisen Geräusche und den Hauch von Rauch uns das Leben gerettet hat.

Das Puzzle zusammensetzen: Sie und Ihr Kind haben Glück

Punkt 1, 3 und 4 der oben erwähnten vier Aspekte der Hochsensibilität verschaffen Ihnen einen gewaltigen Vorteil: Ihre Fähigkeiten – *von der höheren Verarbeitungstiefe* der Wahrnehmung über die enorme *emotionale Empfänglichkeit* bis hin zum *Erspüren feinster Reize* – passen nämlich hervorragend zusammen. (Mit Punkt 2 – der schnellen Überreizung – beschäftigen wir uns im nächsten Kapitel.)

Diese drei Aspekte einer Hochsensibilität wirken sich dann auch in den ersten Schuljahren positiv aus, gerade wenn Reflexion, Einfühlungsvermögen und ein Gespür für Feinheiten uns ein klares Gefühl dafür entwickeln lassen, wann wir festhalten müssen und wann wir lockerlassen können; wann wir unsere Kinder zu größerer Unabhängigkeit ermutigen und wann wir ihnen die Möglichkeit geben sollten, wieder ganz das kleine Kind zu sein. Ein Beispiel: Trennungsängste sind normal. Doch mit unserer größeren Empfindsamkeit trauern wir HS-Eltern häufig mit, wenn unser Kind weint, weil es irgendwo (im Kindergarten, in der Schule) allein zurückgelassen wird. Gleichzeitig wissen wir, dass das Kind von seiner neuen Unabhängigkeit profitiert, und so entdecken wir hinter seinen Tränen manchmal zarte Hinweise darauf, wann es okay ist zu gehen – oder wie wir diese Szenen ganz vermeiden können.

Oder wie Laurie, HS-Mutter von zwei kleinen Jungs, über den schwierigeren der beiden sagt:

Meine Hochsensibilität bringt es mit sich, dass ich genau weiß, wie mein Sohn sich fühlt. Ich kann manche Probleme schon im Vorhinein abfangen. Ich versuche, ihm das Ganze zu erklären, suche nach Lösungen und spreche diese dann mit ihm durch, aber auch mit der Familie, damit jeder weiß, welchen Weg wir gemeinsam einschlagen, um da durchzufinden. Insgesamt gesehen liege ich mit meinen Instinkten in Bezug auf die Kinder richtig, und ich entwickle allmählich die Zuversicht, dass ich diesen Instinkten ruhig vertrauen kann.

Julie hingegen erlebt ihre Hochsensibilität als Mutter so:

Ich wusste oft, wenn eines der Kinder krank wurde, noch bevor sich erkennbare Symptome zeigten.

Ihr Mann, der diesen Wesenszug nicht hat, dachte immer, sie bilde sich das ein. Doch kaum entwickelten sich die entsprechenden Symptome, war Julie gerechtfertigt.

Mit der Zeit wuchs meine Zuversicht als Mutter, und ich lernte, meinen Instinkten mehr und mehr zu vertrauen, weil ich eben damit recht erfolgreich war.

Bei älteren Kindern wirkt sich die Hochsensibilität der Eltern in der Regel anders aus. Don, HS-Vater mit älteren Kindern, schreibt über die innige Beziehung, die er zu ihnen hat:

Sie sind in gutem Kontakt mit ihren Gefühlen, und ich glaube, dass das auf meine Gespräche mit ihnen zurückgeht. Ich habe sie immer gefragt, wie sie sich fühlen und was sie denken.

Hochsensibilität als entwicklungsgeschichtliche Überlebensstrategie

Ich schrieb zu Beginn dieses Kapitels, dass Hochsensibilität ein Wesenszug ist, der sich bei vielen anderen Arten findet, wenn auch die Hochsensiblen immer in der Minderzahl bleiben. Das heißt, dass Hochsensibilität evolutionär einen Vorteil bringen muss, sonst wäre sie längst verschwunden.

Warum aber sind die sensibleren Geschöpfe immer in der Unterzahl? Zum Teil, weil es einen biologisch und persönlich »teuer zu stehen kommt«, hochsensibel zu sein. Sie sind wie ein Porsche oder ein Jaguar im Gegensatz zu einem robusten Allradwagen. Ihr Nervensystem ist feiner abgestimmt, weshalb seine Wartung viel verlangt.

Außerdem gibt es in vielen Situationen nichts, was Ihre erhöhten Wahrnehmungsfähigkeiten nötig machen würde. (Es bringt schließlich keinen Vorteil, über die Trikotfarbe des Jockeys Bescheid zu wissen, wenn Sie auf ein Pferd setzen wollen.) Doch unter bestimmten Umständen kann Ihre Spezialausrüstung für Sie und Ihr Kind sehr vorteilhaft sein.

Doch es gibt noch einen Grund, weshalb wir immer in der Minderheit sind.

Um ein besseres Bild davon zu bekommen, weshalb dieser Wesenszug sich entwickelt hat, haben Forscher in den Niederlanden ein Computermodell entworfen, das verschiedene Szenarien vergleicht.[23] Stellen Sie sich vor, Sie leben im Wald, und auf den verschiedenen Lichtungen dort wächst Gras von ganz unterschiedlichem Nährwert. Das aber merken nur bestimmte Rehe. Nun stellen Sie sich vor, dass Reh A von Natur aus alles genau beobachtet und daher weiß, wo die nahrhaftesten Gräser wachsen. Reh B ist ein anderer Typ. Es passt nicht so genau auf, sondern grast einfach dort, wo überhaupt etwas wächst. Sind die Gräser sehr unterschiedlich, hat Reh A die bessere Strategie ererbt. Ist es gar Mutter, dann wird ihre Nachkommenschaft davon profitieren. Unterscheiden sich die Gräser hingegen kaum, ist Reh B mit seiner Methode im Vorteil. Aber wie oft kommt es schon vor, dass es in der Güte bestimmter Dinge kaum Unterschiede gibt?

Dieses Gedankenexperiment zeigt auch, warum wir immer in der Minderheit sind. Würden alle Rehe wissen, wo es die nahrhaftesten Gräser gibt, würden alle dort grasen, und die Lichtungen wären bald kahl gefressen. Da in diesem Fall keines der Rehe von seiner feineren Nase einen Vorteil hätte, wird der Wesenszug nicht weitervererbt.

Nun stellen Sie sich vor, dass Sie als Elternteil ein klares Bild vom Straßennetz in Ihrer Stadt haben, einfach weil Sie sie gut kennen. Dieses Wissen könnte sogar unbewusst sein, also »intuitiv«. (Das sind Dinge, die Sie wissen, ohne sich dessen bewusst zu sein.) Vielleicht sind Sie auch wie ich und lieben Karten, d. h. sie studieren sie, auch wenn sie gerade keine brauchen. Häufig haben Sie das Gefühl, diese Informationen eigentlich gar nicht zu benötigen. Ein nicht hochsensibler Freund wirft Ihnen sogar vor, viel zu viel Mühe auf Details zu verschwenden. Vielleicht haben

Sie sogar das Gefühl, dass das ewige Registrieren von Einzelheiten Sie erschöpft. Diese Überlebensstrategie hat ihren Preis.

Spinnen wir das Bild ein wenig weiter. Jetzt gibt es einen Stau auf der Hauptverkehrsstraße. Oder noch schlimmer: Jemand hatte einen Unfall, und Sie müssen zusehen, dass Sie Ihre Kinder aus der Gefahrenzone bringen. Unter Umständen ist das Handynetz ausgefallen, was bedeutet, dass es kein GPS und keine Onlinekarten gibt. Vor dieser Katastrophe hat jeder einfach ohne nachzudenken die Hauptstraße benutzt. Keiner hat sich je die Mühe gemacht, eine Karte zu studieren. Jetzt aber sind nur Sie und ein paar andere HS-Eltern in der Lage, die Stadt zu verlassen. Alle anderen stecken im Stau.

Der Knackpunkt ist, dass Sie, wenn jeder Ihren Schleichweg kennen würde, mit allen anderen im nächsten Stau festsäßen. (Ja, ich weiß. GPS nimmt immer die beste Route, aber Hochsensible überlegen in diesem Fall, dass, wenn jeder die von GPS vorgeschlagene Route wählt, diese genauso überfüllt sein wird.)

Natürlich kommen andere Leute am Ende auch auf das, was wir gelernt haben, häufig, indem sie uns imitieren. Viele HS-Eltern beschäftigen sich eingehend mit dem Thema »Ernährung« und stellen Recherchen an, was für ihre Kinder das Beste ist. Sie fragen sich, ob es in ihrem unmittelbaren Umfeld Giftstoffe gibt oder ob Spielzeug so schlecht konzipiert wurde, dass es für das Kind gefährlich werden kann. Häufig folgen dann andere Ihrem Beispiel, was mitunter sogar zu neuen Gesetzen führt.

Vielleicht achten Sie darauf, dass Ihr Kind keine »wilden« Kinder kennenlernt, dass es bestimmte Lehrer, von denen Sie nichts Gutes gehört haben, erst gar nicht bekommt, oder dass Ihre Teenietochter Selbstverteidigungsstrategien lernt. Werden Sie je erfahren, ob Ihre Wachsamkeit sich auszahlt? Vielleicht nicht sofort, vielleicht auch nie.

Vorbeugung ist ein undankbares Geschäft. Ich habe einmal den Vortrag eines Psychologen gehört über die Schwierigkeiten, Geld für sinnvolle Präventionsprogramme aufzutreiben, selbst wenn kein Zweifel bestehe, dass sie den Menschen helfen würden, bestimmte seelische Störungen gar nicht erst zu entwickeln. Das Geld fließt eher in die Behandlung, weil es einfach schwierig ist, den Nutzen der Vorbeugung zu messen. Das ist ein bisschen so, als würden Sie um den Hals eine Pfeife tragen, die Elefanten abwehrt. Wenn jemand nun sagt »Das ist doch Quatsch. Hier in der Gegend gibt es keine Elefanten!«, dann könnten Sie auch mit Fug und Recht behaupten, dass das an Ihrer Pfeife liegt.

Wenn Sie stets wissen, wo Ihr Kind sich gerade aufhält, sind Sie dann übermäßig fürsorglich? Schwer zu sagen, doch Ihr Kind hat so sicher bessere Chancen, es unbeschadet ins Erwachsenenalter zu schaffen – und darum geht es bei der Evolution schließlich. Natürlich sind alle Eltern biologisch und persönlich hoch motiviert, ihren Kindern ein sicheres Leben zu ermöglichen, doch im Grunde ist es wie mit den Rehen. Es braucht nur einen winzigen Unterschied zwischen den einzelnen Individuen, der mit einer winzigen Verschiedenheit in den Umweltbedingungen zusammentrifft, und schon macht sich dieses Maß an Aufmerksamkeit bezahlt.

Funktioniert die Strategie der hochsensiblen Eltern? Absolut, sonst hätte sich die gesteigerte Sensibilität als Wesenszug nicht überall auf der Welt erhalten.

Warum Sie anders sind

Nun habe ich Ihnen also alles über »die« HS-Eltern erzählt. Aber bitte berücksichtigen Sie dabei, dass natürlich kein einziger lebender Mensch je zu hundert Prozent in dieses Bild passt. Wir unterscheiden uns schließlich in puncto Alter, Einkommen, Kultur und in vielen weiteren Aspekten. Einige von Ihnen konnten es gar nicht erwarten, Eltern zu werden, und vielleicht haben Sie so mehr als ein Kind. Oder Sie haben sich intensiv mit der Kindesentwicklung beschäftigt oder arbeiten selbst in der Kinderbetreuung? Andere hatten eher zwiespältige Gefühle, als sie entdeckten, dass sie bald Eltern werden würden. Möglicherweise wollten Sie einfach diese Erfahrung nicht missen, vielleicht haben Sie auch Ihrem Partner zuliebe zugestimmt. Aber Kindererziehung ist jetzt nicht unbedingt Ihre Berufung.

Das kann auch auf Vererbung beruhen, zum Beispiel, was die Gene, die den Oxytocinspiegel regulieren, angeht. Der Neurotransmitter wurde zuerst bei frisch gebackenen Müttern entdeckt.[24] Mittlerweile wissen wir, dass jeder Körper, ob weiblich oder männlich, diesen Botenstoff herstellen kann, wenn auch in unterschiedlichen Mengen.

Die Unterschiede können auch darauf zurückgehen, wie sehr Ihre Kindheitserfahrungen – Familie, Schule, die Kultur, in der Sie aufgewachsen sind – Sie auf das Elterndasein eingestimmt haben. Und das Ganze hängt davon ab, ob Ihr Zuhause auf die Bedürfnisse eines Kindes abgestimmt ist und wie viel Unterstützung Sie bekommen. Und vergessen wir nicht die Unterschiede, die in den Kindern selbst liegen. Manches Kind ist schwierig zu erziehen – zum Beispiel, wenn es sich leicht ablenken lässt, überaktiv ist, emotional zum Drama neigt, sich als impulsiv, hartnäckig oder wenig flexibel erweist. Vielleicht ist Ihr Kind ebenfalls hochsensibel und studiert alles ganz genau, bevor es etwas Neues ausprobiert. Da stört manchmal schon eine gesteigerte Geräuschkulisse oder es findet, es wird zu hart angefasst. Unter Umständen reagiert es dann verängstigt. Das heißt nicht, dass daran irgendetwas anormal wäre. Nur dass den Eltern dann mehr Mühe abverlangt wird. Das kann für alle Eltern schwierig sein – für die Hochsensiblen unter ihnen jedoch noch mehr.

Möglicherweise stellt Ihr Kind Ihre Fähigkeiten aber in anderer Weise auf die Probe. Es kann tatsächlich eine Störung haben, ein Kind mit besonderen Bedürfnissen sein. So etwas macht sich schon bald nach der Geburt bemerkbar. Solche Störungen können körperliche Ursachen haben, zum Beispiel einen Gehirntumor. Sie können aber auch emotionaler Natur sein, falls das Kind beispielsweise unter einer bipolaren Störung leidet. Auch kognitive Einschränkungen wie Lernstörungen oder eine ungewöhnliche Gehirnentwicklung sind denkbar.

Ich zähle diese Dinge auf, weil ich für alle Eltern schreiben möchte. Trotzdem kann ich nicht ausführlich auf die Bedürfnisse aller eingehen. Und doch sind Sie sich in einer Hinsicht alle wirklich sehr ähnlich.

2
Wie Sie mit Reizüberflutung umgehen

Gerade hochsensible Eltern müssen gut für sich sorgen

So schildert eine HS-Mutter ihre Erfahrungen:

Ich glaube, im Großen und Ganzen hat mich die Elternschaft einfach überwältigt. Denn zum einen ist das eine Aufgabe, die kein Ende nimmt, zum anderen sind da die Erwartungen der anderen Eltern bzw. Mütter. Würde ich versuchen, mich so zu verhalten wie normalsensible Mütter, würde ich das höchstens einen Tag lang schaffen und dann monatelang darunter leiden.

Eine andere empfindet das Muttersein so:

Ich war da und doch nicht da. Ich schaffte es so durch den Tag. Machte etwas zu essen. Bezahlte die Rechnungen. Legte die Wäsche in die Maschine. Spielte den Chauffeur. Erledigte alles, was gemacht werden musste, wie ein Roboter, denn mehr konnte ich nicht geben. Von außen betrachtet, habe ich absolut kompetent gewirkt. Selbstredend war ich jedoch für meine Kinder oder meinen Mann alles andere als eine Bastion der Wärme und Sicherheit.

Und ein HS-Vater weiß Folgendes zu berichten:

Für mich als Hochsensiblen war es, als würde mein geistiger Computer ständig auf Höchstgeschwindigkeit laufen – so viel Leben musste ich auf einmal aufnehmen.

Meine Umfrage zeigt ganz klar, dass hochsensible Eltern auf diese Erfahrung stärker mit Stress und Überreizung reagieren als Eltern, die diesen Wesenszug nicht aufweisen. So bejahten sie beispielsweise deutlich öfter als andere Eltern folgende Aussagen: »Ich habe nicht genug Zeit, mich zu entspannen.« Und: »Es ist nicht leicht, als Elternteil genug Schlaf zu bekommen.«

Bevor wir fortfahren, möchte ich Sie noch daran erinnern, dass HS-Eltern sich durch diesen Stress nicht notwendig oder ständig beeinträchtigt fühlen. Denn ob sie nun gestresst waren oder nicht, sie reagierten auf ihre Kinder auch deutlich einfühlsamer als andere Eltern. So bejahten sie häufig folgende Aussagen: »Eine meiner Stärken ist die Kreativität, die ich ins Elterndasein einbringe.« Und: »Wenn mein Kind einen größeren Erfolg bzw. Misserfolg gehabt hat, ist es für mich, als wäre mir das selbst passiert.« Aber Kreativität macht müde. Und Einfühlungsvermögen kann einen ganz schön auslaugen. Beides wirkt stimulierend. Und jede starke Stimulation kostet Sie Kraft. Das merken Sie schnell, denn Sie fühlen sich dann weniger effektiv und weniger glücklich.

Ich wiederhole: Hochsensible leisten harte Arbeit, wenn sie diese Flut an Reizen verarbeiten. Sie empfinden ihre Emotionen stärker, und ebenso intensiv ist ihr Gespür für andere Menschen. Sie sind schneller und genauer, wenn es darum geht, feine Unterschiede auszumachen. Wenn Sie auf diese Weise Ihre gesamte Umwelt über längere Zeit mit dieser Sensibilität registriert haben, sind Sie einfach geschafft. Das eine geht nicht ohne das andere.

Stellen Sie sich vor, Sie sind eine Batterie. (In gewissem Sinne sind wir das auch, funktioniert unser Nervensystem doch auf elektrochemischem Weg.) Wenn Sie Ihre Ladungsenergie dazu verwenden, um sich ganz auf Ihr Kind einzustellen, ist die Batterie schneller leer als bei Eltern, die das nicht tun. Und wenn Sie dann kaum noch Energie übrig haben, wird Ihnen alles zu viel: der Lärm, die Unordnung und das ständige Verlangen der Kinder nach Aufmerksamkeit. Leichter unter Stress zu geraten und sich am Ende überfordert zu fühlen, ist für HS-Eltern eine Lebenstatsache. Das trifft vor allem zu, wenn ihr Kind noch klein ist, und ganz besonders, wenn sie mehrere kleine Kinder haben.

Forschungsergebnisse über HS-Eltern in einer chaotischen häuslichen Umgebung

Die Unordnung, die zwei Kinder nun mal machen, stresst mich. Ich werde erst wieder ruhig, wenn das Haus in Ordnung ist. Also verbringe ich jeden Tag eine oder zwei Stunden mit Putzen und Aufräumen.

Theodore Wachs von der Purdue University untersuchte mithilfe des HS-Fragebogens (und eines Fragebogens zur Lärmsensibilität), wie Chaos sich auf Eltern, insbesondere auf hochsensible Eltern, auswirkt.[25] Er ließ jeden Haushalt nach Gesichtspunkten wie Lärm, Unordnung und räumliche Enge auf einer Skala bewerten. In anderen Studien konnte ein Zusammenhang belegt werden zwischen häuslicher Unordnung und Eltern (nicht speziell HS-Eltern), die weniger einfühlsam sind, sich weniger um ihre Kinder kümmern, diese weniger zum Lernen anregen, weniger Disziplin aufbringen, sich als Eltern nicht als effektiv einschätzen und davon ausgehen, dass ihre Kinder nicht genug Schlaf bekommen. Damit soll *nicht* gesagt werden, dass häusliches Chaos der Effektivität der Eltern Abbruch tut oder dass Sie als Elternteil versagen, wenn Sie das Chaos nicht in den Griff bekommen. Es könnte durchaus sein, dass die Ursache-Wirkungs-Beziehung andersherum funktioniert: Ineffektive Eltern (die man vermutlich eher unter den restlichen 80 Prozent findet) unternehmen auch nichts gegen die Unordnung in ihren vier Wänden. Was hier die Ursache wovon ist, das ist nicht eindeutig. Klar ist hingegen, dass dort, wo Chaos herrscht, auch die Eltern Probleme haben. Wachs fragte sich, wie es sich auswirkt, wenn ein Elternteil oder beide Elternteile hochsensibel sind.

Wachs' Studie zum Zusammenhang zwischen Chaos und Hochsensibilität zeigte, dass sich Haushalte in puncto Lärm und Unordnung massiv unterscheiden. HS-Mütter allerdings bewerteten ihr Heim meist genauso wie die Besucher, die es bewerten sollten. Ein chaotisches Heim wurde von HS-Müttern auch als *chaotisch* eingeschätzt. Was vor allem dann der Fall war, wenn mehr Menschen im Haus lebten und es keinen Platz gab, um die Spielsachen der Kinder wegzuräumen. Interessanterweise schätzten normalsensible Mütter ihr als chaotisch eingestuftes Heim nicht so ein. Diese Studie fragte also nicht nach der Effektivität der chaosgeplagten HS-Eltern. Unsere Forschungsarbeiten aber lassen vermuten, dass sie sich als effektiv einschätzen – jedenfalls mehr als normalsensible Eltern.

Andere Quellen der Reizüberflutung bei HS-Eltern

Häusliches »Chaos« ist also eine Quelle der Reizüberflutung, aber beileibe nicht die einzige. Auch die emotionale Empfänglichkeit von Hochsensiblen kann diesen Effekt haben. Sie wissen natürlich mittlerweile, dass tiefe Empfindungen eine Form von Reiz sind. Für viele Hochsensible stellt der unvermeidliche soziale Umgang mit anderen die schwerste Belastung dar. Das gilt beispielsweise für diese hochsensible Mutter:

Am schlimmsten sind die Verabredungen mit Freunden zum Spielen. Dann ist plötzlich auch noch ein anderes Kind da.

Hinzu kommen noch die Entscheidungen, die zu treffen sind. Ich habe jungen Eltern gelauscht, die viele Stunden mit der Frage rangen, für welchen Babysitter, Kinderarzt, Kindergarten oder welche Kinderkrippe sie sich entscheiden sollten. HS-Eltern investieren auch viel Energie in die Entscheidung, ob sie weiterarbeiten oder ein zweites Kind haben wollen.

Keine dieser Entscheidungen ist einfach. Manchmal geht es dabei um persönliche Werte, aber häufig stehen auch Informationen zur Verfügung, die weiterhelfen können. Das Problem heute ist lediglich, sie tatsächlich zu finden. Wie lang können Sie das Internet durchstöbern, ohne der Reizüberflutung zu erliegen? (Mehr dazu in Kapitel 4.)

Ihr Körper ist eine weitere Quelle von Reizen. Hochsensible geben auf dem HS-Fragebogen meist an, schmerzempfindlicher zu sein als andere Menschen. Alle Eltern kennen die erhöhte Belastung durch Muskel- oder andere Schmerzen, aber HS-Eltern empfinden sie stärker. HS-Eltern erleben alle physischen Reize intensiver, sei es nun den unbequemen Stuhl in einem Meeting, die stundenlange Wanderung über den Jahrmarkt in schlechten Schuhen oder Gerüche, die ihrer Nase wie Gestank erscheinen.

Auch komplexe Sachverhalte stellen einen starken Reiz dar, wenn Sie sich zum Beispiel schwierige Anleitungen erarbeiten müssen, an bestimmte Dinge denken oder gar Entscheidungen treffen müssen. Natürlich können Sie solche Dinge verarbeiten, aber das kostet Energie.

Am schlimmsten ist es, wenn Ihre Aufmerksamkeit von zwei Seiten gefordert wird: Ihr Kind redet mit Ihnen, während Sie am Telefon sind oder ein Kochrezept studieren.

Selbst weniger intensive Reize wie der im Hintergrund laufende Fernseher stellen für Sie eine Überstimulation dar, sobald sie länger andauern, umso mehr, wenn Sie etwas tun, wobei Sie sich konzentrieren müssen. Auch Selbstkontrolle kostet Sie geistig Kraft. Sie erfordert körperliche Energie, denn Ihr Gehirn ist ein Organ, das Nährstoffe und Ruhe braucht, um sich zu regenerieren.[26]

Wie mitfühlend Sie mit sich umgehen, ist ein ganz entscheidender Punkt, wenn es um die Reizüberflutung von innen her geht. Jede Form von Selbstkritik ist kräftezehrend und führt zu Erschöpfung.

Was passiert beim elterlichen Burn-out?

Kinder jeden Alters können zur Reizüberflutung beitragen, und sie wirkt sich je nach Alter des Kindes ganz unterschiedlich aus. Ist Ihr Kind jünger als zwei oder drei Jahre, empfehle ich Ihnen Rick Hansons Buch über mütterlichen Burn-out.[27] (Wobei Hansons Feststellungen auch auf Väter zutreffen, ganz sicher aber auf HS-Väter.) Sind Ihre Kinder älter, können Sie vermutlich trotzdem mit den Informationen in diesem Buch etwas anfangen. Die Autoren sind durchweg medizinisch tätig (ein Arzt, ein Akupunkteur und ein Psychotherapeut) und haben Erfahrung mit diesem Problem. Als das Buch 2002 geschrieben wurde, hatte es nicht nur HS-Mütter im Fokus, enthält aber gute Erklärungen zur körperlichen Seite ihrer Probleme und eine ganze Reihe sinnvoller Vorschläge.

Liebe hochsensible Väter, bitte nehmen Sie das Thema des elterlichen Burn-out auch selbst sehr ernst. HS-Väter gaben in der zweiten von mir und meinem Team durchgeführten Umfrage (an der genügend Väter teilnahmen) zwar an, die Elternschaft nicht als belastender zu empfinden als andere Väter (im Gegensatz zu HS-Müttern). Trotzdem können Sie unter enormem Stress stehen und ebenso körperliche Beeinträchtigungen erfahren wie Ihre Partnerin. Natürlich war Ihre Frau es, die schwanger war, aber Sie haben vermutlich eine ganze Reihe von zusätzlichen Pflichten übernommen, und mit diesen neuen Pflichten gehen neue Sorgen einher. Zum Beispiel die Frage, ob Sie genug verdienen werden, ob Sie Ihre Arbeit noch schaffen, da die häuslichen Belastungen ja immer mehr werden. Wir haben in unserer Umfrage nicht nach der Belastung am Arbeitsplatz gefragt.

Vier plus eins – die funktionalen Zusammenhänge in unserem Körper

Unser Körper umfasst vier Systeme, die in den ersten Jahren der Elternschaft in Mitleidenschaft gezogen werden können. Dies gilt vor allem, wenn die Mutter eine schwere Schwangerschaft hatte oder einer der beiden Elternteile schon vor der Geburt Anzeichen von Erschöpfung zeigte, sich schlecht ernährte, unter anderen Krankheiten litt oder aus sonstigen Gründen unter seelischem Stress stand. Jedes dieser Systeme muss störungsfrei funktionieren, damit die übrigen drei ihre Arbeit verrichten können.

Das Verdauungssystem

Der Stress der Elternschaft kann Ihr Verdauungssystem (Magen und Darm) beeinträchtigen: Ihr Körper hat dann Probleme, die zugeführte Nahrung zu verdauen, was Übelkeit, Verstopfung, Durchfall oder Blähungen zur Folge hat. Und natürlich kann Sie zusätzlich eine Mangelernährung belasten, weil der Rest Ihres Körpers, also die anderen drei Systeme, weniger Nährstoffe erhalten und weniger gut arbeiten.

Das Nervensystem

Ihr Nervensystem leitet Informationen durch Ihren Körper. Es warnt Sie, wenn irgendetwas nicht richtig läuft, und zwar in Form von Empfindungen oder Stimmungen. Auch wenn das Nervensystem in seiner Funktion beeinträchtigt ist, produziert es Gedanken. Diese grundlegende Funktion kommt nie zum Erliegen. Doch die Gedanken, die es dann produziert, können Ihrer Gesundheit abträglich sein.

Müssen Sie sich wegen Kopfschmerzen, Schlaflosigkeit oder Anspannung (Probleme des Nervensystems) einer Behandlung unterziehen, dann stört diese möglicherweise die Funktion Ihres Verdauungssystems. Alle vier Systeme sind eng miteinander verbunden.

Es gibt vier Neurotransmitter (Botenstoffe), die aufgrund von Stress mitunter nicht die nötigen Spiegel im Blut erreichen. Dies lässt sich auf vielfältige Weise behandeln, doch das sollte ein Psychiater tun, der mit den spezifischen Belastungen von Eltern gut vertraut ist.

Das endokrine System (Hormone)

Ihr endokrines System produziert Schilddrüsenhormone, Testosteron, Oxytocin, Kortisol, Östrogen, Progesteron, Prolaktin, DHEA (Dehydroepiandrosteron), Insulin und viele andere Hormone. (Sowohl der männliche wie auch der weibliche Körper stellt all diese Hormone her, nur in unterschiedlichen Mengen.) Diese Hormone fungieren als Botenstoffe für andere Körpersysteme, aber sie können auch ausfallen oder falsche Nachrichten übermitteln. Wenn Ihre Hormone aus dem Gleichgewicht geraten sind, leiden Sie unter Müdigkeit, Reizbarkeit und nervöser Unruhe. Sie wachen nachts auf und können nicht mehr einschlafen.

Sie leiden unter Depressionen und anderen Stimmungsschwankungen. Hormone teilen den anderen Organen des Körpers mit: »Wir stehen unter Stress.« Damit werden das Verdauungssystem, das Nervensystem und das Immunsystem alarmiert.

Das Immunsystem

Das vierte funktionale System, das durch Stress beeinträchtigt wird, ist das Immunsystem, der Krieger, der Ihre Gesundheit verteidigt. Wenn Stress, Hormonschwankungen, schlechte Ernährung, Depressionen oder andere Ursachen dafür sorgen, dass es überaktiv ist oder nicht ausreichend reagiert, haben Sie mehr Infektionen oder Allergien als im Normalfall. Dazu kommen dann noch Autoimmunreaktionen, bei denen das Immunsystem den eigenen Körper angreift. Diese sind gewöhnlich schwer zu diagnostizieren, weil die Symptome wie Müdigkeit und niedrigschwellige Entzündungen eher unspezifisch sind.

Diese vier Systeme beeinflussen natürlich auch die Funktion unserer Muskeln, also die Art, wie wir heben, uns bücken, herumtoben, tanzen oder uns dehnen. Alles in allem ist die Elternschaft eine zutiefst körperliche Erfahrung. Es ist ganz natürlich, dass wir mit der Zeit ausgelaugt sind. Sie möchten sich stark und unverwundbar fühlen – für Ihr Kind perfekt sein. Aber vergessen Sie nicht, welche Anforderungen Ihr Körper jetzt zu bewältigen hat. Was Sie im Moment brauchen, ist Mitgefühl mit sich selbst, vor allem, wenn Sie zu den hochsensiblen Menschen gehören. Das heißt: Sie sollten einen Plan aufstellen, der Ihnen ermöglicht, all diese Systeme ausreichend zu versorgen. Das bedeutet, sich Zeit für das zu nehmen, was Sie selbst brauchen. Und seien Sie nicht zu streng mit sich, wenn Sie krank werden oder zum Arzt müssen.

HS-Eltern stehen ständig am Rande des Burn-outs

Die rein körperlichen Auswirkungen der Reizüberflutung bleiben gleich, ob Ihre Kinder nun klein sind, zur Schule gehen oder die Pubertät durchleben. Mit älteren Kindern haben Sie vielleicht ein bisschen mehr Kontrolle über Ihr Leben und können eher für sich sorgen. Auf jeden Fall nimmt die Reizüberflutung später andere Formen an. Sie leiden immer noch unter Schlafmangel, weil Sie so früh aufstehen müssen, um die Kinder für die Schule fertig zu machen und sie hinzubringen. Und Sie müssen mit all dem fertig werden, was Ihr Kind aus der Schule so mitbringt – von seinen »Kunstwerken« über die Hausaufgaben bis hin zu emotionalen Verletzungen und heiklen Fragen. Dazu kommt noch die Reizüberflutung, der die Kinder ausgesetzt sind. Schließlich erwartet Ihr Kind von Ihnen, dass Sie immer für alles eine Lösung wissen und es trösten – von den Erwartungen der Lehrer und der anderen Eltern mal ganz abgesehen. Das führt mitunter zu heftigen Zusammenstößen, denen Sie nicht aus dem Weg gehen können. Sie können sich also gar nicht leisten, auf Ihre Selbstfürsorge zu verzichten.

Und wie sieht es mit Teenagern aus? Wenn sie zu Hause sind, dann sind sie aus irgendeinem Grund immer laut. Sie drehen die Musik auf, und übertönen sie mühelos, weil sie unbedingt etwas sagen wollen. Und sie bringen ihre ebenso lauten Freunde mit. Außerdem kommen mit dem Teenageralter ihrer Sprösslinge für die Eltern ganz neue Sorgen auf. In der Zwischenzeit sind auch Sie älter geworden. Sie brauchen also eher noch mehr Ruhe. Ich zitiere diesbezüglich oft Dolly Parton, die im Film *Magnolien aus Stahl* einen Schönheitssalon betreibt und den Damen mittleren Alters, die zusehen, wie eine Braut für die Hochzeit hergerichtet wird, erklärt: »So etwas wie natürliche Schönheit gibt es nicht, wenn du mal über zwanzig bist.« Nur wandle ich das Zitat ein bisschen ab: »Es gibt keine natürliche Gesundheit, wenn du mal über vierzig bist.« Plötzlich müssen wir alles Mögliche anstellen, nur um schmerzfrei zu bleiben und chronische Krankheiten zu vermeiden.

Bindungsorientierte Erziehung (Attachment Parenting)

Nun, wo Sie wissen, welch körperlichen Anforderungen Sie als Elternteil eines kleinen Kindes ausgesetzt sind, ist es Zeit, sich mit den ersten beiden Lebensjahren des Kindes zu beschäftigen und sich zu fragen, wie man eine sichere Bindung für das Kind herstellen kann, ohne sich selbst allzu sehr zu belasten. Als Psychologin ist mir durchaus klar, wie wichtig diese sichere Bindung für jedes Kind ist. Tatsächlich gehört diese Frage zu meinen Spezialgebieten. Ich persönlich befürworte die bindungs- oder bedürfnisorientierte Erziehung, die so weit als möglich auf die Bedürfnisse des Kindes eingeht. Ich denke, es ist sowohl körperlich als auch emotional gesund, so lange zu stillen, wie Mutter und Kind das wünschen. (Ich habe meinen Sohn gestillt, bis er drei Jahre alt war.) Babys lieben es, den Körperkontakt zu ihrer Bezugsperson zu spüren. Verwenden die Eltern ein Babytragetuch, erleichtert das häufig auch Ihr Leben. Sie haben die Hände frei, während das Baby meistens schläft und den Körperkontakt voll und ganz genießen kann.

Für HS-Eltern allerdings ist es nicht gut, wenn das Kind nur eine Bezugsperson hat. HS-Eltern brauchen immer wieder Pausen von diesem Dauerkontakt. Es ist eine Illusion, zu glauben, dass Sie als Elternteil ständig verfügbar sein müssen. Entwicklungsgeschichtlich wuchsen Menschen üblicherweise im Verband einer Großfamilie auf, zu der ältere Geschwister, Großeltern und überhaupt all jene Menschen gehörten, die die Mutter regelmäßig entlasteten, damit sie sich entweder selbst regenerieren oder um ein noch kleineres Kind bzw. ihre Aufgaben innerhalb der Gruppe kümmern konnte. Wieso haben wir dieses System der Versorgung von Kindern durch mehrere Bezugspersonen allem Anschein nach vergessen? (Ich werde diese Frage hier nicht beantworten, denn so viel Zeit haben Sie nicht, um zu lesen, was ich darüber denke.) Tatsache ist, dass viele von uns noch immer ein vergleichbares soziales Netz haben. Angehörige oder Freunde kümmern sich gerne um das Kind. Viele Eltern kennen andere Eltern, mit denen sie sich Aufgaben teilen können. Auch so entsteht eine »Großfamilie«. Und Tagesmütter oder Kinderkrippen sind deren moderne Form, und sie stehen uns immer zur Verfügung. Tatsächlich ist es historisch betrachtet die große Ausnahme, dass die junge Mutter mit ihrem Kind allein zu Hause bleibt.

Eine Großfamilie aus Menschen, die für Ihr Kind sorgen, bietet trotz allem eine enge Bindung an die Bezugspersonen, zumindest, was die grundsätzlichen Erfordernisse angeht: Man geht auf die Bedürfnisse des Kindes ein und hält so viel Körperkontakt aufrecht wie nur möglich. Nur funktioniert diese Art der engen Bindung des Kindes eben nicht nur mit einer, sondern mit *mehreren* Bezugspersonen, bei denen es sich sicher fühlen kann. Für HS-Eltern lassen sich diese Prinzipien – Verfügbarkeit und körperliche Nähe – meist *nur* umsetzen, wenn jemand anderer gelegentlich in die Rolle der Bezugsperson schlüpfen kann. Doch nach unserem Erkenntnisstand sind Kinder durchaus in der Lage, sich auf mehrere Bezugspersonen gleichzeitig einzulassen.

Darüber hinaus gibt es meines Wissens bis heute keine Forschungsresultate, die bestätigen würden, dass eine bindungsorientierte Erziehung mit einer Bezugsperson besser funktioniert als mit mehreren. Meine intuitive Antwort (und vermutlich auch die Ihre) wäre zwar, dass eine einzige Bezugsperson besser ist. Aber »Bedürfnisorientierung« bedeutet, dass ja ohnehin zwei

Menschen involviert sind, die Bezugsperson und das Kind. Es wäre sicher vorteilhafter, diese wechselseitige Beziehung so zu gestalten, dass sie für beide funktionieren kann. Manche Babys wollen auch gar nicht so lange gestillt werden. Eltern ziehen sich mitunter Rückenschmerzen zu, wenn sie ihre Kinder zu viel herumtragen. Und was ist, wenn jemand ein Kind hat, das jede Nacht mehrmals schreiend aufwacht? Um das sich diese Hauptbezugsperson also auch nachts ständig kümmern muss? Erinnern Sie sich noch an das, was ich Ihnen über die körperlichen Auswirkungen der Reizüberflutung gesagt habe?

Kurz gesagt: Die Vorstellung, dass eine Bezugsperson, gewöhnlich die Mutter, in ständigem Kontakt zum Kind steht, mag in einigen Fällen praktikabel sein. Meiner Ansicht nach aber gilt das kaum für HS-Eltern. Und »wohlgeratene« Kinder werden genau genommen wohl sehr selten von nur einem Elternteil betreut, der ganz allein für die bindungsorientierte Erziehung sorgt und dabei innerlich verkümmert.

Und doch werden viele HS-Eltern genau das versuchen, nämlich allzeit präsent zu sein, schon aus ihrer angeborenen Gewissenhaftigkeit heraus. Daher möchte ich HS-Eltern an dieser Stelle ganz persönlich die Erlaubnis geben (falls Sie diese brauchen): Sie können eine sichere Bindung zu ihrem Kind herzustellen, ohne deswegen nicht für einen Augenblick von seiner Seite zu weichen.

Wenn Sie je eine Katze hatten, die bei Ihnen zu Hause Junge bekommen hat, wissen Sie, dass die Katzenmama ihre Kleinen hin und wieder auch allein lässt, ganz egal, wie sehr diese miauen mögen. Also: Machen Sie's Ihrer Katze nach!

Hier einige Erfahrungsberichte von HS-Eltern, die sich ganz allein um ihre Kinder gekümmert haben:

Ich brauche Raum für mich, aber diese bindungsorientierte Erziehung macht das unmöglich. Ich brauche Ruhe und Frie-

den, aber wenn Sie ständig von Kindern umgeben sind, lässt sich das nicht umsetzen. Ich brauche ein reizarmes Umfeld, aber der Druck ist wirklich andauernd da. Ist all dies nötig, um wohlgeratene Kinder großzuziehen? Wer weiß das schon?

Für Hochsensible bedeutet eine bindungsorientierte Erziehung noch mehr Druck, da das Kind sich ununterbrochen in »unserem« Bereich aufhält. Rein ideologisch habe ich mir vorgebetet: »Genauso will ich es machen.« Meine Sensibilität aber sagte etwas ganz anderes: »Nehmt mir dieses Kind ab, ich brauche eine Pause!« Für mich war das ein schwieriger, ausgesprochen belastender Weg.

Ich bin hochsensibel und will für meine Töchter natürlich nur das Beste. Also habe ich mich für die bindungsorientierte Erziehung entschieden, für ausgiebiges Stillen, ein gemeinsames Bett und einfühlsame Kommunikation. Unsere älteste Tochter ließen wir sieben Monate lang in unserem Bett schlafen. Dann musste sie allein schlafen, wobei wir sie einfach schreien ließen. (Und sie schrie ein gutes Jahr lang.) Die Jüngere schlief zwanzig Monate lang in unserem Bett. Ich weiß, ich habe versucht, die besten Entscheidungen zu treffen, die mir damals möglich waren. Ich wünschte nur, ich hätte mehr auf meinen Schlaf geachtet und auch auf den meiner Töchter. Wenn ich das Ganze nochmals machen würde, dann würde ich meine Töchter sich in den liebenden Armen ihres Vaters in den Schlaf weinen lassen.

Wie man mit Reizüberflutung umgeht

Ich könnte Ihnen endlos Tipps geben, wie Sie als Hochsensible den ständigen Ansturm von Reizen reduzieren können, aber diese finden Sie ja mittlerweile im Internet. Einige besonders wichtige oder ungewöhnliche Regeln möchte ich Ihnen trotzdem ans Herz legen.

Es gibt drei Möglichkeiten, mit Überstimulation umzugehen: Sie können ihr aus dem Weg gehen. Sie können damit fertig werden. Und Sie können sich davon erholen. Manchmal überlappen sich diese drei Taktiken auch.

Wie Sie der Reizüberflutung aus dem Weg gehen

Grundsätzlich ist Reizvermeidung für Sie die beste Strategie. Und als Elternteil beginnt das im Umgang mit Ihrem Kind. Ist Ihr Kind überreizt oder steht es aus anderen Gründen unter Stress, werden auch Sie schnell in Mitleidenschaft gezogen, wenn Sie nicht achtgeben.

Versuchen Sie also Ihr Möglichstes, damit es gar nicht erst zur Überreizungs-Kernschmelze kommt. Wie schnell diese sich einstellt, hängt natürlich davon ab, wie sensibel Ihr Kind dafür ist. Am Ende aber ermüden auch Kinder mit einer hohen Reiztoleranz irgendwann. Schließlich ist die Welt für Ihr Kleines etwas vollkommen Neues. Da erfordert schon die geringste Kleinigkeit eine Anpassungsleistung, die viel Energie kostet. Sie können eine Reizüberflutung Ihres Kindes vermeiden und es trotzdem gut erziehen.

Wenn Sie es ständig an spannende Orte bringen – Orte, die es gern mag, wo es viel zu lernen gibt – dann ist das Kind am Ende erschöpft, und sowohl Sie als auch Ihr Sprössling stehen am Rande des Nervenzusammenbruchs. Schon das Spielen mit Freunden macht müde, selbst wenn Ihr Kind zum extrovertierten Typ gehört. (Was Wutanfälle angeht, lesen Sie bitte in Kapitel 5 nach.)

Werden Sie Experte darin einzuschätzen, wie viele Anregungen Ihr Kind braucht und wie viele es verkraften kann. Manche Kinder haben eine hohe Reiztoleranz. Wenn sie nicht ihr tägliches Quantum an Aufregung und körperlichen Aktivitäten bekommen, sorgen sie selbst dafür, indem sie Tamtam veranstalten und Trotzreaktionen zeigen. Andere Kinder brauchen mehr Ruhe. Achten Sie darauf, welches Maß an Aktivität Ihr Kind nach der Schule, am Wochenende und in den Ferien wirklich braucht. Und halten Sie die Zeichen im Blick, die Ihnen signalisieren, dass es jetzt genug hat. Die meisten Kinder wollen erst einmal ihre Ruhe, wenn sie von der Schule oder aus dem Kinderhort kommen. Andere wollen, wenn sie stundenlang still sitzen mussten, Dampf ablassen. Beides – Ruhe und Stille oder Fußball bzw. Bewegung zu Musik – kann auch für Sie die dringend benötigte Pause sein, um einmal abzuschalten, sofern Sie sich das erlauben, statt Hausarbeit zu erledigen oder mit anderen Eltern zu plaudern.

Teenager laden sich ohnehin meist zu viel auf. Wenn sie sich auf ein Studium vorbereiten, dann können Noten, Schulaufgaben und all diese Dinge schwer auf der Familie lasten. So oder so ist es meist schwieriger, Heranwachsende im Zaum zu halten. Und dabei müssen sie ja auch noch lernen, sich um sich selbst zu kümmern. Schlagen Sie Ihrem Teeniesprössling doch vor herauszufinden, wie viel er oder sie tatsächlich »stemmen« kann. Zum Beispiel mithilfe eines Tagebuches.

Selbst wenn Ihr Nachwuchs das nur eine Woche lang tut und über sämtliche Aktivitäten Buch führt, einschließlich Hausaufgaben, Lerneinheiten und Schlafstunden, bringt dies schon viel. Wenn ihr Töchterchen dann noch aufschreibt, wie es sich fühlt – körperlich und seelisch –, dann kann es bald eigene Schlussfolgerungen ziehen.

Darauf zu achten, wie viel Sie und Ihre Kinder verkraften können, gehört zu den Grundlagen des Elterndaseins. Das sollte für Sie nicht weiter schwierig sein, denn Sie können sich ja gut auf Ihr Kind einstimmen. Trotzdem habe ich da noch ein paar Tipps für Sie:

- Sie sollten wissen, wann wer mit Überreizung zu reagieren droht. Ein Beispiel: Ihre Kinder kommen nach Hause, alle reden wild durcheinander, und Sie sollen jedem zuhören. Bitten Sie in diesem Fall Ihre Kinder, sich erst mal still zu beschäftigen, vielleicht einen Snack zu sich zu nehmen. Wenn Sie selbst zuvor keine Gelegenheit hatten, sich auszuruhen, nutzen Sie diese Pause auch für sich selbst.
- Bei kleinen Kindern (und vielleicht nicht nur bei ihnen) stellen Essen, Wasser und Schlaf stets einen probaten Zugang zum Wohlbefinden dar.
- Ist Ihr Kind gerade in einer Schreiphase, achten Sie darauf, dass Sie Ohrstöpsel zur Hand haben! Am besten funktionieren Kopfhörer mit Geräuschunterdrückung. Sie hören Ihr Kind dann immer noch, aber die Lärmspitzen sind deutlich reduziert.

Ein HS-Vater beschreibt die Erfahrung mit den Earbuds so:

Interessanterweise ist es für mich anstrengender, das Weinen oder Schreien zu ignorieren, als etwas dagegen zu unternehmen – selbst wenn das heißt, dass ich der Lärmquelle näher bin. [Dieser Vater sorgte dafür, dass an strategisch wichtigen Stellen ein Paar In-Ohr-Kopfhörer lagen, mit denen er den Lärm weitgehend ausblenden konnte.]

- Begrenzen Sie Verabredungen mit Spielkameraden, und planen Sie diese sorgfältig. Ihr Kind wird danach erschöpft sein, und das gilt auch für Sie, wenn Sie auf die Kinder aufpassen mussten. Räumen Sie einen Teil der Spielsachen weg. Beschränken Sie die Spielstunde auf ein einziges Zimmer, in dem die Spielsachen bleiben müssen oder in das sie danach zurückgebracht werden.

- Reduzieren Sie die Unordnung. Räumen Sie ein oder zwei Stellen leer, die anderen Sachen wandern in hübsche Körbe, und schon haben Sie weniger Chaos um sich. Kaufen Sie dekorative Schachteln oder bekleben Sie Pappkartons mit bunten Papieren. Ja, ich weiß: Meistens spukt Ihnen trotzdem der Gedanke im Hinterkopf herum, dass der Inhalt dieser Schachteln eigentlich noch sortiert werden müsste. Lassen Sie's gut sein. Niemand, der ein oder mehrere Kinder hat, ist in allen Lebensbereichen ein Muster an Ordnung.
- Beobachten Sie, wie sich Ihr Energiehaushalt entwickelt. Eine HS-Mutter stellt sich zu diesem Zweck ihren täglichen Energiespeicher vor wie eine Torte: Ein Drittel wird morgens verbraucht, ein Drittel nachmittags, ein Drittel abends. Haben Sie in einem Zeitfenster ein Drittel Ihrer verfügbaren Energie verbraucht, schalten Sie um auf minimalen Energiebedarf.
- Eine sehr gute Idee ist außerdem, viele kleine Pausen einzulegen, bevor Sie den Karren gegen die Wand fahren.

Eine HS-Mutter erzählt:

Lärm belastet mich stark – zuerst das Weinen, dann das Toben der Kinder. Je müder ich bin, desto schlimmer fühlt es sich an. Ich gehe zu Kinderfesten und gemeinsamen Spielnachmittagen, wo geschrien und gehüpft wird, während die Eltern versuchen, den Lärm zu übertönen, um sich zu unterhalten.
Aber danach bin ich fix und fertig und brauche meine Ruhe – nur dass das dann auch für die Kinder gilt. Dann lege ich

ihnen nahe, sich doch ein Päuschen zu gönnen. Wichtig ist mir auch, dass ich einen ruhigen, aufgeräumten Ort für mich habe. Und wenn ich ausnahmsweise keine Pause einlegen kann, stähle ich mich mit Atmen oder kleinen Schlucken Pfefferminztee oder aus der Wasserflasche. Was die Aktivitäten der Familie angeht, bin ich sehr streng. Ich und mein Sohn brauchen einfach unsere Auszeiten. Für mich ist das im Grunde hart, denn ich liebe Menschen und ich unternehme auch gern etwas. Unordnung und Schmutz kann ich nicht leiden. Bevor die Kinder kamen, war ich unglaublich stolz auf mein sauberes Haus. Ich musste lernen, diese Vorstellung wenigstens ein bisschen loszulassen. Das Chaos wird mir trotzdem häufig zu viel. Dann kann ich einfach nicht mehr und muss raus, sonst gehe ich in die Luft.

Grenzen setzen

Alles, was ich als Mutter erlebte, war für mich extrem. Das hat mir gezeigt, dass ich Grenzen setzen muss. Ich habe gelernt, meine begrenzte Energie, meine Ressourcen wertzuschätzen. Daher bitte ich meine Kinder, mir im Haushalt zu helfen. Wenn sie nicht helfen wollen, dürfen sie bestimmte Dinge nicht machen oder müssen auf geliebte Gegenstände eine Weile verzichten.

Grenzen setzen zu können ist für alle Hochsensiblen eine unverzichtbare Fähigkeit, wenn sie Überreizung vermeiden wollen. Und Grenzen setzen bedeutet, Nein sagen zu können. Mit kleinen Kindern klappt das meist noch nicht so gut. Zum einen brauchen sie ja tatsächlich Hilfe oder Fürsorge. Zum anderen machen sie gern einen Aufstand, wenn sie etwas wollen, sodass es häufig einfacher erscheint, ihnen nachzugeben. Teenager machen das übrigens genauso. In diesem Fall besteht die notwendige Fürsorge darin, dass Sie ihnen zuhören, dass Sie ihnen schonend beibringen, welche Folgen bestimmte Handlungsweisen haben können bzw. wie zivilisierte Menschen sich benehmen! Menschen im Umfeld eines HSP (vor allem Kinder und Partner) bekommen schnell mit, dass sie bekommen, was sie wollen, wenn sie nur genug Tamtam machen, denn dann fühlt sich der Hochsensible gewöhnlich überfordert und gibt leichter nach oder findet weniger Argumente zur Verteidigung seiner Position. Da Sie jedoch nicht einfach nachgeben können, wenn Ihr Kind eigentlich Fürsorge oder eine klare Ansage braucht, müssen Sie sicherstellen, dass Sie zwischen den Zeiten, in denen Sie sich um das Kind kümmern, genug Zeit für sich und zur Entspannung haben.

Das bedeutet, dass Sie nicht nur zu Ihren Kindern, sondern auch zu anderen öfter Nein sagen müssen, zu Freunden beispielsweise oder zu Familienmitgliedern. Warnen Sie Ihren Partner vor. Erklären Sie, warum Sie diese Strategie einschlagen und dass das bedeutet, dass auch er bzw. sie künftig öfter mal ein Nein zu hören bekommen wird. Wenn Sie buchstäblich nichts mehr zu geben haben, bleiben Sie fest gegenüber all den Menschen, die Aufmerksamkeit von Ihnen fordern. Vergessen Sie nicht: Alle möglichen Menschen wollen etwas von Ihnen, doch nur Sie allein können entscheiden, ob Sie das auch leisten können. Ihr Gegenüber kann das nicht wissen und würde Sie ganz sicher nicht belasten wollen, falls er es wüsste. Sie müssen das also klar und deutlich kommunizieren. Am schwierigsten ist es gewöhnlich, Nein zu sich selbst zu sagen. Vielleicht wissen Sie ja, wo Ihre Grenzen liegen, haben aber Schwierigkeiten, Ihrer Einsicht auch Taten folgen zu lassen. Jene HSP, die zu den »Sensation-Seekern« gehören (die also Abwechslung und neue Eindrücke brauchen), kennen dieses Problem nur zu gut. In unseren Augen ist dies, als würde man mit einem Fuß auf dem Gas, mit dem anderen auf der Bremse stehen.

Denn ein Mensch kann beide »Systeme« in sich haben: eines, das nach neuen Erfahrungen strebt, und ein anderes, das sich aufgrund hoher Sensibilität gelegentlich von der Umwelt abschirmen muss. HS-Eltern, die zu den Sensation-Seekern gehören, haben das gleiche Problem wie wir alle, nur um einiges stärker ausgeprägt. Sie brauchen Ruhe, gleichzeitig steht aber vieles an, was erledigt werden muss. Und schließlich will man ja auch noch Spaß mit seinen Kindern haben.

Manchmal bezieht sich unser Nein auch auf den Haushalt. Dann sollten wir das ohne Schuldgefühle akzeptieren. Achten Sie darauf, dass Sie immer die nötigen Zutaten für eine schnelle Mahlzeit zu Hause haben, selbst wenn diese nicht Ihren hohen Standards für eine gesunde Ernährung entsprechen. Eines möchte ich Ihnen besonders ans Herz legen: *Schlaf ist wichtiger als Hausarbeit oder was auch immer*. Wenn Sie ein bisschen Zeit übrig haben, sagen Sie zu allem Nein – außer zum Schlaf.

Ich weiß: Das ist leicht gesagt, aber nicht getan. Vor allem, wenn Sie mehrere Kinder haben. Aber Ihre geistige Verfassung ist die Grundlage von allem, was Sie tun. Wenn Sie ausgeruht sind, läuft doch alles bestens. Wenn nicht, geht schnell etwas schief. So einfach ist das letztlich.

Wie Sie Phasen der Überreizung durchstehen

Sie merken, dass Sie allmählich gereizt werden. Sie bekommen das Gefühl, dass Sie gleich nicht mehr können. Sie brauchen eine Pause, aber es ist keine in Sicht. Sie können das Baby schließlich nicht allein lassen. Sie müssen auf die Kinder aufpassen, die im Garten spielen. Oder Sie müssen warten, bis Ihr heranwachsender Sohn nach Hause kommt, um mit ihm mal ein ernstes Wörtchen zu reden.

In solchen Situationen brauchen Sie Menschen, auf die Sie sich verlassen können. Aber darüber reden wir später. Was aber tun Sie, wenn Sie keine Hilfe bekommen können? Für diese wirklich schwierigen Momente hätte ich ein paar Vorschläge zu machen:

- Wechseln Sie mit Ihrem Kind den Aufenthaltsort: Gehen Sie in ein anderes Zimmer. Steigen Sie ins Auto und fahren Sie ein wenig herum. Verlassen Sie das Geschäft. Gehen Sie in das nächste Geschäft und so weiter.
- Eine HS-Mutter gab mir den Tipp: *Kuscheln Sie mit Ihrem Kind. Das fühlt sich gut an und ist einfacher als zuhören!*
- Ist Ihr Kind zumindest ein paar Minuten zufrieden und mit sich selbst beschäftigt, setzen Sie sich hin und lesen. Oder lassen Sie Ihren Blick einfach ruhig auf irgendeinem Objekt ruhen. Stehen Sie nicht auf, um noch etwas zu erledigen.
- Natürlich steht es Ihnen frei, in diesem Punkt anderer Meinung zu sein als ich, aber ich finde es gut, wenn HS-Eltern ihre Kinder mal vor dem Fernseher absetzen, vorausgesetzt, ein gutes, kindgerechtes Programm läuft. Oder Sie lassen dem Kind ein Video auf Ihrem Laptop angucken, während Sie sich ausruhen. Legen Sie sich in Sicht-, auf jeden Fall aber in Hörweite hin. Erschöpfte HS-Eltern sind für Kinder mitunter schädlicher als ein vernünftiges Fernsehprogramm.
- Atmen Sie mehrmals tief ein und aus. Blasen Sie die Atemluft durch den Mund förmlich hinaus, dann geschieht das Einatmen wirklich aus der Tiefe Ihres Körpers. Sie können sich auch vorstellen, dass Sie den ganzen Stress einfach hinauspusten.
- Machen Sie sich eine Tasse Tee.

- Gönnen Sie sich eine kurze Fußmassage.
- Verwöhnen Sie Ihre Sinne: mit einem angenehmen Duft, einem schönen Anblick, mit Ihrer Lieblingsmusik, Ihrem Lieblingssnack. Manchmal hilft es auch, in bequeme Kleidung zu schlüpfen, den Pyjama zum Beispiel oder einen Trainingsanzug.
- Umarmen Sie jeden, der sich das gerne gefallen lässt. Möglichst eine ganze Minute lang. Umarmungen fühlen sich gut an, weil sie Stresshormone und hohen Blutdruck reduzieren bzw. Schmerzen lindern. Sie senken die Wahrscheinlichkeit, zu erkranken, und lassen den Oxytocin-Spiegel ansteigen. Danach fühlen wir uns alle besser.[28]
- Dehnen und strecken Sie sich. Beugen Sie sich vor und berühren Sie mit den Fingerspitzen den Boden. Dann heben Sie langsam den Oberkörper, sodass wirklich jeder einzelne Wirbel abrollt. Sie können Gesichtsstretching machen, indem Sie den Mund aufreißen, als würden Sie brüllen wie ein Löwe. Dann entspannen Sie die Gesichtszüge wieder. Wenn Sie im Yoga bewandert sind, suchen Sie sich eine Lieblingsstellung aus, und nehmen Sie diese kurz ein. Auch das kann enorm helfen.
- Wenn nötig, ziehen Sie sich kurz ins Badezimmer zurück (wenn die Kinder alt genug sind, dass man sie kurz allein lassen kann). Kinder verstehen das normalerweise.
- Achten Sie darauf, dass Sie immer ein gutes Buch in Griffweite haben. Oder ein Hörbuch. Gönnen Sie sich da und dort ein paar schöne Zeilen. Darauf können Sie sich freuen in Zeiten, wenn die Wellen hochschlagen.
- Rufen Sie eine gute Freundin an oder schicken Sie eine SMS. Nur um sich zwischendrin kurz zu melden.
- Weinen Sie ruhig.

- Eine Mutter machte folgenden Vorschlag: Stellen Sie sich vor, Sie sitzen in einer schützenden Blase. Wenn die Kinder Sie dann anspringen (buchstäblich oder im übertragenen Sinn), dann prallen sie ab, und Ihr sensibles Nervensystem ist geschützt.
- Meditieren Sie im gleichen Raum, in dem sich Ihr Kind aufhält, ohne frustriert zu sein, wenn es Sie unterbricht. Erklären Sie ihm, dass Sie meditieren, eine Art »besonderer Pause« machen. Manchmal beruhigt das auch die Umgebung relativ schnell.
- Gehen Sie mit dem Kind vor die Tür, möglichst in die freie Natur. Das entfaltet erstaunlich schnell eine beruhigende Wirkung. Auf jeden Fall verändert es die Energie. Aber fangen Sie bitte nicht an, Besorgungen zu machen oder neuerlich in eine reizüberflutende Umgebung einzutauchen. Dann sind am Ende nämlich nicht nur Sie, sondern auch Ihr Kind total überreizt.
- Prüfen Sie, ob Sie tatsächlich genug Flüssigkeit zu sich nehmen und mit Ihrer letzten Mahlzeit ausreichend Eiweiß aufgenommen haben. Letztlich brauchen Sie dieselben Dinge wie Ihr Kind: Ruhe, Nahrung und Wasser.
- Nun können Sie darangehen, schriftlich festzuhalten, welche kurzen Pausenmomente für Sie am erholsamsten sind. Wenn Sie so gestresst sind, dass Sie kaum noch denken können, greifen Sie zu Ihrer Liste, die Sie vorher aufgestellt haben.

Wie Sie sich von Reizüberflutung erholen

Die Erholung von der klassischen Überreizung funktioniert letztlich genauso wie das Verbeugen und das Durchstehen. Auch hier gilt: Ruhen Sie sich aus, wenn Ihr Kind sich ausruht oder wenn es aus dem Haus ist. Wenn Sie so überreizt sind, dass Sie keine Zeit mehr aufbringen konnten, um die komplexen inneren und äußeren Eindrücke des Elterndaseins für sich und Ihr Kind zu verarbeiten, dann haben Sie vermutlich auch Probleme, genug Schlaf zu bekommen, selbst wenn Sie ihn nötig haben. Das ist ganz normal. Alle Ruhephasen sind positiv, selbst wenn Sie nicht einschlafen können. Sie erholen sich schon, wenn Sie nur die Augen schließen, denn 80 Prozent unserer Reize gelangen über die Augen ins Gehirn. Vorsicht ist geboten, wenn Sie ständig spät nachts aufwachen und nicht mehr einschlafen können. Das könnte ein Zeichen für Depressionen oder chronische Ängste sein. Beides erfordert ärztliche Behandlung. Sie können auch auf Selbsttests für Burn-out oder Depression zurückgreifen, die im Internet verfügbar sind. (Zum Beispiel »Depression-Test« auf www.therapie.de; verschiedene Selbsttests auf www.netdoktor.de, Anm. d Übers.) Bitten Sie Ihre Freunde um Auskunft, ob diese finden, dass die Fragen auf Sie zutreffen. Achten Sie darauf, dass diese Person vertrauenswürdig ist und Sie wirklich kennt, weil Sie mit Ihnen lebt oder häufig mit Ihnen zusammen ist, sodass ihr auch Verhaltensänderungen auffallen, die Sie selbst noch nicht bemerkt haben.

Achtung: Manche der genannten Symptome wie »häufig Tränen vergießen« oder »unentschlossen sein« oder »sich bei Reizüberflutung nicht konzentrieren können« sind bei Hochsensiblen der Normalfall und kein Anzeichen von seelischen Störungen. Um Depressionen und Angststörungen handelt es sich nur dann, wenn Sie diese Symptome fast den ganzen Tag, fast jeden Tag und das seit mehr als zwei Wochen (Depression) bzw. sechs Monate lang die meiste Zeit über (Angststörung) erleben. Treffen die Aussagen tatsächlich auf Sie zu, sollten Sie sich einen Psychiater suchen, der mit dem Konzept der Hochsensibilität vertraut ist oder bereit ist, sich darauf einzulassen. Wenn dagegen diese Kriterien nicht auf Sie zutreffen, können Sie sich trotzdem niedergeschlagen oder ängstlich fühlen. Holen Sie sich Unterstützung, sobald Sie das Gefühl haben, jemanden zu brauchen. Wenn nicht, dann lassen Sie einfach mal locker: Suchen Sie sich (nötigenfalls bezahlte) Hilfe mit Kindern und Hausarbeit, und gucken Sie dann, wie es Ihnen damit geht.

Auszeiten und Schlaf sind enorm wichtig. Manchmal aber brauchen Sie einfach einen Tapetenwechsel. Das können ganz simple Dinge sein, wie ein paar Besorgungen allein zu erledigen. Auch dies ist einer der Gründe, warum Sie sich für das Kind Hilfe suchen sollten. Hier geht es um Aktivitäten, die mit dem Elterndasein absolut nichts zu tun haben. Als besonders hilfreich hat sich erwiesen: Machen Sie mal etwas vollkommen Neues und Aufregendes (ja, das funktioniert auch für Hochsensible). Oder gönnen Sie sich etwas, das Sie immer schon gerne getan haben. Natürlich ist das ein neuer Reiz, das heißt: Sie müssen vorsichtig sein. Übertreiben Sie's nicht.

Hier der Erfahrungsbericht einer anderen HS-Mutter:

Ich habe immer noch zu kämpfen: Da ist auf der einen Seite die Notwendigkeit, meine Bedürfnisse als Hochsensible zu achten, auf der anderen Seite der Wunsch, im Beruf erfolgreich zu sein und trotzdem auf liebevolle Weise für meine Kinder zu sorgen. Ich verspreche mir immer wieder, dass ich besser für mich sorge, und halte diese Versprechen dann nicht.

Wenn Sie chronisch überreizt sind, ist es manchmal schwierig, innezuhalten und sich die nötige Erholung zu gönnen. Sie machen einfach immer weiter und weiter, ohne zwischendrin aufzutanken. Letztlich läuft Ihr Motor dann auf Kortisol. Dieses Hormon wird produziert, damit Sie Stress besser verarbeiten können. Und die Produktion kommt nicht etwa an ein Ende, wenn Sie aufhören herumzurasen. Bei zu viel Stress drehen die Nebennieren durch, die das Kortisol produzieren. Wenn Sie sich also zu sehr antreiben, dann zahlen Sie dafür am Ende einen hohen Preis. Also Vorsicht! Aber Sie können ja einiges tun, um sich zu erholen:

- Verwöhnen Sie sich in Ihrer knapp bemessenen Freizeit so viel wie möglich.
- Holen Sie sich Ihr Spa nach Hause (auch für Väter gut!): ein warmes Bad, eine Kerze, sanfte Musik, ein Duft, den Sie mögen. Wie wäre es mit Lavendel, Zeder oder Sandelholz?
- Wasser hilft immer: Trinken Sie es. Nehmen Sie ein Bad. Gehen Sie am Wasser spazieren. Oder Sie schwimmen eine Runde. Allein das Plätschern von Wasser zu hören, entspannt schon. Das lässt sich mit einem hübschen Zimmerbrunnen im Schlafzimmer bewerkstelligen. Außerdem übertönt er lästige Geräusche.
- Nehmen Sie warme oder kalte Getränke zu sich, je nachdem, was Sie mehr entspannt und was zur Jahreszeit passt.
- Gönnen Sie sich eine gesunde, köstliche Mahlzeit, nur für Sie allein.
- Genießen Sie eine Selbstmassage. Wenn Sie keine Zeit für eine Massage im Salon haben, besorgen Sie sich ein gut duftendes Massageöl, legen Sie Ihre Kleidung ab (und drehen Sie die Heizung auf, wenn nötig). Setzen Sie sich auf ein schönes Badetuch, vor sich eine Kerze, und massieren Sie jeden Körperteil, den Sie erreichen können. Das fühlt sich großartig an!
- Führen Sie Tagebuch: Dort können Sie Ihre Gedanken übers Elterndasein festhalten. Drücken Sie Ihre Gefühle in einer Zeichnung aus, einem kleinen Gedicht. Sie wer-

den diese Zeilen eines Tages zu schätzen wissen. Und jetzt helfen sie Ihnen, einen Schritt zurückzutreten und zuzuschauen, wie sich Ihr Leben verändert, wie viel Sie wirklich leisten und wie gut Sie das alles machen.

- Machen Sie eine Liste mit all den Gründen, aus denen Sie sich ein Baby gewünscht haben. Und eine weitere Liste, in der Sie festhalten, was Sie an Ihrem Partner und Ihrem Kind lieben. Lesen Sie darin, wenn Sie es am nötigsten haben.

Hier die Worte einer Frau, die all das immer wieder durchsteht:

Bis heute kenne ich nur einen Weg, um das vollkommene Dichtmachen meinerseits zu verhindern: Ich achte genauestens auf mein Energieniveau. Sobald ich merke, dass ich gereizt werde, gönne ich mir eine Pause. Ich blende jeglichen Lärm aus, übersehe großzügig das Chaos in der Wohnung und sage mir immer wieder vor: »Vergiss es einfach!«

Der Wert einer »spirituellen« Praxis

Die wohl schwierigste Aufgabe für HS-Eltern ist, das große Ganze im Blick zu behalten. Sie fragen sich vielleicht, ob Ihr Kind das mit dem Töpfchengehen je lernen wird. (Ich garantiere Ihnen: Es wird an der Uni keine Windeln mehr tragen.) Oder Sie haben das Gefühl, dass Sie nie wieder acht Stunden Schlaf bekommen oder einen ganzen Tag für sich selbst haben werden. Oder Ihr Teeniesohn bittet Sie ständig, ihn doch an der Ecke vor der Schule abzusetzen, weil er nicht mit Ihnen gesehen werden möchte. Sie wissen, dass das nicht für die Ewigkeit ist, und im Grunde sind Sie ja auch glücklich, dieses Kind zu haben. Aber wenn wir gestresst oder ängstlich sind, schnurrt unsere Sicht der Welt auf einen winzigen Punkt zusammen. Erst wenn wir uns wieder entspannen, weitet sich der Blick. Der Blick auf das große Ganze fällt Hochsensiblen meiner Ansicht nach leichter. Wir denken darüber nach, wie die Dinge so geworden sind, wie sie jetzt sind, und wie es danach weitergeht. Aus diesem Grund haben die meisten von uns eine gewisse Neigung zu spirituellen Dingen, denn Spiritualität bringt uns den weitesten Blickwinkel überhaupt. Warum wurden wir geboren? Weshalb sind wir auf der Welt? Wer oder was hat uns geschaffen? Was steckt überhaupt hinter all dem? Was passiert, wenn wir sterben? Diese Neigung ist der Hauptgrund, warum ich hochsensible Menschen als »Priester-Ratgeber« bezeichnet habe. Wenn für die restlichen 80 Prozent der Menschheit etwas schiefläuft, wenden sie sich an uns um Rat, weil sie sich über vieles bisher keine Gedanken gemacht haben. Wir aber tun seit unserer Geburt nichts anderes.

Als ich zum ersten Mal Menschen im Hinblick auf diesen Aspekt der Hochsensibilität interviewte, habe ich mir die Frage nach ihrer spirituellen Einstellung bis zum Schluss aufgehoben. Ich fand einfach, diese Fragen könnten zu persönlich sein. Aber alle vierzig Interviewpartner brachten die Rede noch vor dem Ende des Interviews von selbst auf das Thema. Ein Großteil der Befragten hatte für sich einen spirituellen Weg und spirituelle Rituale gefunden.

Zu den spirituellen Ritualen gehört für mich alles, was Sie mit etwas in Verbindung bringt, das größer ist als Sie selbst, also mit Ihrem höheren Selbst, mit allen Wesen, mit der Schöpfung, der Unendlichkeit, der Ewigkeit, Gott, Allah, dem Allerheiligsten oder dem Ursprung von allem. Heutzutage suchen viele Menschen ihren ganz persönlichen spirituellen Weg, manchmal auch innerhalb der traditionellen Religionen. Und es scheint, als führten alle Wege an denselben Ort, selbst wenn wir ihn mit ganz verschiedenen Bezeichnungen versehen.

Wenn Sie wollen, dass das große Ganze auf Sie wartet, wenn Sie es brauchen, muss Ihr spiritueller Pfad alltägliche Rituale umfassen. Für geschäftige Eltern gilt: Üben Sie zumindest so oft, wie es Ihnen möglich ist. Auch dies ist eine Form der Ruhe, der Auszeit. Im Folgenden möchte ich Ihnen von meinen persönlichen Erfahrungen erzählen:

Im ersten Lebensjahr meines Sohnes lebten wir in Paris in einer Zweizimmerwohnung von den Einkünften aus einer Post-Doc-Stelle. Jeden Tag, wenn ich das Abendessen zubereitete, saß mein Sohn jammernd auf dem Boden und zog sich an meinen Beinen hoch. Setzte ich ihn in sein Bettchen (das in der Küche stand), fing er an, zu schreien.
Mein Mann versuchte, ihn mit ins andere Zimmer zu nehmen und ihn dort zu beruhigen, aber er wollte einfach mich haben. Ich wurde mit all dem nicht fertig. Meistens weinte ich oder war wütend, häufig beides zugleich. Wir hatten vor, uns während unseres Frankreichaufenthalts in die Transzendentale Meditation (TM) einführen zu lassen, weil Freunde uns das wärmstens empfohlen hatten.
Aber wir hatten das aufgeschoben, weil wir dafür weder Geld noch Zeit hatten. Doch die abendlichen Szenen waren so anstrengend, dass wir uns schließlich die Zeit einfach nahmen. Als wir uns abends zum ersten Mal abwechselten – der eine meditierte im ruhigen Zimmer, der andere versorgte unseren Sohn möglichst leise in der Küche – blieb der übliche Zusammenbruch aus. Und das sollte so bleiben. Es war wie ein Wunder. Und so wurden Art und ich Fans der Transzendentalen Meditation.

Ausruhen und spirituelle Praxis lässt sich vereinbaren: in der Meditation. Allerdings nur so lange, wie diese keine geistige Anstrengung fordert. Ich habe viele Methoden verglichen: Meiner Ansicht nach ist die Transzendentale Meditation für Hochsensible am besten geeignet, weil sie tiefen Frieden schenkt und ohne jede Anstrengung abläuft. (Das christliche *Gebet der Sammlung* von Pater Thomas Keating funktioniert ganz ähnlich und beruht auf christlichen Traditionen der Kontemplation.) Der TM-Kurs ist vergleichsweise teuer, aber das ist die Mühe wert. Der Unterricht ist standardisiert und hochprofessionell. Sollten Sie später mit der Meditation Probleme haben, so können Sie sich jederzeit an Ihre Lehrer wenden. Interessanter- und ironischerweise brauchen Sie mehrere Sitzungen mit einem qualifizierten Lehrer, um zu lernen, sich *nicht* anzustrengen. Bei dieser Methode können Sie bequem dasitzen, Ihren Geist herumwandern lassen, ja sogar einschlafen. Der Knackpunkt ist, dass jede erfolgreiche Aktivität innere Ruhe voraussetzt, und das gilt auch für die Entwicklung des Bewusstseins. Aber möglicherweise haben Sie ja auch schon gelernt, zu meditieren, oder bevorzugen eine andere Technik. Wenn dem so ist: prima!

Vielleicht sieht Ihre spirituelle Praxis auch ganz anders aus: Beten, Yoga, Kunsttherapie, ein Spaziergang in freier Natur, ein paar Minuten im Garten. Versuchen Sie nur, sich dieser Tätigkeit so oft zu widmen, wie Sie können.

Selbstfürsorge und die Vergangenheit

Hochsensible sind bekannt für ihre »differenzielle Anfälligkeit«. Hatten sie eine gute Kindheit, dann tun sie sich in vielem leichter als andere Menschen. Eine schwierige Kindheit aber macht sie anfällig für Angststörungen, Depressionen, Schüchternheit, schwaches Selbstwertgefühl und so weiter.

Meiner Ansicht nach beeinträchtigt diese andere Form der Empfänglichkeit auch ihre Selbstfürsorge. Wurden in der Kindheit Ihre Bedürfnisse gestillt, dann können Sie vermutlich auch als HS-Mutter oder -Vater gut für sich selbst sorgen. Wurden Sie in der Kindheit hingegen vernachlässigt oder standen die Bedürfnisse anderer im Vordergrund, sind Sie dazu vielleicht nicht imstande. In diesem Fall achten Sie bitte darauf, welche Haltung Sie zur Selbstfürsorge einnehmen. Besorgen Sie sich professionelle Hilfe, wenn Sie nicht gut auf sich achtgeben können. (Möglicherweise kann Ihnen hier mein Buch *Die Kraft der Bindung* helfen. Aber vielleicht haben Sie ja auch gar keine Zeit zum Lesen.) Tipps dazu, wie Sie einen guten Therapeuten finden, gibt es beispielsweise auf der deutschsprachigen Webseite des Informations- und Forschungsverbundes Hochsensibilität: www.hochsensibel.org. Dort können Sie auch per E-Mail um Ratschläge bitten.

HS-Eltern müssen regelmäßig überprüfen, ob ihre Selbstfürsorge auch für die anderen Familienmitglieder passt. Manchmal beziehen wir unsere Ideen über die Work-Life-Balance nämlich aus unserer Kindheit. Wenn Sie damals miterlebt haben, dass ein Partner die Hauptrolle spielte, während der andere daneben fast verschwand, sollten Sie gut achtgeben, dass sich dieses Muster in Ihrer Beziehung nicht wiederholt. Neigen Sie dazu, die unterlegene Position einzunehmen, müssen Sie lernen, Ihre Bedürfnisse klar zu formulieren – was für Ihr Kind ebenso wichtig ist wie für Sie selbst. Sind Sie es hingegen, die das Geld verdient, und dazu auch noch die einzige Hochsensible in der Familie, dann kann es gut sein, dass Sie in die Rolle des »Chefs« hineinrutschen. Nur weil Sie sensibel sind und hart arbeiten, können Sie nicht davon ausgehen, dass Sie sich für das Alltagsleben der Familie nicht zu engagieren brauchen und die Hausarbeit nicht teilen müssen. All diese Dinge sollten gemeinsam entschieden werden. Ist Ihr Job zu stressig, um Ihnen noch Zeit und Energie für die Hausarbeit zu lassen, dann denken Sie ernsthaft darüber nach, wie sich dieses Problem lösen lässt, damit Sie einerseits hochsensibel sein können, andererseits in die schönen wie auch die schwierigen Aspekte des Familienlebens einbezogen sind. Dazu ist ein wenig Kreativität erforderlich. Vielleicht müssen Sie auch im Moment auf etwas verzichten. Aber das ist die Sache wert. Mehr Ideen dazu finden Sie in Kapitel 3.

Zu guter Letzt

Das einzig echte Problem, dem Hochsensible sich nicht entziehen können, ist die Tatsache, dass sie häufig unter Reizüberflutung leiden. Wenn Sie immer wieder spüren, dass Sie an Ihre Grenzen geraten, dann können, ja müssen Sie Ihre Sache besser machen. Wenn Sie ausgeruht sind und wieder klar denken können, nehmen Sie Ihr Leben einmal eingehend unter die Lupe: Wo gibt es Verbesserungsmöglichkeiten? Sich besser ernähren vielleicht? Andere Ausgaben streichen, um mehr Geld für Unterstützung zur Verfügung zu haben? Irgendetwas ganz streichen? Überlegen Sie doch mal. Wenn Sie in der Vergangenheit auf etwas verzichtet haben, wie sehr haben Sie es wirklich vermisst? Das Elterndasein ist neu in Ihrem Leben. Möglicherweise müssen Sie andere Dinge dafür streichen.

3
Hilfe suchen

Oh doch, Sie brauchen Hilfe!

Hochsensible Persönlichkeiten müssen Reizüberflutung vermeiden, damit zurechtkommen und sich von ihr wieder erholen, um ihr Bestes tun zu können. *Ganz egal auf welchem Gebiet.* Alle HS-Eltern (vielleicht gibt es tatsächlich ein paar seltene Ausnahmen) brauchen Hilfe. Wenn Sie bei der Kindererziehung bereits alles an Hilfe haben, ob nun zu Hause oder außerhalb, was Sie brauchen, dann können Sie dieses Kapitel getrost überspringen. Leiden Sie allerdings unter Schuldgefühlen, weil Sie sich Hilfe besorgt haben, während andere Eltern scheinbar keine oder deutlich weniger Unterstützung brauchen, dann lesen Sie bitte die folgenden Seiten. Das gilt auch, wenn Ihre Familie aufgrund der dadurch entstehenden Kosten auf andere Dinge verzichten muss.

Ihr erster wichtiger Stützpfeiler ist es, sich um eine außerhäusliche Kinderbetreuung zu kümmern, sobald Ihr Kind alt genug dafür ist. Wie das genau abläuft und ab welchem Alter Sie Ihr Kind außer Haus geben können, ist von Land zu Land verschieden. In Deutschland gibt es dafür Kinderkrippen (für Kinder ab sechs Monaten bis zu drei Jahren), Kindergärten (für Drei- bis Sechsjährige) und Kinderhorte (für ältere Kinder). Häufig ist dies kostenpflichtig, obwohl es große regionale Unterschiede gibt. Auf jeden Fall können Sie Tageseltern suchen, die in Deutschland vom Jugendamt auf ihre Qualifikation hin überprüft wurden. Auch diese Leistung kostet gewöhnlich Ihr Geld. Eine andere Möglichkeit sind Tanten und Großeltern. Was in Ihrem Fall die beste Lösung ist, müssen Sie wie üblich selbst herausfinden. Und natürlich gibt es auch noch die Möglichkeit, eine Haushaltshilfe zu engagieren, und zwar nicht nur für die Zeit, solange Ihr Kind noch klein ist. Das klappt auch später meistens ganz gut.

Dass Sie Hilfe brauchen, hat nichts damit zu tun, dass Sie als hochsensible Persönlichkeit sozusagen »pflegeaufwendig« sind. HS-Eltern müssen nur mehr als andere für sich selbst sorgen, damit sie ihre großartigen Fähigkeiten als Eltern voll ausspielen können.

Schuldgefühle und der ewige Vergleich mit anderen

Sie kennen vermutlich Eltern, die den ganzen Tag zu Hause sind und sich um ihre Kinder kümmern. Sogar die Hausarbeit scheint ihnen Spaß zu machen. Und andere, die den ganzen Tag in der Arbeit sind, während ihre Kinder in der Schule bzw. im Kinderhort sind. Abends dann kommen sie nach Hause, bereiten das Essen zu und managen den Haushalt. Die Dreifachbelastung scheint ihnen überhaupt nichts auszumachen, ja, alle sind fröhlich und gedeihen prächtig. Möglicherweise haben diese Leute ja einen Partner, der sie tatkräftig unterstützt. (Aber das trifft auf Sie ja vielleicht auch zu.) Und die restliche Zeit machen sie Homeoffice und haben dabei immer ein Auge auf die Kinder. Sie hingegen brauchen dazu beide Augen und außerdem vorher dringend ein bisschen Ruhe. Manche Eltern erklimmen im Rekordtempo die Karriereleiter und sind – oder scheinen zumindest - die perfekten Eltern. Das sind die anderen achtzig Prozent der Menschheit.

Sie sind anders. Ich weiß, dass das schwer zu erklären ist, vor allem dem Partner oder anderen Eltern. Insbesondere, wenn Sie fast vierzig Wochenstunden Unterstützung brauchen, obwohl Ihr Kind die meiste Zeit im Kindergarten ist. Aber es gibt eben immer noch so viel zu tun: Besorgungen machen, einkaufen, die Mahlzeiten zubereiten. Nicht zu vergessen die Auszeiten, die Sie unbedingt brauchen. Aber vermutlich können Sie sich das selbst nicht erklären. Ihre Bedürfnisse scheinen einfach so selbstsüchtig und teuer zu sein, vor allem in Ländern, in denen der Staat Familien keine bezahlbare Kinderbetreuung bietet. Aber Sie müssen erst einmal selbst überzeugt sein, dass Sie diese Art Unterstützung brauchen. Erst dann können Sie andere von ihrer Notwendigkeit überzeugen. Also sehen Sie's mal so: Das ist vermutlich die wichtigste Entscheidung, die Sie am Lebensanfang Ihres Kindes treffen werden. Oder wie ein Elternteil dies mir gegenüber formulierte:

Das Einfachste, was man über diese Situation sagen kann, ist: Es wird mir einfach zu viel.

Hier die Zusammenfassung einer längeren Geschichte:

Fran hatte das Gefühl, verrückt zu werden. Sie wusste, dass sie unbedingt Hilfe brauchte. Also engagierte sie eine Haushälterin fürs Putzen, die Wäsche und die Vorbereitung der Mahlzeiten. So konnte Fran sich ausruhen, während ihre Kinder in der Schule waren. Als sie dies ihren nicht hochsensiblen Freunden erzählte, erntete sie nur Unverständnis. Diese erledigten derlei Dinge selbst, sogar wenn sie zu Hause blieben, um drei bis vier Kinder zu versorgen. Selbstverständlich fühlte Fran sich nach solchen Gesprächen immer sehr allein. Sie fühlte sich schuldig und von ihren Freundinnen verurteilt. Ihr HS-Ehemann hatte einige Mühe, sie zu überzeugen, dass die Haushaltshilfe für sie wichtig und nötig war.

Wenn Sie Hilfe brauchen, dann ist daran nicht zu rütteln. Das heißt nicht, dass Sie als Vater oder Mutter weniger befähigt oder schlechter als andere sind.

Das Problem: mit einem kleinen Kind den ganzen Tag zu Hause sein

Die Zahl der Eltern, die es wunderbar finden, wenn sie den ganzen Tag mit einem Baby oder Kleinkind zu Hause verbringen, ist vermutlich sehr klein. Das gilt umso mehr, wenn die Kinderzahl steigt. Ja, es gibt Menschen, die sind mit diesem speziellen Talent geboren. Diese machen ihre Gabe häufig zum Beruf. Und darüber können wir nur froh sein. Aber bitte vergleichen Sie sich nicht mit diesem Typ oder mit Eltern, die unbedingt den ersten Preis als »Supermami« oder »Superpapi« gewinnen wollen. Oder dafür sorgen, dass es zumindest nach außen so aussieht.

Alle Menschen, ob nun hochsensibel oder nicht, leiden, wenn sie sozial isoliert sind. Mit einem kleinen Kind zu Hause zu sitzen ist zwar keine völlige Isolation. Doch die Interaktion mit anderen Menschen ist, verglichen mit einem »normalen« Erwachsenenleben, recht begrenzt. Und das, obwohl diese Zeit für die Entwicklung Ihres Kindes entscheidend ist. Menschen verarbeiten Umweltreize viel intensiver als Tiere, und Hochsensible gehen dabei noch einmal um einiges tiefer. Diese Verarbeitungstiefe ist manchmal überwältigend für uns, doch wir fühlen uns genauso unwohl, wenn wir nur an der Oberfläche kratzen – unsere spezielle Begabung also nicht einsetzen können.

Wir Menschen und auch andere soziale Geschöpfe können den Verstand verlieren, wenn man uns in Isolationshaft steckt, weswegen sie auch als Folter gilt. Ich sehe soziale Interaktion (und andere Umweltreize) als eine Art Nahrung, die wir täglich brauchen. Wir können zwar mal einen Tag fasten oder uns nur von Snacks ernähren, aber meistens brauchen wir geregelte Mahlzeiten. Manchmal wünschen Sie sich ein Festmahl, das heißt bei introvertierten Menschen den intensiven Austausch mit einer Person, bei extrovertierten einen ausgelassenen Abend in der Gruppe.

Wenn Ihre soziale Interaktion sich auf den Umgang mit Ihrem Kind beschränkt, dann wäre das mit einer strengen Reduktionsdiät vergleichbar. Das Kind muss sich an diese Art der Nahrung erst gewöhnen, daher ist es mit dem mageren Angebot zufrieden. Für Vater oder Mutter aber ist dies eindeutig zu wenig. Mittlerweile wissen wir auch, dass kleine Kinder lernen müssen, neues »soziales« Futter anzunehmen, mit Menschen zu sein, die nicht zur Familie gehören. Aber natürlich erst dann, wenn es so weit ist.

Es ist nicht normal, alles allein zu machen

Wie Sie vielleicht wissen, war es vor der Mitte des 20. Jahrhunderts keineswegs üblich, dass Eltern ihre Kinder allein erzogen. Und selbst später noch traf dies nur für die Industrieländer zu. Davor wurden Kinder immer im Verband erzogen. Die Ehepartner halfen sich gegenseitig oder die Familie sprang ein. Frauen konnten ihre Kinder früher auch zur Arbeit mitnehmen. Ältere Kinder passten auf die Jüngeren auf. In kleineren Gemeinden passten die Eltern auf die Kinder anderer Mütter auf, wenn sie draußen spielten. Da wachte keineswegs jede Mutter nur über ihr eigenes Kind.

Wir haben diese althergebrachte Lebensweise hinter uns gelassen, und nun werden Hausarbeit und Kinderversorgung komplett von jenem Elternteil erledigt, der seine Berufsarbeit aufgibt und zu Hause bleibt. Doch trotz all unserer zeitsparenden Geräte wird die Hausarbeit nie weniger – höchstens komplizierter. Und das wirft ein weiteres Problem auf: Derjenige Partner, der zu Hause bleibt, muss all diese komplexen Anforderungen ebenfalls erledigen. Und dann sitzt er oder sie vor dem Computer, während das Kind schläft, und bekommt keinen Schlaf ab. Oder der Wächter über Haus und Garten muss, während das Kind im Haus herumwuselt und überwacht werden müsste, mit dem Zimmerer verhandeln, der den Dachstuhl reparieren soll. Dieses Multitasking fällt gerade Hochsensiblen schwer. In einer mir gut bekannten Familie, die sich Hilfe finanziell problemlos leisten kann, bleibt dennoch niemand mit einem Kleinkind je allein zu Hause. Das Familienmotto: »Es scheint einfach verkehrt, dass nicht zwei Erwachsene zugleich daheim sind. Ein kleines Kind fordert ununterbrochen Aufmerksamkeit, und das schafft einer allein auf keinen Fall.«

Wie es mir damit erging:

Ich hatte Glück. Als unser Sohn klein war, war mein Mann Art fast ständig zu Hause, und wir teilten uns die elterlichen Aufgaben. Eine Zeit lang aber, als Art noch in der Forschung tätig war, lebten wir im kanadischen Vancouver mit Freunden zusammen. Damals war außer mir niemand im Haus, und in Vancouver herrschte ein harter Winter. Zu der Zeit wusste ich noch nicht, dass ich zu den Hochsensiblen gehörte, aber ich wusste, dass es mich irremachte, den lieben langen Tag mit einem Eineinhalbjährigen im Haus zu hocken. Mein Sohn konnte zwar schon gehen, wollte aber immer noch hauptsächlich getragen werden. Er konnte noch nicht sprechen, aber er war sich jeder meiner Aktivitäten bewusst. Ich konnte nicht schlafen, wenn er nicht schlief. Und seine Nickerchen wurden immer kürzer. Ich brauchte wirklich mal ein bisschen Zeit für mich.
Art konnte mir das nachfühlen. Und er kam mit einem Vorschlag an, der ebenso genial wie peinlich war. Ich muss heute noch darüber lachen. Damals jedenfalls schaffte ich alle Spielsachen meines Sohnes in die Küche. Wenn er kurz nicht herschaute, kletterte ich auf unseren riesigen Einbaukühlschrank,

wo er mich nicht sehen konnte. Dann spielte er glücklich und zufrieden mindestens eine Stunde oder länger, weil er mich, sein wandelbarstes Spielzeug, nicht in Sichtweite hatte. Ich aber saß munter auf dem Kühlschrank und tauchte zeichnend oder schreibend in meine Welt ab. Wenn mein Sohn anfing, sich zu langweilen, kam ich sofort herunter. Ich machte das nicht oft. Ich glaube nicht, dass er je gemerkt hat, woher ich gerade kam. Das löste allerdings nicht das schwerwiegendere Problem: meine Einsamkeit. Ich war immer ausgesprochen glücklich, sobald einer unserer Hausgenossen heimkam!

Wenn Sie zeitweise doch allein zu Hause bleiben müssen, sorgen Sie für eine gute Kommunikation mit den Angehörigen, die draußen ihren Pflichten nachgehen. Wenn der Rest der Familie heimkommt, braucht die Hausfrau oder der Hausmann nicht nur Hilfe, wenn das Abendessen zubereitet und das Kind ins Bett gebracht werden muss, sondern auch die Gesellschaft von Erwachsenen.

Wie lange Sie es aushalten, mit einem Kind allein zu Hause zu bleiben, hängt letztlich von Ihrer Persönlichkeit sowie dem Temperament und dem Alter Ihres Kindes ab. Einige Leute bekommen das ganz gut hin, anderen geht es damit gar nicht gut. Versuchen Sie, sich deswegen nicht zu verurteilen. Erinnern Sie sich daran, dass Sie in Situationen, in denen Sie Ihre Begabung so richtig entfalten können, toll sind, und daran, wie gut Sie mit Ihrem Kind umgehen, wenn Sie ausgeruht sind. Welche Art von Persönlichkeit Sie sind, welche Talente Sie besitzen und unter welchen Umständen Sie auch immer leben mögen: All dies zeichnet Sie aus und macht Sie einzigartig.

Eine Lösung für die geschilderten Probleme ist simpel: Geben Sie Ihr Kind in die Kinderkrippe, sobald es alt genug ist, selbst wenn Sie nicht wieder zu arbeiten anfangen. Gerade HS-Eltern fühlen sich deswegen manchmal schuldig. Sie fürchten, es sei dafür zu früh für ihr Kind oder die Zeit dort sei zu lange. Natürlich müssen Sie tun, was sich für Sie und Ihr Kind am besten anfühlt, aber vergessen Sie nicht: Ab einem bestimmten Alter tut es Kindern gut, Zeit mit anderen zu verbringen, ob es nun gleichaltrige Kinder oder andere Erwachsene sind. Auf diese Weise wird es Schritt für Schritt auf Kindergarten und Schule vorbereitet. Die meisten Kinder protestieren anfangs, wenn sie von den Eltern wegsollen. Das kann für Sie hart sein, aber denken Sie daran, dass die meisten Kinder von dem Kontakt mit anderen profitieren und ihn am Ende auch genießen.

Dabei wirft die Kinderkrippe natürlich eigene Probleme auf. Schon die richtige zu finden ist nicht leicht (sofern Sie überhaupt Wahlmöglichkeiten haben). Und dann ist da noch der Umgang mit den Leuten, die dort arbeiten. Legt Ihr Kind ein ungewöhnliches Temperament an den Tag, so gibt es Krippen, die darauf eingehen, und andere, die das nicht tun. Ist Letzteres der Fall, dann fangen Sie vermutlich an, sich selbst und Ihren Erziehungsstil infrage zu stellen, weil Ihr Kind sich nicht anpassen kann. Und doch ist es für Sie wichtig, ein paar Stunden für sich zu haben. Es lohnt sich also, mit den Erzieherinnen und Helfern im Kindergarten auf gutem Fuß zu stehen. (Wir werden uns am Ende des Kapitels noch einmal mit dem Problem der richtigen Betreuung beschäftigen.) Und obwohl Sie nicht arbeiten gehen und Ihr Kind im Kindergarten ist, kann es trotzdem sein, dass Sie Hilfe bei der Hausarbeit brauchen. Vielleicht jemanden, der Ihnen beim Putzen und Waschen hilft.

Hilfe bei der Hausarbeit

Wir werden uns in diesem Abschnitt verschiedene Situationen näher ansehen. Zu Beginn geht es um allgemeine Vorschläge, später um Tipps für den Umgang mit Kindern verschiedener Altersgruppen. Wir beschäftigen uns aber nicht nur mit Haushaltshilfen, sondern auch mit der Frage, wie Sie sich Hilfe besorgen, wenn Sie diese nicht bezahlen können.

Allgemeine Tipps

Natürlich hat es auch Nachteile, sich Hilfe ins Haus zu holen. Meiner Ansicht nach tun sich hochsensible Persönlichkeiten schwerer damit, anderen die Sorge für Haus und Kinder zu überlassen. Es muss halt genau der oder die Richtige sein. Und das heißt, dass Entscheidungen getroffen werden müssen. Es gilt, sich auf diese Unsicherheit einzulassen, aber vielleicht fühlen Sie sich unwohl bei dem Gedanken, jemandem eventuell kündigen zu müssen, weil er nicht geeignet ist. Und die fremde Person wird sich in Ihrem Haus aufhalten. Auch das gefällt nicht jedem. Wenn Sie mit diesem Menschen allein sind, müssen auch Sie mit ihm auskommen.

So weit, so gut. *Trotzdem* brauchen Sie Hilfe. Die Entscheidung, wen Sie einstellen und für wie lange, kostet zusätzlich Zeit. Auch diese Ungewissheit müssen Sie aushalten. Versuchen Sie, sich einen Ausweg offenzuhalten, falls das Ganze nicht klappen sollte. Wie wäre es mit einer Probezeit, bevor man ein längeres Arbeitsverhältnis vereinbart?

Vor allen Dingen: Versuchen Sie nicht, mit den Menschen, die für Sie arbeiten, Freundschaft zu schließen, schon gar nicht gleich zu Beginn. »Freundlich, aber nicht freundschaftlich« sollte Ihr Verhältnis sein. Das macht es einfacher, dieses zu lösen, wenn Sie mit der geleisteten Arbeit nicht zufrieden sind. Lassen Sie sich nicht in das persönliche Leben dieser Menschen hineinziehen. Wenn diese Ihnen unbedingt alles Mögliche erzählen wollen, hören Sie kurz zu, signalisieren Sie aber schon mit Ihrer Körpersprache, dass Sie eigentlich keine Zeit haben. Machen Sie klar, dass Sie nicht da sind, um deren Problemen zu lauschen, Lösungen für sie zu finden oder Geschenke zu machen. Großzügigkeit können Sie in einem anderen Rahmen beweisen, mit einem Bonus an den großen Feiertagen zum Beispiel oder für eine besonders gute Leistung.

Andererseits sollten Sie, sofern Sie es sich leisten können und Sie Ihre Hilfskraft mögen, diese gut bezahlen. Erkundigen Sie sich nach dem üblichen Tarif, und legen Sie ein bisschen was drauf, wenn Ihnen das möglich ist. Leute, die gut arbeiten, wollen Sie ja schließlich behalten. Und Sie möchten ihnen zeigen, dass Sie sie zu schätzen wissen. Seien Sie fair und klar: Wenn Sie sie nicht weiterbeschäftigen wollen, nachdem Ihr Kind ein bestimmtes Alter erreicht hat, sagen Sie ihnen das. Bieten Sie an, bei der Jobsuche zu helfen, wenn es so weit ist. Versprechen Sie der Person ein gutes Zeugnis. Freundlich, nicht freundschaftlich.

Hilfe im Haushalt, wenn beide Partner arbeiten

In diesem Kapitel geht es weitgehend um Eltern, die mit ihrem Kind allein zu Hause bleiben. Was aber, wenn aus irgendeinem Grund beide Partner arbeiten wollen oder müssen? In diesem Fall brauchen Sie vor allem jemanden, der sich um Ihr Kind kümmert, während Sie bei der Arbeit sind, ob dies nun zu Hause passiert oder im Kindergarten. Doch selbst wenn Sie für diese Lösung ein passendes Arrangement gefunden haben, bleibt die Hausarbeit immer noch ungetan. Für HS-Eltern heißt das, dass sie keinerlei Freizeit haben. Sie kommen von der Arbeit, holen Ihr Kind ab und kümmern sich um dem Haushalt, ohne eine Pause einlegen zu können. Haushaltshilfen lohnen sich, auch wenn die Ausgaben von Ihrem Verdienst abgehen. (Vergessen Sie nicht: In Deutschland können Sie die Kosten zum Teil steuerlich geltend machen. Anm. d. Ü.) Stellen Sie sich nur mal vor, wie es wäre, in eine aufgeräumte und saubere Wohnung heimzukommen. Die Wäsche ist fertig und liegt im Schrank. Vielleicht erwartet Sie ja sogar eine leckere Mahlzeit. Sie können sich ein paar Minuten Zeit für sich selbst nehmen und sich dann ganz Ihren Kindern widmen. Und wenn Sie nicht allein leben, haben Sie sogar noch Zeit für den Partner. Achten Sie darauf, jemanden zu finden, der gelegentlich auch abends oder am Wochenende aushelfen kann.

Und noch etwas: Wenn Sie arbeiten, und sei es nur in Teilzeit, dann fühlen Sie sich vielleicht schuldig, weil Sie nicht bei Ihrem Kind zu Hause bleiben. Doch es hat wenig Sinn, dies zu idealisieren. Es kann wirklich sehr angenehm sein, auch mal aus dem Haus zu kommen. Im Übrigen scheint es, als würden Eltern, die arbeiten gehen, die Zeit mit ihren Kindern mehr genießen.[29]

Das setzt allerdings ein paar Dinge voraus: Wenn beide Eltern arbeiten, sollten Sie darauf achten, dass Sie keine allzu stressigen Jobs haben, lange Wege zur Arbeit oder eine Tätigkeit, bei der Sie ständig abends Überstunden machen müssen. In solchen Fällen würde ich eher meinen Lebensstandard zurückschrauben und den Job wechseln oder weniger arbeiten. Die Quintessenz ist, dass Sie auf jeden Fall Hilfe im Haushalt brauchen.

Hilfe im Haushalt, wenn dafür kein Budget vorhanden ist

Wenn Sie sich eine feste Haushaltshilfe nicht leisten können, aber auch niemanden im unmittelbaren Umfeld haben, der Ihnen mal aushilft, dann ist das noch kein Grund zur Verzweiflung. Hochsensible Persönlichkeiten sind kreativ genug, um auch dieses Problem zu lösen.

Wie sieht es denn mit Großeltern, Onkeln und Tanten aus? Gerade kinderlose Verwandte (Onkel, Tanten, Geschwister) sind häufig bereit, sich an der Erziehung von Kindern aus dem Verwandtenkreis zu beteiligen. (Bei sozialen Tieren hilft die ganze Gruppe bei der Aufzucht der Kleinen mit, sodass die Eltern sich an der Jagd beteiligen oder andere Aufgaben übernehmen können. Das ist doch genau das, was Sie brauchen!) Vielleicht warten sie ja nur darauf, dass Sie mal fragen. Ein derartiges Arrangement ist allerdings kein Kinderspiel, vor allem, wenn die Angehörigen selbst keine Kinder haben oder hatten. Also überlegen Sie sich das vorher gut. Zuallererst brauchen Sie einen Babysitter, der bereit ist, zu lernen.

Und das ist bei Verwandten, die selbst Kinder hatten, manchmal noch problematischer. Jede Generation erzieht ihre Kinder anders. Als ich Großmutter wurde, habe ich Dr. Harvey Karps Video »Happiest Baby on the Block«, (»Das glücklichste Baby hier im Viertel«) geguckt, in dem unzählige, mir völlig neue Ideen präsentiert wurden, wie man ein schreiendes Baby beruhigt. Aber man sagte mir auch unmissverständlich, dass ich meinen Enkel nicht häufig zu Gesicht bekommen würde, wenn ich mir nicht vorher das Video ansähe. Kann ich verstehen.

Ich hoffe, Sie haben einen Partner oder einen Angehörigen, der bereit ist, noch dazuzulernen. Oder Sie sind so dankbar für jede Hilfe, dass Sie einfach nehmen, was Sie kriegen können.

Greg erzählte uns, wie froh er war, als seine Eltern aus einem anderen Bundesstaat in seine Nähe zogen, um ihm und seiner Frau mit dem kleinen Sohn helfen zu können. Doch dabei ergab sich ein Problem: Beide Eltern waren Raucher. Es war schwierig, Gregs Mutter zu überzeugen, nicht im Haus zu rauchen. Sie wies ihn darauf hin, dass sie ja auch nicht draußen vor der Tür geraucht hätte, als sie ihn großzog, und dass er trotzdem ein gesunder Erwachsener geworden sei. Greg stellte das Ganze diplomatisch an. Er zeigte seiner Mutter Forschungsarbeiten zum Thema »Passivrauchen«. Die Folgen des Passivrauchens waren damals noch nicht bekannt. Und was sagte seine Mutter dazu? Dazu schwieg Greg sich aus.

Lori schildert einen ganz ähnlichen Fall:

Meine Mutter bot mir an, ihren Zweitjob zu kündigen, um mir mit meinem Sohn helfen zu können. Das Problem war nur, dass sie rauchte. Nach einigen Auseinandersetzungen zum Thema entschied ich mich für die rauchende Großmutter. Sie versprach mir, immer nur draußen zu rauchen. Wenn ich sie dann in der Wohnung beim Rauchen ertappte, sagte sie: »Keine Bange, ich blase den Rauch zum Fenster hinaus. Das ist schon in Ordnung.« Wenn ich dann zu Hause anrief, um zu fragen, wie es läuft, sagte sie beleidigt: »Man möchte glauben, ich hätte euch Kinder nicht richtig erzogen. Es läuft alles super!«
Als ich fast acht Jahre später dann meine Tochter bekam, war das ein Unterschied wie Tag und Nacht. Mein Vater hatte wieder geheiratet und seine neue Frau liebte Kinder. Meine Stiefmutter bot mir an, auf das Baby aufzupassen. Ich fühlte mich ein bisschen schuldig, aber ich entschied mich für sie und nicht für meine Mutter. Es war einfach wunderbar.

Zweitens: Sie sollten sich absolut *sicher* sein. Wenn Sie denken, jemanden einstellen zu müssen, dafür aber eigentlich kein Geld zu haben, rechnen Sie das Ganze noch mal durch. Selbst ein paar Stunden Hilfe pro Woche verschaffen Ihnen die so dringend benötigte Auszeit.

Drittens: Gehen Sie die Optionen in Ihrer Gegend durch. Es gibt häufig Angebote für Eltern, bei denen für Kinderbetreuung gesorgt ist. Das kann in Ihrer Kirchengemeinde sein, aber auch einfach im Fitnessstudio. So etwas ist eine große Hilfe, denn so lernen Sie Menschen kennen, die vielleicht dieselben Probleme hatten und dafür eine Lösung gefunden haben. Jetzt ist nicht die Zeit für vornehme Zurückhaltung!

In vielen Ländern gibt es eine Telefonseelsorge, die 24 Stunden am Tag erreichbar ist. Auch dort kann man Ihnen helfen, vor allem, wenn Sie selbst vor Verzweiflung nicht mehr weiterwissen (und das ist gar nicht so selten). Wenn Sie darunter leiden, den ganzen Tag allein mit Ihrem Kind zu Hause zu sitzen oder auch am Abend nach der Arbeit, dann haben Sie keine Angst, das offen zu sagen. Es gibt viele Organisationen, die hier Hilfe anbieten. Man wird Sie bei der Telefonseelsorge zum passenden (und kostenlosen) Angebot weitervermitteln.

Und schließlich ist da noch das Internet. Dort finden Sie die unterschiedlichsten Angebote, zum Beispiel von Pro Familia (www.profamilia.de), der Caritas (www.caritas.de) und dem Mutter-Kind-Hilfswerk (www.mutter-kind-hilfswerk.de, kostenfreie Beratung unter: 0800/2255100; Anm. d. Ü.). Scheuen Sie sich nicht, solche Hilfen auch in Anspruch zu nehmen.

Arbeiten, einfach um aus dem Haus zu kommen

Wenn Sie kein Geld für die Kinderbetreuung aufbringen können, es Sie aber belastet, zu Hause beim Kind zu bleiben, dann überlegen Sie doch mal, ob es für Sie nicht infrage käme, einen Job anzunehmen, in Voll- oder Teilzeit. Auf diese Weise verdienen Sie Geld und können sich Kinderbetreuung bzw. Haushaltshilfen leisten. HS-Eltern sagen an dieser Stelle häufig, dass ihr Gehalt gerade reicht, um die Kinderbetreuung zu bezahlen, aber dass ihnen das gleichgültig ist. Sie arbeiten, einfach um wegzukommen vom Chaos und um Kontakt zu anderen Erwachsenen zu haben, die nichts mit ihren Kindern zu tun haben. (Beides ist gerade für Hochsensible sehr wichtig.) Sie haben dann eine andere Identität, sind nicht mehr nur Vater oder Mutter. Wenn das auch auf Sie zutrifft, dann ist ein Job eine gute Alternative. Und Ihr Kind kommt sicher besser zurecht, wenn Papa oder Mama in der Zeit, die sie sich für den Sprössling nehmen, gut gelaunt sind.

Allerdings ist es nicht hilfreich, wenn Sie arbeiten gehen und jeden Abend völlig ausgelaugt nach Hause kommen. Sie sollten keine Stelle annehmen, bei der der Druck hoch ist und die Arbeit schwer, wo Sie regelmäßig Überstunden machen müssen und das Arbeitsklima schlecht ist. Vielleicht können Sie auch von Zuhause aus arbeiten, vorausgesetzt, Sie haben Kontakt mit anderen über Bild- oder normales Telefon. Bleibt das Kind dann auch zu Hause, brauchen Sie Hilfe, weil Sie sich sonst nicht auf Ihre Arbeit konzentrieren können. Und weil Sie sonst erneut keine Auszeit bekommen. Umgekehrt sollten Sie die Arbeit aus Ihren Gedanken verbannen, wenn Sie sich Zeit für Ihr Kind nehmen. Und Sie müssen unbedingt prüfen, auf welche Art von Heimarbeit/Crowdworking Sie sich einlassen, denn es gibt im Internet zahlreiche Jobofferten, bei denen der Beschäftigte brutal über den Tisch gezogen wird. Also Vorsicht! Vielleicht finden Sie ja eine gute Möglichkeit über Freunde oder über Ihren früheren Arbeitgeber. Oder Sie informieren sich über die gewerkschaftliche Internetseite www.faircrowdwork.org.

Und noch einmal: Warum Sie Hilfe brauchen und in welcher Form

In Kapitel 1 habe ich über eine Studie berichtet, die ergab, dass HS-Eltern zu einem autoritären (strengen) oder permissiven (weniger konsequenten) Erziehungsstil neigen. Mehr jedenfalls als zu dem idealen autoritativen Stil. Die Autoren der Studie gehen davon aus, dass HS-Eltern auf diese Weise mit dem häufig auftretenden Gefühl der Reizüberflutung zurechtzukommen suchen. In meinen Augen ist das Fazit dieser Studie vollkommen klar: »Besorgen Sie sich Hilfe oder drehen Sie weiter am Rad – zum Schaden Ihrer Kinder.«

Eltern, die davor zurückschrecken, sich bei der Kindererziehung oder im Haushalt bezahlte Hilfe zu holen, sage ich: »Nehmen Sie das Geld dafür ruhig aus Ihren Ersparnissen für das Kind. Ob aus ihm etwas wird, ob es eine gute Ausbildung abschließt, hängt im Wesentlichen davon ab, wie Sie es jetzt erziehen.« Und man könnte noch hinzufügen: »Das gilt vor allem, wenn es hochsensibel ist wie Sie selbst.« (Oder ein anderes Temperament hat, das sich als schwierig erweist, wenn man nicht damit umzugehen versteht.) Und mein letztes Argument ist meist: »Wie Sie Ihr Kind erziehen, hängt davon ab, wie ausgeruht Sie sind. Und das hängt davon ab, wie viel Hilfe Sie haben. Also geben Sie das Geld ruhig aus.«

Ein anderer Schlusssatz, den ich bei solchen Diskussionen gern anbringe, ist: »Sie wissen doch, wie viele Pluspunkte Ihre Hochsensibilität mit sich bringt. Ihr Kind wird sich also prima entwickeln. Aber Sie müssen auch etwas für sich tun, wenn Sie zur Feier seines Berufs- oder Universitätsabschlusses noch bei Verstand sein wollen.«

Ich vermute mal, dass viele meiner Leser nicht genug Hilfe haben und sich vom Elterndasein dann überfordert fühlen. Aus diesem Grund verfällt man des Öfteren in autoritäre bzw. permissive Erziehungsmethoden. Sie tun das, um nicht völlig durchzudrehen, denn das ist Ihnen ganz sicher auch schon passiert. Doch wenn Sie Ihr Leben als Vater oder Mutter gerade unerträglich finden, wenn Sie die Geduld verlieren oder *vor den Augen Ihres Kindes* zusammenbrechen, dann ist eine andere Art von Hilfe gefragt. Dann brauchen Sie Tipps, wie Sie mit dieser oder jener Situation besser umgehen können, damit Sie nicht überfordert werden. Ein Tipp ist ganz simpel: Denken Sie einen Augenblick lang an etwas Positives. Dann überlegen Sie, was Ihre Langfristziele sind und was sich jetzt sofort machen lässt, um diese zu erreichen – wenn Sie noch einen Augenblick lang durchhalten. Rufen Sie sich dieses positive Bild häufiger in Erinnerung.

Damit das Einlegen von Pausen Ihnen in Fleisch und Blut übergeht, können Sie diese kleine Übung über den ganzen Tag hinweg machen, wann immer Sie daran denken. Auch dann, wenn Ihnen noch nicht alles zu viel wird. Vielleicht merken Sie in einer dieser Pausen, dass Ihre Nerven schon zum Zerreißen gespannt sind und können einen Zusammenbruch vermeiden, indem Sie etwas an der momentanen Situation ändern. Vielleicht ist so ein kleines bisschen Selbstfürsorge ja schon alles, was Sie brauchen, und Ihr Kind kann vom Resultat direkt profitieren. Ich weiß, das ist leichter gesagt als getan.

Was stellen Sie an, wenn Ihr Sprössling Wutanfälle bekommt, Sie austestet, ungehorsam ist, lügt und weint oder von vornherein irgendwelche unerfüllbaren Forderungen stellt? All diese Dinge beeinträchtigen unsere innere Ruhe. Sie werden im Internet unzählige Tipps und Ratschläge finden, wie Sie mit solchen Situationen umgehen und funktionierende Strategien anwenden können. Es sind zu viele, um Ihnen hier die eine Technik vorstellen zu können, die alle Probleme löst. Verlassen Sie sich ruhig auf den Rat der Experten, aber: Trau, schau, wem![30] Überprüfen Sie, woher deren Weisheiten stammen, welche Ausbildung sie haben und ob Sie mit dem übereinstimmen, was sie schreiben oder sagen. Ihre feine Intuition sagt Ihnen schon, wer Ihnen tatsächlich helfen kann.

Nicht wenige dieser Experten bieten auch persönliche Beratungen an – per Telefon, Internet oder im Gespräch. Hinweise finden Sie auch auf der Webseite der auf Hochsensibilität spezialisierten Sozialwissenschaftlerin Petra Moira Schmidt (www.gute-loesungen.de). Kontakte vor Ort finden Sie auf der Webseite des Informations- und Forschungsverbundes Hochsensibilität: www.hochsensibel.org/startseite/kontakte-vor-ort.php.

Vor allem müssen Sie herausfinden, was für ein Temperament Ihr Kind hat. Und damit meine ich nicht nur, ob es hochsensibel ist oder nicht. Hinweise dazu finden Sie im Buch der Kinder- und Jugendtherapeutin Mary Sheedy Kurcinka: *Wie anstrengende Kinder zu großartigen Erwachsenen werden.*[31] Manche Kinder sind einfach schwierig oder – wie Mary Kurcinka durchaus positiv meint – »anstrengend«. Wenn dies auf Ihren Nachwuchs zutrifft, sollten Sie sich keine Vorwürfe machen, wenn Sie zwischendrin mal die Geduld verlieren. Allerdings haben Sie dann eine weit schwierigere Aufgabe vor sich, denn diese Kinder erfordern eine besondere Art der Erziehung. Aber selbst bei »einfachen« Kindern macht es Sinn, ihr spezielles Temperament zu kennen (ob ihr Kind beispielsweise hochaktiv, leicht ablenkbar oder hochdramatisch ist und Veränderungen nur schwer ertragen kann), denn so können Sie problematischen Situationen schon im Vorfeld begegnen.

Der Punkt ist: Es gibt ungemein viele Kniffe, auf die Sie nie im Leben von allein kommen würden. Als meine Kinder noch klein waren, gab es diese Hilfestellungen jedenfalls noch nicht, und sie hätten mir sicher gutgetan. Aber es ist okay, wenn Sie all diese Dinge bislang nicht wussten. Sie sollten nicht das Gefühl entwickeln: »Oh je, wie viele Fehler ich gemacht habe!« Lernen Sie einfach dazu und wenden Sie diese Tricks an. Dann können Sie mit Ihren Kindern so umgehen, wie Sie sich das immer gewünscht haben. Ist Ihnen alles vollkommen neu, dann geben Sie sich ein bisschen Zeit. Es wird dauern, sich zu verändern. *Und entwickeln Sie keine Schuldgefühle, wenn Sie mal in Ihre alten Verhaltensweisen zurückfallen.* Sie werden mit der Zeit besser werden, sich kompetenter fühlen und weniger leicht aus der Fassung zu bringen sein.

Wie Sie in jeder Altersphase Ihres Kindes Hilfe finden

Oh ja, jedes Kindesalter hat seine eigenen Herausforderungen.

Hilfe mit Babys

Jeder scheint zu verstehen, dass Mütter und Väter mit einem Neugeborenen Hilfe brauchen. Das hat sozusagen Tradition. Wenn Sie diese Hilfe nicht von der Familie bekommen und der arbeitende Partner keinen Elternurlaub nehmen kann, müssen Sie auf andere Weise für Unterstützung sorgen. Kümmern Sie sich rechtzeitig darum, sodass Hilfe gleich nach der Geburt bereitsteht. Als HS-Mutter bzw. -Vater sollten Sie mit der Suche nicht erst dann beginnen, wenn das Baby schon da ist.

Da die meisten von Ihnen ihr Kind ja schon haben, werde ich hier nicht auf die Vorteile von Hebammen, Doulas etc. eingehen.

Im deutschsprachigen Raum setzt die Tätigkeit als Hebamme eine Ausbildung voraus. Die meisten Hebammen sind in Verbänden organisiert. Über diese Verbände können Sie eine Hebamme finden, auch wenn man sagen muss, dass hier fast überall ein eindeutiger Notstand zu beklagen ist. Es gibt kaum genügend gute Hebammen. Auf jeden Fall sollten Sie Referenzen verlangen oder andere Eltern fragen.

Wenn Sie zu den frisch gebackenen Eltern gehören, ist es manchmal sinnvoll, jemanden als Babysitter zu engagieren, der als Elternteil Erfahrung hat oder speziell für diese Tätigkeit ausgebildet ist. Allerdings sollten Sie sich dieser Person nicht unterlegen fühlen, selbst wenn Sie noch keine Erfahrung im Umgang mit Kindern haben. Der Boss sind Sie. Wenn Sie etwas auf eine bestimmte Art und Weise machen wollen, zum Beispiel bei der Umstellung auf feste Nahrung, muss Ihr Babysitter sich danach richten, auch wenn diese Strategie ihm oder ihr neu ist. HS-Eltern haben häufig eine starke Intuition oder sie haben gründliche Recherchen zu einem bestimmten Thema angestellt, sodass sie hier besser Bescheid wissen als andere. Vermutlich liegen Sie richtig, was Ihr Kind angeht.

Wie auch immer Ihr Haushalt geführt wird: Es ist und bleibt der *Ihre*. Es ist schön, wenn jemand Vorschläge macht, aber wenn diese für Ihre Ohren komisch klingen, dann müssen Sie in der Lage sein, zu sagen: »Das hört sich gut an, aber für mich ist das nichts.« Und vergessen Sie nicht: Sie sind *niemandem* eine Erklärung schuldig.

Hilfe mit Kleinkindern

Kleinkinder sind genauso schwierig wie Babys, aber auf andere Art, wie Sie vermutlich wissen. Positiv ist, dass Sie jetzt öfter aus dem Haus kommen und auch mal andere Eltern treffen.

Mitunter kehrt die Mutter wieder in den Job zurück, wenn das Kind dieses Alter erreicht hat. Aber selbst wenn Sie zu Hause bleiben: Sie werden mehr Hilfe im Haushalt brauchen, denn auf ein Kleinkind müssen Sie viel mehr aufpassen. Sie können also vieles nicht mehr selbst machen oder brauchen mehr Zeit zum Ausruhen.

Wenn Ihr Kleinkind schwierig oder recht aktiv ist, dann sollten Sie sich einen Babysitter besorgen, selbst wenn das Kind tagsüber in der Krippe ist. Und diese Person muss wissen, wie wichtig diese Phase für die Entwicklung des Kindes ist. Hat Ihr Babysitter nicht die nötige Erfahrung, projiziert er/sie auf das weinende Kind alle möglichen Vorstellungen, zu denen Ihr Sprössling noch gar nicht fähig wäre: Er/sie denkt vielleicht, das Kind will manipulieren oder mag sein Gegenüber nicht.

Glauben Sie immer noch, Sie könnten sich diese zusätzliche Hilfe nicht leisten? Werden Sie erfinderisch. Manchmal können Eltern, die zu Hause bleiben oder in Teilzeit arbeiten, sich die Kinderbetreuung mit anderen teilen. Dann haben Sie eben statt eines Kindes zwei oder drei im Haus, wenn deren Eltern arbeiten oder Besorgungen machen. Andererseits haben Sie dann aber auch Zeit für sich, wenn die anderen Eltern Ihnen Ihr Kind abnehmen.

Als hochsensible Persönlichkeit sollten Sie allerdings Folgendes bedenken: Sich mit anderen bei der Kinderbetreuung abwechseln, kann leicht zu Überstimulation führen, wenn Sie sich plötzlich um zwei oder mehr Kinder kümmern müssen. Also vereinbaren Sie am besten erst einmal einen gewissen Zeitraum, in dem Sie das ausprobieren.

Außerdem bedeutet jedes Kind mehr, dass Ihre Familie einer höheren Keimbelastung ausgesetzt ist. Und es bedeutet mehr Arbeit für Sie und damit weniger Zeit zum Ausruhen, obwohl Sie erschöpft sind.

Meist werden solche Vereinbarungen zwischen Freunden oder Nachbarn getroffen. Achten Sie auf mögliches Konfliktpotenzial, zum Beispiel angesichts der Frage, ob man die Kinder auch mal bei einem vernünftigen Programm vor den Fernseher setzen kann.

Aber es gibt auch Babysitting-Kooperativen, in denen sich vertrauenswürdige Eltern zusammenschließen. Immer wenn jemand auf ein Kind aufpasst, bekommt er einen Coupon oder einen Punkt, den er später einlösen kann, wenn er selbst einen Babysitter braucht.

Dazu müssen Sie sicherstellen, dass Sie mit den Kindern auch umgehen können, auf die Sie aufpassen sollen. Das hängt natürlich ganz davon ab, wie viele dieser Kinder »gut zu haben« sind. Und natürlich von deren Alter bzw. von den Altersunterschieden sowie von den zur Verfügung stehenden Gegebenheiten, zum Beispiel bei der Frage, ob Sie zu den Kindern oder die Kinder zu Ihnen kommen.

Eine andere Möglichkeit ist, dass mehrere Familien gemeinsam ein Kinder- oder Au-pair-Mädchen anstellen. Dann muss niemand sich mit zu vielen Kindern herumschlagen, und zwei oder mehr Familien können sich durchaus ein gut ausgebildetes Kindermädchen leisten. Doch auch bei einem solchen Arrangement gibt es einiges zu beachten: So könnte es vorkommen, dass eine der Familien mit dem Kindermädchen nicht zufrieden ist und Sie den Mediator spielen müssen. Bei einer häuslichen Kinderbetreuung gibt es vielleicht auch prinzipielle Differenzen, zum Beispiel hinsichtlich der Frage, was die Kinder zu essen bekommen sollen. (Sie wollen doch nicht, dass das Kindermädchen für jedes Kind extra kochen muss.) Und Sie müssen sich absprechen, welche Hausarbeiten das Kindermädchen erledigen soll. Vergessen Sie nicht: Ein Kindermädchen, das mehrere Kinder zu betreuen hat, kann nicht nebenher auch noch das Haus putzen.

Hilfe mit Vorschulkindern

Irgendwann kommt der Zeitpunkt, dass Sie weniger Hilfe zu Hause brauchen und das Kind in die Kinderbetreuung geben. Wurde Ihr Kind vorher vollständig zu Hause versorgt, werden Sie sich wahrscheinlich fragen, ob es für diesen Schritt schon bereit ist. »Vorschulalter« heißt, dass es jetzt Dinge lernt, die es auf die Schule vorbereiten. Es besucht nun den Kindergarten, wo es mehr Kinder kennenlernt, wo sein Tag eine gewisse Struktur bekommt und es mehr Reizen ausgesetzt ist. Da braucht es natürlich eine gewisse Zeit, um sich an die neue Situation anzupassen. Und Sie werden sich, statt in Ihrer Auszeit ein wenig auszuspannen, Sorgen machen, wie es Ihrem Kind jetzt wohl geht.

Und natürlich müssen Sie den richtigen Kindergarten finden. (Wenn Sie überhaupt eine Wahl haben, denn nach wie vor ist das Wichtigste, dass der Kindergarten nicht zu weit entfernt ist.) Dabei spielen viele Einzelheiten eine Rolle. Für Sie kann das zum Problem werden – wenn es zu viele Alternativen gibt. Akzeptieren Sie, dass Sie möglicherweise die falsche Wahl treffen und Ihr Kind sich später an eine neue Betreuung gewöhnen muss. Nehmen Sie sich das nicht zu Herzen. (Im nächsten Kapitel geht es um die nachvollziehbaren Probleme, vor denen besonders HS-Eltern bei solchen Entscheidungen stehen.)

Versuchen Sie, solche Entscheidungen frühzeitig zu treffen, wenn in anderen Kindergärten noch die Chance auf freie Plätze besteht. Und stellen Sie wie üblich eine Menge Recherchen an. Lassen Sie sich Empfehlungen von anderen Eltern geben.

- Sprechen Sie mit Eltern, die dieselbe Entscheidung treffen müssen oder vor Kurzem getroffen haben. Suchen Sie im Internet oder in den sozialen Medien nach einschlägigen Chatgruppen von Müttern. Dort werden Sie so einiges über die Kindergärten in der Nähe in Erfahrung bringen. Manche Eltern beschreiben ihre Entscheidungsfindung bis ins Kleinste, aber vergessen Sie nicht, dass Sie womöglich andere Wertvorstellungen haben.

Eine Nachbarin stellte eine Pro-und-Kontra-Liste für alle Kindergärten in der Nähe auf. Sie lehnte den Kindergarten ab, in den wir unsere Kleine schickten, weil dort ein Hase frei im Garten herumlief und Hasenkötel herumlagen. Natürlich wollte auch ich, dass unser Kind gesund bleibt, aber ich hatte ein richtig gutes Gefühl bei diesem Kindergarten.

Wie hier schön zu sehen ist, mögen manche Eltern so eine Plusminusbeurteilung, während andere eher nach ihrer Intuition entscheiden.

- Am besten sind Kindergärten, die nicht zu voll sind und bei denen nicht zu viele Kinder auf einen Erzieher kommen.
- Finden Sie heraus, wie viel Engagement von den Eltern erwartet wird. Je nachdem, wie introvertiert bzw. extrovertiert Sie sind, wollen Sie sich lieber weniger oder mehr einbringen. Wählen Sie die Einrichtung, deren Gepflogenheiten besser zu Ihrem Temperament passen. Wenn Sie noch ein Kind haben, wird es vielleicht ziemlich anstrengend, ständig zu irgendwelchen Events etwas beitragen zu müssen.
- Informieren Sie sich über die Ausbildung und Erfahrung der ErzieherInnen und HelferInnen. Das erspart Ihnen so manche Enttäuschung und Ihrem Kind vielleicht einen Wechsel in einen anderen Kindergarten. Aber Ausbildung

hin und her: Das Personal dort sollte auf jeden Fall Wärme ausstrahlen und sich für Ihr Kind interessieren. Achten Sie darauf, ob Sie sich mit diesen Menschen wohlfühlen.

- Wichtig ist auch, wie gut der Kindergarten für Sie zu erreichen ist und wie lange Sie dorthin brauchen. Ist er zu Fuß erreichbar, so ist das ein Vorteil. Ein Elternteil fand, dass ein Kindergarten in der Nähe auch für das Kind besser war:

Wir haben uns einen Kindergarten ausgesucht, der nicht allzu weit entfernt war, denn lange Wege sind für unser hochsensibles Kind fast immer belastend. Wir konnten gemütlich dort zu Fuß hingehen, und auch der Kontakt mit der Natur tat unserem Kleinen gut. Außerdem ist so ein Spaziergang eine gute Überleitung zur Kindergartenzeit. An den Tagen, an denen ich das Auto nehmen musste, war der Übergang für unser Kind häufig zu abrupt.

- Selbst wenn Ihr Kind nicht hochsensibel ist, sollten Sie darauf achten, dass im Kindergarten kein großes Geschrei und Gerenne herrscht. Können die ErzieherInnen mit Konflikten zwischen den Kindern umgehen? Hat der Kindergarten einen schön gestalteten Außenbereich? Ihr Kind wird durch die Umgebung beeinflusst. Sie werden das zu spüren bekommen, wenn Ihr Nachwuchs wieder zu Hause ist. Schließlich wollen Sie, dass Ihr Kind eine ruhige Persönlichkeit entwickelt, denn die Ruhe ist auch für Sie selbst besser.
- Alles in allem sollte der Kindergarten zum Temperament Ihres Sprösslings passen. Wenn Ihr Kind eher unübliche Wesenszüge aufweist, hochsensibel oder hochaktiv ist, Schwierigkeiten mit Veränderungen hat oder sich gele-

gentlich als veritable Drama Queen erweist, dann sollten Sie vorher überprüfen, ob die ErzieherInnen mit so temperamentvollen Kindern Erfahrung haben. Da die meisten Leute sich mit Hochsensibilität ohnehin nicht auskennen, benutzen Sie diesen Begriff besser gar nicht erst. Aber bestimmt können Sie Ihren Gesprächspartner im Kindergarten darauf aufmerksam machen, wie Ihr Kind gewöhnlich reagiert. Bringen Sie dabei die vier Aspekte der Hochsensibilität zur Sprache. Forschungsarbeiten zeigen nämlich, dass hochsensible Kinder auf die Einflüsse in Kinderkrippe oder -gärten stärker reagieren als andere Kinder.[32] In einer förderlichen Umgebung blühen sie förmlich auf, in einem Umfeld, das nicht zu ihnen passt, leiden sie stärker. Sie liegen also völlig richtig: Dies ist eine sehr wichtige Entscheidung, aber Sie werden keinen schlechten Platz auswählen.

Eine HS-Mutter schildert, wie sie ihren Kindergarten für ihren temperamentvollen Sohn ausgewählt hat:

Hier in Schweden wissen die wenigsten Menschen über Hochsensibilität Bescheid. Die meisten verwechseln das auch mit ADHS, der Aufmerksamkeits-Defizitstörung/Hyperaktivität, und betrachten sie als Krankheit. Ich wollte nicht, dass meinen Kindern das passiert. Als ich einen Kindergartenplatz für meine Jungs suchte, erklärte ich bei den Vorgesprächen mit dem Personal, inwiefern Hochsensible anders reagieren. In der Regel verstanden sie die Kinder besser, wenn ich in der Erklärung auf das Beispiel mit dem Rotwild hinwies. (Das normalsensible Rotwild wagt sich angstfrei auf jede Lichtung, das hochsensible ist vorsichtiger und wartet erst mal ab.) Ich machte deutlich, dass das nichts mit Schüchternheit zu tun hat. Ich erklärte auch, dass damit intensive Gefühle verbunden sind und dass es bei solchen Kindern schnell zur Reizüberflutung kommt. Erntete ich daraufhin verständnislose Blicke, war mir klar, dass dieser Kindergarten für meine Jungs nicht der richtige war.

Hilfe mit Schulkindern

In diesem Alter verbringen Ihre Kinder viel Zeit in der Schule. Sie brauchen also meist Hilfe im Haushalt und vielleicht noch Unterstützung, wenn es darum geht, die Kinder herumzukutschieren. Wenn Sie jetzt wieder zu arbeiten beginnen, brauchen Sie eine Schule, in der die Kinder betreut werden, bis Sie sie nach der Arbeit abholen können. Auch hier sind die Länge des Schulwegs und das Verkehrsaufkommen, mit dem Sie rechnen müssen, ein wichtiger Punkt. Sie werden diesen Weg nämlich öfter fahren, als Sie sich das jetzt vorstellen können. Meist hat jedes Viertel seine eigene Grundschule bzw. sogar mehrere Grundschulen. Prüfen Sie, ob diese für Sie das Richtige sind.

Manche Eltern schicken Ihre Kinder lieber auf eine Privatschule, was die Qual der Wahl zusätzlich verschärft! Wenn Sie als Kind auf so einer Schule waren, überlegen Sie gut, ob es auch die richtige Schule für Ihr Kind sein kann. Achten Sie auch darauf, ob es dort weiterführende Angebote gibt, d. h., ob die Schule neben der Grundschule auch eine Realschule bzw. ein Gymnasium umfasst. Gehört Ihr Kind nicht zu den hochsensiblen Kindern, kommt es vermutlich auch mit einer normalen Grundschule oder mit langen Stunden im Hort gut zurecht.

Ein wichtiger Gesichtspunkt bei der Einschätzung, wie viel Unterstützung Sie künftig brauchen werden, ist die Frage, welche Aktivitäten Ihr Kind nach der Schule und am Wochenende belegen soll oder darf. Für Sie bringt das nämlich einiges an Belastungen mit sich: Sie müssen Ihr Kind hinbringen und wieder abholen. Sie müssen den Kontakt zu anderen Eltern pflegen. Und wenn Sie wochentags arbeiten, raubt es Ihnen einen Gutteil der gemeinsamen Zeit, wenn Sie Ihre Kleine zum Fußball anmelden. Wenn Sie also überlegen, welche Art von Hilfe Sie brauchen, sollten Sie sich fragen, ob Sie nicht jemanden engagieren wollen, der Ihr Kind herumkutschiert und nötigenfalls auch mal ein Spiel mit ansieht, denn Ihr Kind will ja bei seiner Leistung auch gesehen werden. Sie müssen auch entscheiden, wann Sie persönlich besser dabei sein sollten und wann das nicht unbedingt nötig ist. Vergessen Sie nicht: Wenn Sie diesen Momenten lieber aus dem Weg gehen, werden Sie vermutlich die anderen Eltern nicht kennenlernen. Und das könnte auch für Sie wichtig sein. Also wägen Sie ab, wann Sie präsent sein sollten und wann nicht. Gucken Sie sich die erste Halbzeit an, dann können Sie immer noch sagen: »Ich glaube, ich brauche jetzt mal ein paar Minuten Ruhe. Ich bin im Auto.« Ich denke, das verstehen alle Eltern, selbst wenn Sie öfter nicht da sind als andere.

Hilfe mit Heranwachsenden

In dieser Phase hoffe ich für Sie, dass Ihre heranwachsenden Kinder auch mal bei der Hausarbeit helfen und dass Sie sie ruhig mal allein zu Hause lassen können. Ihre Kinder werden häufig mit Freunden unterwegs sein, sodass Sie nur noch aus der Ferne über sie wachen müssen. Sie werden also weniger Hilfe brauchen, und das wird Sie finanziell entlasten. Jetzt brauchen Sie wirklich nur noch jemanden, der sie gelegentlich mit dem Auto mitnimmt oder zu Hause ist, wenn sie zurückkommen – oder was immer Sie selbst nicht leisten können. Achten Sie darauf, jemanden anzuheuern, der mit Ihrem Teenie zurechtkommt und überhaupt Verständnis für Kinder in dieser Phase ihres Lebens aufbringt.

Zu guter Letzt

Da sind zum einen die Schuldgefühle und die Geldsorgen, die sich einstellen, wenn Sie bei der Kindererziehung mehr Hilfe benötigen, als andere Eltern zu brauchen scheinen. Aber Sie müssen auch noch mit Ihrem Einfühlungsvermögen und Ihrer Gewissenhaftigkeit klarkommen. Wissen Sie noch, was wir in Kapitel 1 festgestellt haben? Dass es spezielle Gehirnareale gibt, die bei Ihnen stärker aktiv sind als bei anderen. Wann immer Sie Mitgefühl empfinden, dann erleben Sie etwas, das anderen passiert, so, als geschähe es Ihnen selbst. Und aus Kapitel 2 wissen wir noch: HS-Eltern bejahen die folgende Aussage öfter als andere Eltern: »Wenn mein Kind einen größeren Erfolg bzw. Misserfolg gehabt hat, ist es für mich, als wäre mir das selbst passiert.«

Natürlich ist Einfühlungsvermögen für Eltern gut, aber es macht auch manches komplizierter, zum Beispiel das Kind in die Kinderkrippe oder den Kindergarten zu geben, ja, selbst es an der Schule abzusetzen. Wenn Ihr Kind also Terror macht oder in Tränen ausbricht, geht Ihnen das zu Herzen, und Sie machen sich mehr Gedanken als andere. Vielleicht lässt sich das Problem ja lösen, indem Sie Ihr Kind noch eine Weile beobachten, ohne dass es Sie sehen kann. Achten Sie darauf, ob es sich wohlzufühlen scheint. Falls nicht, versuchen Sie den Grund dafür herauszufinden. Wenn Sie im selben Alter Probleme mit Kindergarten oder Schule hatten, wenn Sie es nicht ertragen konnten, von Ihren Eltern getrennt zu sein: Passen Sie auf, dass Sie Ihre damaligen Gefühle nicht auf Ihr Kind projizieren, wenn dieses ebenfalls Schwierigkeiten mit dem Abnabeln hat. Das kann Sie Ihre Auszeiten kosten, und Ihr Kind verliert die gesunde Erfahrung des Umgangs mit anderen Kindern.

Dieses Problem mit dem Einfühlungsvermögen kann auch auftreten, wenn Sie einen Babysitter oder eine Tagesmutter engagieren. Sie denken recht schnell, dass Ihr Kind nicht gerne mit einer »Fremden« zusammen sein will. Vielleicht erging es Ihnen so, als Sie noch klein waren, und nun projizieren Sie Ihre Gefühle auf Ihren Nachwuchs, der das vielleicht ganz anders empfindet. Manche Kinder regen sich schrecklich auf, wenn der Babysitter kommt, weil sie im Grunde hofften, dass sie mit den Eltern mitkommen dürfen. Doch kaum sind die Eltern fort, genießen sie die Gesellschaft anderer. Berechtigte Klagen allerdings sollten Sie sich genau anhören, denn sie können ein Zeichen für unverantwortliches Verhalten sein. Zum Beispiel, wenn bei Ihrer Rückkehr das Haus total in Unordnung ist, obwohl Sie eigentlich gebeten hatten, dass der Babysitter ein wenig aufräumt.

Aber vielleicht haben Sie ja auch Mitgefühl mit der Person, die Sie eingestellt haben, weil Sie ärmer ist als Sie oder weil sie ihr eigenes Kind allein lassen musste, um zu arbeiten, obwohl sie das eigentlich gar nicht möchte. Alles in allem können Sie ja versuchen, negative Erfahrungen so weit wie möglich zu verringern, aber übernehmen Sie sich dabei nicht. Und bilden Sie sich keine Probleme ein, die letztlich nicht da sind.

Seien Sie realistisch, was die Hilfe angeht, die Sie brauchen, ob nun im Haushalt oder anderweitig. Es passiert nun mal das eine oder andere. Und Sie müssen wirklich lernen, gut für sich zu sorgen, denn nur so können Sie auf Ihre Weise Eltern sein. Vergessen Sie nicht, was man Ihnen im Flugzeug immer wieder sagt: Setzen Sie erst Ihre eigene Sauerstoffmaske auf, bevor Sie Ihrem Kind zu Hilfe eilen.

4
Verarbeitungstiefe

Entscheidungen treffen – vom gesündesten Brot bis zum Sinn des Lebens

Wie sagte doch neulich eine HS-Mutter zu mir:

Die Entscheidungen, die ich täglich treffen muss, überfordern mich. Ich erstarre förmlich zur Salzsäule angesichts all dieser Möglichkeiten.

Das einzige echte Problem für Hochsensible ist die Reizüberflutung, die bei ihnen schneller zuschlägt als bei anderen. Zum Beispiel angesichts der unzähligen Alternativen und Sinnesreize in einem Supermarkt. Und dann kommen noch ein oder zwei Kinder dazu. Dass wir alles gerne ein wenig gründlicher verarbeiten, stellt zudem weitere Anforderungen:

Ich habe den Eindruck, das Elterndasein war für mich schwieriger anzunehmen als für meine normalsensiblen Freunde. Ich scheine mich viel mehr mit der damit verbundenen inneren Erlebenswelt auseinanderzusetzen.

Wenn wir eine Entscheidung zu treffen haben, überlegen wir uns das gründlich, und das erfordert nun einmal Zeit. Patterson und Newman, zwei Psychologen, führten 1993 mehrere Studien durch, bei denen sie feststellten, dass die Probanden zwei Reaktionsmuster zeigten, wenn sie bei der Lösung einer Aufgabe scheiterten.[33] Die einen versuchten es sofort noch einmal, die anderen nahmen sich erst Zeit und überlegten alles gründlich, bevor sie sich an einen neuen Versuch machten. Natürlich ist die zweite Strategie typisch für Hochsensible (auch wenn es diesen Begriff 1993 noch nicht gab).

Dies ist eine gute Strategie, aber sie kostet viel Energie. In einer 2018 abgeschlossenen Studie ließ die Marketingprofessorin Kathleen Vohs die Probanden bestimmte Entscheidungen treffen (zum Beispiel sollten sie aus einer Vielzahl von Objekten einen bestimmten Gegenstand auswählen oder bestimmte Studienkurse belegen).[34] Eine Kontrollgruppe musste die verschiedenen Möglichkeiten nur bewerten. Nachdem die beiden Gruppen die Entscheidungen getroffen bzw. bewertet hatten, mussten sie eine Reihe von Aufgaben lösen. Die Gruppe, die aktiv entscheiden musste, schnitt dabei durchweg schlechter ab als die Kontrollgruppe (zum Beispiel schoben diese Teilnehmer das Lernen häufiger auf, obwohl ihnen angeblich eine »wichtige« Matheprüfung bevorstand). Die Entscheidungsfindung hatte ihre Energie für die Durchführung der anderen Aufgaben definitiv verringert. Das galt ganz besonders für einfache Formen der Selbstkontrolle.

Und die Entscheidungsfindung wird ja nicht unbedingt leichter. In der Studie von Kathleen Vohs heißt es, dass Supermärkte in den USA 1976 im Durchschnitt 9000 Produkte anboten. Als die Studie 2014 veröffentlicht wurde, waren es schon gut 40 000. Das ist beinahe das Fünffache! Und ich vermute, die Entscheidungen, die Sie als Elternteil treffen müssen, haben sich ähnlich multipliziert. Wenn man sich die bisherigen Studien zur Problematik der Entscheidungsfindung ansieht, dann behandeln die Autoren auch ein Problem, das sich schon in früheren Studien zeigte: Stehen den Probanden viele Optionen zur Auswahl, empfinden sie den Prozess der Entscheidungsfindung nach einer gewissen Zeit eher als anstrengend. Dies trifft vor allem auf HS-Eltern zu. In unserer Studie jedenfalls bejahten HS-Eltern häufiger als andere folgende Aussage: »Entscheidungen zur Kindererziehung treiben mich schon mal in den Wahnsinn!«

Welche Entscheidungen da denn eigentlich anfallen? Nun, zum Beispiel eine Frage wie diese: Welche Art Windeln soll ich kaufen? Keine weltbewegende Angelegenheit, aber wenn Sie sich für das falsche Produkt entscheiden, hat das Folgen. Sie können hier eine Menge Energie sparen ... oder verschwenden. Dasselbe gilt für die Entscheidung, was Sie für Ihre Familie auf den Tisch bringen. Das sind keine Entscheidungen von enormer Tragweite, aber mit der Zeit können sie die Gesundheit beeinträchtigen. Hat Ihr Kind Freunde, mit denen Sie einverstanden sind? Oder sollten Sie besser eingreifen? Und in welche Schule wollen Sie Ihr Kind schicken? Häufig liegen die guten Schulen weit weg von Ihrem Wohnort. Sollen Sie umziehen, um dem Nachwuchs eine bessere Schulausbildung zu ermöglichen? Das ist beileibe keine leichte Entscheidung.

Vergessen Sie nicht: Die höhere Verarbeitungstiefe von Wahrnehmungen geht bei Hochsensiblen Hand in Hand mit intensiver emotionaler Beteiligung. Je wichtiger uns etwas ist, desto mehr denken wir darüber nach.[35] Aus diesem Grund gibt es an der Schule Prüfungen. Man geht davon aus, dass der Schüler gute Noten anstrebt. Wenn er sich einer Prüfung unterziehen muss, dann will er gut abschneiden oder er hat zumindest Angst, schlechte Noten zu bekommen. Diese Emotionen sollen den Schüler zum Lernen motivieren.

Die oberste Motivation von HS-Eltern ist die Liebe zu ihrem Kind. Natürlich lieben alle Eltern ihre Kinder, aber für HS-Eltern gilt dies noch mehr (zumindest, wenn sie nicht gerade total überreizt und mit ihrem Latein am Ende sind). Wir treffen jede Entscheidung sehr sorgsam, als handle es sich um die wichtigste Prüfung im wichtigsten Schuljahr überhaupt. Wir denken nach über die Fakten, über die Gefühle, die sie hervorrufen, und über sämtliche Ungewissheiten und Risiken. Da wir das nicht alles auf einmal verarbeiten können, brauchen wir Auszeiten, um Energie zu tanken und alle Erfahrungen zu verdauen. Zu denen auch unsere Entscheidungen gehören, noch ausstehende ebenso wie bereits getroffene. Und ich muss Ihnen ja kaum sagen, dass Eltern sehr, sehr wenig Zeit zum Ausruhen haben.

Lassen Sie uns also prüfen, wie man den Energieaufwand, den wir für die Entscheidungsfindung betreiben, verringern kann.

Hilfe für HS-Eltern bei diesen verflixten Entscheidungen

Glücklicherweise fallen manche Entscheidungen so schnell, dass Sie das kaum bemerken. In diesem Fall machen Sie, wie ich in Kapitel 1 erklärt habe, von Ihrer Intuition Gebrauch, die sich auf sämtliche Fakten stützt, die Sie vermutlich völlig unbewusst in der Vergangenheit gesammelt haben. Mitunter allerdings müssen Sie entscheiden, ob Sie Ihrer Intuition vertrauen. Und manche Entscheidungen sind wirklich eine Qual. Die folgenden Tipps sollen Ihnen helfen, solche Situationen besser zu meistern.

Wie Sie bessere Entscheidungen treffen

- Akzeptieren Sie die Ungewissheit
  Bei schwierigen Entscheidungen bleibt immer vieles im Ungewissen, sonst hätten Sie die Entscheidung ja längst getroffen. Ja, Sie als hochsensible Persönlichkeit wollen Fehler vermeiden, aber manchmal sind auch wichtige Aspekte vorher einfach nicht absehbar. Akzeptieren Sie das.
- Wie sehr wird eine Fehlentscheidung Sie belasten?
  Wie schlimm kann es denn werden? Können Sie es nicht einfach gelassen hinnehmen, wenn Sie mal einen Fehler machen? Die übergeordnete Perspektive im Blick behalten und akzeptieren, dass Irren nun mal menschlich ist?

Wird die Entscheidung in einem Jahr oder in zehn Jahren überhaupt noch von Bedeutung sein? Hat die Kinderwagen-Marke, für die Sie sich entscheiden, Einfluss darauf, ob Ihr Kind es mal an die Uni schafft oder nicht? Welche Unterschiede es beim Töpfchentraining auch geben mag, Ihr Kind wird in der Oberstufe keine Windeln mehr tragen. Manchmal fühlt sich eine Entscheidung auch zuerst falsch an, nur um sich später als richtig herauszustellen.

- Überlegen Sie sich einen Fluchtplan
  Können Sie den Kinderwagen vielleicht zurückgeben? Eine andere Einschlafstrategie wählen, wenn die erste nicht funktioniert hat? Können Sie frühzeitig aus dem Pekip-Kurs aussteigen? Überlegen Sie sich im Vorhinein ein paar Entschuldigungen. Und wird es denn wirklich jemanden kümmern, wenn Sie gehen?
- Achten Sie genau darauf, wen Sie bei bestimmten Entscheidungen um Rat fragen
  Vor allem Menschen, die Ihren Wesenszug nicht teilen und für die (offensichtlich) nichts auf dem Spiel steht, können eine klare Meinung zu den Dingen haben, ohne die Fakten zu kennen, ohne sich in Ihre Lage versetzen zu können oder überhaupt zu verstehen, worum es Ihnen bei dieser Entscheidung geht. Würden Sie sich in diesem Tonfall äußern, hieße das, dass Sie sich Ihrer Sache vollkommen sicher sind. Bitte glauben Sie nicht, dass im Ton der Bestimmtheit vorgetragene Meinungen unbedingt berücksichtigt oder gar befolgt werden müssen. Manchmal sind solche Leute am Ende schockiert, dass Sie ihre Worte so ernst genommen haben. Doch solche entschieden geäußerten Ideen bleiben bei uns Hochsensiblen unweigerlich haften, vor allem, wenn wir diese Menschen generell respektieren. Manchmal zeigen sie sich auch schockiert,

wenn wir uns gegen ihren Rat entscheiden. Und bitten Sie keinesfalls Angehörige um Rat, die erbost reagieren, wenn Sie diesen dann nicht befolgen. Normalsensible sind mitunter entsetzt, wie lange wir für Entscheidungen brauchen und versuchen, uns zu drängen. Dann hört man Dinge wie: »Jetzt tu doch einfach dies (oder jenes), damit endlich Schluss ist mit dem ganzen Zirkus.« NEIN. Das ist nicht Ihre Art. Bedanken Sie sich, und machen Sie klar, dass Sie immer noch darüber nachdenken.

- Wen Sie am besten fragen
  Vor allem Menschen, die über Informationen verfügen, die Sie nicht haben. Eltern mit einem älteren Kind, die die gleiche Entscheidung schon einmal treffen mussten, ob es nun um Kinderwägen, Schulen oder Zahnärzte geht. Am wichtigsten aber ist: Reden Sie mit Leuten, die Ihnen zuhören und auf das eingehen, was Sie sagen. »Ich verstehe, dass die Frage, ob du noch ein Kind bekommen sollst, dich wirklich umtreibt.« Auch hier sollten Sie Abstand wahren zu Leuten, die Ihnen ihr Ohr nicht leihen wollen, aber eine vollkommen klare Meinung dazu haben, was Sie tun sollten oder nicht. Zum Beispiel in der Frage, ob es moralisch richtig ist, zu verhüten oder im Gegenteil viele Kinder in die Welt zu setzen.
- Und dann ist da natürlich noch das Internet
  Natürlich ist das Netz ein Labyrinth. Sie sollten auf Ihre Intuition setzen, um einen Weg durch das Dickicht an Informationen zu finden. Ihr Gespür zeigt Ihnen, ob die Quellen vertrauenswürdig sind. Und Ihre Selbstfürsorge signalisiert Ihnen unmissverständlich, wann es Zeit ist, es gut sein zu lassen.
- Wägen Sie Ihre Bedürfnisse gegen die anderer ab
  Manchmal kommt es zu Konflikten, wenn Ihre Entscheidung

nicht nur Ihr Kind betrifft. Überlegen Sie, was für Sie als HS-Elternteil wichtig ist und was Ihr Kind braucht. Erklären Sie, welche Überlegungen Sie zu Ihrer Entscheidung bewogen haben. Aber denken Sie daran: Bleiben Sie bei dem, was Sie brauchen! Das ist nicht nur in Ordnung, sondern absolut überlebenswichtig. Es ist gut für Sie, wenn Sie begreifen, dass Sie nicht von jedem Menschen gemocht werden müssen.

- WENN SIE TATSÄCHLICH MAL IHRE BEDÜRFNISSE ODER WÜNSCHE HINTANSTELLEN MÜSSEN – was uns häufig passiert, da wir nun mal besonders mitfühlende Menschen sind –, ACHTEN SIE DARAUF, DASS SIE AM ENDE NICHT WÜTEND AUF DIE ANDEREN SIND, nachdem diese ihren Willen durchgesetzt haben.

Wie Sie die vielen kleinen Entscheidungen im Elterndasein schneller und entspannter treffen können

1. Überlegen Sie sich eine Kurzversion der oben angeführten Punkte.
   Sie müssen nicht alles gründlich recherchieren, jeden Menschen fragen oder viel Energie auf die Frage verwenden, wie Sie sich fühlen werden, wenn Sie die falsche Entscheidung getroffen haben. *Das sind eigentlich Kinkerlitzchen!*

2. Vertrauen Sie darauf, dass Sie als hochsensibler Mensch gute Entscheidungen treffen können.
   Wenn Sie zum ersten Mal den Sprung ins Elterndasein wagen, wird jede Frage Sie auf jeder Entwicklungsstufe Ihres Kindes vor Probleme stellen. Und Sie haben ja recht: Manchmal werden Sie nicht die richtige Entscheidung treffen. Aber Sie werden mehr als andere aus Ihren Fehlern lernen, weil Sie die Folgen gründlich analysieren werden.

3. Wenn möglich, treffen Sie an einem ruhigen Ort eine schnelle Entscheidung.
   Wenn ich eine Kaufentscheidung treffen muss, verlasse ich häufig den Laden, um mir die Beine zu vertreten, oder gehe erst einmal nach Hause. Natürlich werden die Verkäufer Ihnen versichern, dass Sie eine so gute Gelegenheit morgen nicht mehr bekommen. Das hat seinen Grund: Sie wollen Sie nicht zum Nachdenken kommen lassen. Mit jedem Schritt, den Sie auf die Tür zu tun, wird das Angebot besser. Aber behalten Sie eines im Hinterkopf: »Es gibt immer einen nächsten Zug, den Sie nehmen können.«

4. Geben Sie dem in sich Raum, was Sie bereits verarbeitet haben.
   Wenn Sie genug Informationen besitzen oder ähnliche Käufe bereits getätigt haben, fällt die Entscheidung meist ganz von selbst.

5. Und noch mal zurück in den Supermarkt!
   Suchen Sie einfach nach Läden, die kein so unübersichtliches Angebot haben. Oder konzentrieren Sie sich in weitläufigen Läden auf jene Abteilungen, die Sie brauchen, und lassen Sie den Rest außen vor. Was Sie nicht sehen, vermissen Sie auch nicht!

Wie Sie die großen Fragen entscheiden, die Hochsensiblen nachts den Schlaf rauben

1. Auch hier gilt: Vertrauen Sie sich.
   Sie sind nicht »schrecklich« bei der Entscheidungsfindung. »Schrecklich« heißt in diesem Zusammenhang ohnehin meist, dass Sie – in den Augen der anderen wohlgemerkt – langsam sind. Aber überdenken Sie das Ganze

doch einmal. Ich vermute, dass Ihre Entscheidungen für Sie jedenfalls richtig sind. Wenn Sie einen Fehler machen, dann werden Sie beim nächsten Mal vielleicht noch langsamer, weil Sie alles gründlich durchdenken wollen. Aber Sie werden denselben Fehler garantiert nicht zweimal machen. Sich für die großen Fragen des Lebens wirklich Zeit zu nehmen, garantiert ein besseres Ergebnis.

2. Sammeln Sie so viele Informationen wie nur möglich.
Und überprüfen Sie diese Informationen auf ihren Wahrheitsgehalt. Hat die Person, von der diese Informationen stammen, ein mögliches Interesse, Ihre Entscheidung auf die eine oder andere Weise zu beeinflussen? Wenn Sie sich überlegen umzuziehen, ist die Handelskammer sicher eine gute Quelle für wirtschaftliche Daten. Auskunft über die Wetterbedingungen bekommen Sie dort allerdings nicht. Vielleicht haben Sie ja Probleme mit den Durchschnittstemperaturen am anvisierten Wohnort? Menschen, die mit diesem Thema Erfahrung haben, können gute Informationen liefern. Trotzdem sollten Sie genau überlegen, wie viel der Betreffende über das fragliche Thema tatsächlich weiß, wie er dazu steht und was seine Motivation Ihnen gegenüber ist.

3. Erstellen Sie eine Liste.
Mein Mann und ich mussten einmal entscheiden, ob wir ans andere Ende der USA ziehen wollten. Wir wussten, dass es eine Menge Gesichtspunkte zu berücksichtigen galt. Und natürlich brachte diese Entscheidung allerlei Ungewissheiten mit sich. Uns rauchte buchstäblich der Kopf, weil so viele Gedanken, Gefühle und Informationen darin herumschwirrten. Damit wir keinen Gesichtspunkt

übersahen oder überbewerteten, machten wir uns Listen – über emotionale, finanzielle und berufliche Faktoren. Wir berücksichtigten das Wohnumfeld hier und dort, unsere Gefühle zu unserem aktuellen Wohnort, die Tatsache, dass wir uns neue Freunde würden suchen müssen, und so weiter. Auf diese Weise hatten wir das Gefühl, den

Recherchetipps

Für wissenschaftliche Informationen ist Google Scholar (https://scholar.google.de) eine gute Quelle. Wer harte Fakten sucht, wird dort fündig. Allerdings sollten Sie berücksichtigen, dass sich wissenschaftliche Aufsätze im Ergebnis mitunter widersprechen. Und sie sind für Nichtfachleute nicht immer einfach zu verstehen.

Wenn Sie in das Suchfenster ein Stichwort eingeben, erscheint am rechten Rand der Ergebnisseite in einzelnen Fällen ein Link, der direkt zu dem entsprechenden Artikel führt. Manchmal wird aber unter diesem Link nur ein Abstract (eine Zusammenfassung, die jedem Artikel vorangestellt ist) angeboten, und Sie müssen für die Lektüre des gesamten Textes bezahlen – außer Sie haben einen Account bei einer Universitätsbibliothek. Häufig aber reicht das Abstract allerdings völlig aus.

Klicken Sie auf der Ergebnisseite auf den Link »zitiert von«, können Sie nachverfolgen, wie die Resultate der Studie weiterverwertet wurden. Wollen Sie beispielsweise wissen, wie viel fernsehen gut für Ihr Kind ist, dann gibt es dazu unglaublich viele Studien – zu viele, um sie alle zu lesen. Dann können Sie Ihre Auswahl treffen, indem Sie nur nach den neuesten Studien suchen. Das Jahr der Veröffentlichung wird gleich nach den

Überblick behalten zu können, statt uns dabei zuzusehen, wie uns alle paar Minuten ein weiterer zu berücksichtigender Faktor einfiel, obwohl wir eigentlich anderes zu tun hatten. Von nun an konnten wir nachts ohne Probleme durchschlafen.

Autorennamen angegeben. Oder Sie geben zu Ihren Stichworten zusätzlich noch »Meta-Daten« oder »Meta-Analyse« (»meta study« oder »meta-analytic review«) ein. Trotzdem müssen Sie Ihre Auswahl natürlich selbst treffen, weil nur Sie wissen, welche Informationen Sie letztlich brauchen. Aber die genannten Informationen können Ihnen weiterhelfen.

Manchmal ist es auch besser, andere für sich recherchieren zu lassen. Zum Beispiel wenn Sie vermuten, dass Ihr Kind eine bestimmte Störung haben könnte, oder wenn es Verhaltensweisen zeigt, die Ihnen Sorge bereiten. So vermeiden Sie unnötige Aufregung, weil Sie auf besonders schlimme Fallstudien oder gar auf Fehlinformationen stoßen. Google Scholar hat mir häufig geholfen, gute Fachärzte zu finden: Geben Sie dazu die wissenschaftliche Bezeichnung der Krankheit sowie den Namen der nächstgelegenen Universität bzw. medizinischen Fakultät ein. (Wenn Sie beispielsweise in Berlin leben und Informationen über Asthma suchen, geben Sie »Asthma« und »Universität Berlin« ein. Versuchen Sie dasselbe mit »Universität München«.) Die Autoren der angezeigten Fachartikel sind die, die am besten über diese Krankheit Bescheid wissen. Dann können Sie diese Spezialisten entweder persönlich konsultieren oder sich von ihnen an einen guten Facharzt verweisen lassen.

4. Machen Sie eine todschicke Liste.
   Diese Liste inspirierte uns so, dass wir daraus ein Excel-Spreadsheet machten. Das hört sich zwar ziemlich neunmalklug bzw. technisch an, aber tatsächlich ging es dabei um unsere Gefühle, denen wir ein Rating verpassten. Änderte sich unsere emotionale Bewertung, gewichteten wir den betreffenden Punkt neu. Wir bewerteten jeden einzelnen Punkt unserer Liste auf einer Skala zwischen eins und zehn, abhängig davon, wie wir uns fühlen würden, wenn dieser Aspekt nach unseren Vorstellungen ausfiele, bzw. wie sehr uns der gegenteilige Fall belasten würde (andere Spalte). Wie gut es wäre, etwas hinter uns lassen zu können, was wir ohnehin nicht mochten. Und wie schlimm, etwas aufgeben zu müssen, was wir an unserem alten Wohnort gemocht hatten. Dann schätzten wir noch ein, wie wahrscheinlich jeder Punkt war (zum Beispiel, dass wir die allgemeine »Kultur« am neuen Wohnort nicht mochten – eins; oder dass es traurig wäre, unseren alten Wohnort zurückzulassen – neun; und so weiter). Wir führten auch Veränderungen im Lebensstandard auf, Immobilienpreise und andere steuerliche Bestimmungen. Da wir alles in die Tabellenkalkulation eintrugen, konnten wir für jede Frage eine neue Spalte hinzufügen und den Durchschnitt unserer Bewertungen errechnen, die Gewichtung verändern, je nachdem, ob wir neue Informationen bekamen oder unser Gefühl sich veränderte. Und sofort sahen wir die sich daraus ergebende neue Summe. Tatsächlich gab es dabei eine ganze Reihe von Überraschungen. Das Endergebnis war: Wir sind nicht umgezogen. Und wir haben das nie bereut. Selbst wenn Ihre Entscheidung Sie zum Handeln ermutigt und einige Dinge nicht so laufen, wie Sie sich das wünschen, wissen Sie auf diese Weise genau, warum Sie

sich damals auf die eine oder andere Weise entschieden haben. Und das lindert Schuldgefühle.

5. Tun Sie eine Minute, eine Stunde, einen Tag oder sogar eine Woche so, als hätten Sie schon entschieden.
   Wie fühlt sich das an? Häufig wirken die Dinge ganz anders, sobald man eine Entscheidung getroffen hat. So können Sie sich vielleicht besser vorstellen, wie es sein wird, wenn Sie zu einer Entscheidung gekommen sind.

6. Lassen Sie sich Zeit.
   Meine traumatischsten Entscheidungen waren jene, die ich unter Druck treffen musste und die unwiderruflich waren. Wenn Sie innerhalb weniger Tage eine Entscheidung treffen müssen, die Ihr ganzes Leben verändern kann, setzt Sie das mit Sicherheit unter Druck und sorgt für ein hohes Erregungspotenzial. Nehmen Sie sich also ausreichend Zeit, um an Ihrer Entscheidungsfindung zu arbeiten, bevor der Termin vor der Tür steht. Legen Sie dafür einen bestimmten Zeitpunkt fest, damit Sie nicht den ganzen Tag hin und her überlegen müssen (obwohl Sie das vermutlich sowieso tun). Wenn Sie können, bitten Sie um eine Terminverlängerung oder genehmigen Sie sich selbst eine. Haben Sie keine Angst, dass Sie nie zu einer Entscheidung kommen werden. Eines Tages werden Sie urplötzlich wissen, was zu tun ist.

7. Wenn Sie Ihre Entscheidung getroffen haben, versuchen Sie, daran festzuhalten.
   Wenn der Termin näher rückt, kommen Ihnen vermutlich Bedenken. Vergessen Sie nicht: Sie haben Ihr Bestes getan. Und Sie wollen nicht, dass diese Entscheidung Ihnen

danach immer noch aufs Gemüt drückt. Wenn Sie eine Entscheidung endlos hinausschieben, indem Sie sich eben nicht festlegen, dann ist das in gewisser Weise auch eine Entscheidung.

Wichtige Entscheidungen, die häufig übergangen werden

Im Allgemeinen treffen HS-Eltern diese großen, wenn auch schwierigen Entscheidungen ohne Probleme, zum Beispiel, an welchen Wertvorstellungen sie ihr Elterndasein ausrichten sollen und welche Gepflogenheiten sie in ihrem häuslichen Umfeld verwirklicht sehen wollen. Manchmal allerdings zögern sie, weil sie unsicher sind und befürchten, dass andere ihre Entscheidungen missbilligen. Aber gerade dann, wenn Sie nicht selbst aktiv werden, trifft sich die Entscheidung von allein. Sie werden weiterhin tun, was Sie immer getan haben, ob Sie sich nun bewusst dafür entschieden oder den Dingen einfach ihren Lauf gelassen haben.

Wie auch immer Ihre Entscheidung in diesen Dingen auch ausfallen wird: Ich glaube, HS-Eltern sind mündig genug, um ihre Werte offen und sichtbar für andere zu leben, sodass ihre Umwelt möglicherweise sogar davon profitieren kann. Vielleicht wollen Sie Ihre Familie vegetarisch ernähren. Oder Sie möchten, dass Ihre Tochter einen Schleier trägt, auch wenn die anderen Mädchen in diesem Land es nicht tun. Oder Sie versuchen, die schmalen Einkünfte der Familie nicht noch dadurch zu belasten, dass Sie stets die neueste Mode tragen. Wie viel Zeit sollten Kinder sich der Hausarbeit widmen? Wie viel Taschengeld sollen sie bekommen? Wie viele Stunden vor dem Fernseher verbringen? Oder mit sozialen Medien? Welche Entscheidungen werden Sie Ihrem Kind überlassen? Wie handhaben Sie die Themenbereiche Alkohol, Drogen, Sex und so weiter? Solche Entscheidungen sind niemals einfach, aber Sie sollten sie durchdenken und sich fragen, wie Ihr Urteil den Rest der Familie beeinflusst. Und dann nehmen Sie Ihren Mut zusammen und leben Ihre Werte, wenn der Zeitpunkt gekommen ist. Und zeigen Sie sich ruhig flexibel, wenn sich neue Faktoren ergeben.

Einige Dinge allerdings sollten Sie bei Ihrer Entscheidung auf jeden Fall beachten: Bedeutet sie für Sie mehr oder weniger Zeit zur Entspannung? Können Sie still innere Einkehr halten? Wie wirkt sich Ihre Entscheidung auf andere aus? Ich weiß: Das überlegen Sie ohnehin. Die Frage lautet also eher: Wie wirkt sich diese Entscheidung langfristig auf Sie selbst aus? Richten Sie Ihren Blick auf das große Ganze. Was sagt Ihr Herz dazu? Befragen Sie es. Ich finde, das Herz liefert uns oft überraschende Antworten. Ebenso wie andere Teile unserer Persönlichkeit, mit denen Sie in einem Dialog stehen – zum Beispiel Ihr inneres Kind oder der Geist eines Ihrer Vorfahren, mit dem Sie sich im Stillen unterhalten. Und welche Botschaft hat Ihr spiritueller Pfad dazu? Joan Borysenko und Gordon Dveirin führten zahlreiche Interviews mit Priestern, Rabbis, Sufimeistern, christlichen Mystikern, Weisen, Intuitiven und Gurus, aus denen sie dann ein Buch machten: In *Your Soul's Compass* zeigen sie, dass Entscheidungen, die im Einklang mit dem eigenen spirituellen Weg stehen, sich natürlich, effizient, locker, friedlich und voller Gnade anfühlen.[36] Das sind doch ganz wunderbare Kriterien für jede Entscheidungsfindung.

Nicht zuletzt sollten Sie bedenken, dass HS-Eltern aufgrund ihrer natürlichen Veranlagung, Fragen sehr gründlich zu durchdenken, für andere Eltern häufig wertvolle Ratgeber sein können. Das geht manchmal ganz nebenher in den Gesprächen vor dem Kindergarten, aber auch in Kommentaren zu interessanten Blogs. Vielleicht möchten Sie aber auch selbst einen Blog schreiben? Oder gar ein Buch?

Noch ein Kind?

Die meisten HS-Eltern empfinden die Elternschaft als ebenso wunderbar wie belastend. Manche Hochsensible wissen genau, was sie wollen. Andere nicht. Dass wir die Elternschaft so intensiv erlebt haben, hat bei mir und meinem Mann sicher dazu beigetragen, dass wir uns mit dem zweiten Kind sehr lange Zeit gelassen haben. Irgendwann haben wir dann festgestellt, dass wir durch das lange Hinauszögern auch eine Entscheidung getroffen hatten.

Dabei ist der Druck, ein zweites Kind zu haben, mitunter hoch. HS-Eltern fühlen sich oft schuldig, wenn sie ihrem Kind kein Geschwisterchen schenken, vor allem, wenn sie selbst ihre Schwestern und Brüder lieben. Vielleicht fürchten sie ja, dass ihr Kind selbstsüchtig wird, wenn es allein aufwächst. Manchmal sind es auch die eigenen Eltern, die gerne mehr Enkelkinder hätten.

Auf der Habenseite steht, dass HS-Eltern aus ebendiesen Gründen noch ein Kind haben wollen. Manchmal wollen sie auch anwenden, was sie beim ersten Kind gelernt haben. Sie wollen diesmal die Erfahrung genießen und haben das Gefühl, in den ersten Lebensjahren ihres Sprösslings viel versäumt zu haben, weil sie von all den Empfindungen schlicht überwältigt waren. Sie wollen das Ganze noch einmal erleben. Es liegt auch ein gewisser Reiz darin herauszufinden, wie ein anderes Kind sich entwickelt, das Ihre Gene und die Ihres Partners in sich trägt.

Wenn Sie sich dieser Dinge aber nicht sicher sind, dann ist das an sich schon ein klares Signal. Vergessen Sie nicht: Für ein Einzelkind kann man das Leben immer schön gestalten. Es profitiert schon von der ungeteilten Aufmerksamkeit seiner Eltern. Es muss nicht in Wettbewerb treten, wird von keinen Geschwistern gehänselt. Hinzu kommt das nun höhere Alter, das HS-Eltern nicht mehr die gleiche Energie aufbringen lässt wie andere Eltern. Sie fragen sich, ob sie mit der neuerlichen Reizüberflutung und dem Chaos überhaupt noch zurechtkommen würden. Allerdings sollten Sie darauf achten, dass diese Entscheidung für Sie richtig ist und nicht nur für Ihren Partner, der gerne eine größere Familie hätte.

Hier schildern drei HS-Eltern ihre Überlegungen zu einem zweiten Kind:

Mein erstes Kind war noch klein und ich hatte damals keine Ahnung, was Hochsensibilität bedeutet. Ich denke, ich habe mich ein bisschen zu früh zu einem zweiten Kind überreden lassen. Doch unsere Tochter (eben dieses zweite Kind) hat uns viel Freude bereitet. Und sie hat mir gezeigt, dass nicht jeder Mensch die Dinge so intensiv erlebt wie ihr Bruder und ich! Jetzt, wo ich weiß, dass wir zwei Hochsensible in der Familie haben, ist mir völlig klar, dass das dritte Kind, das ich in meiner Vorstellung immer haben wollte, für mich zu viel wäre.

Die meisten meiner introvertierten Freunde haben keine Kinder oder nur eines. Sie scheinen instinktiv gewusst zu haben, dass ihre Fähigkeit zur Kindererziehung begrenzt ist. Sie haben einfach früher aufgehört oder gar nicht erst angefangen. Ich hingegen habe wirklich jedes Alarmzeichen außer Acht gelassen. Ich habe keine Rücksicht darauf genommen, dass ich viel Zeit für mich selbst brauche. Mir war nicht klar, wie wichtig mir Gespräche unter vier Augen sind. Ich bin davon ausgegangen, dass Tagträumereien, während im Hintergrund leise Musik läuft, ein gottgegebenes Recht sind. Ich dachte immer, Kinder spielen, während die Erwachsenen arbeiten.

Ich wusste, dass es mich zu sehr anstrengt, wenn ich mit vielen Menschen zusammen bin. Daher blieb ich standhaft bei dem

Wunsch, nur ein Kind haben zu wollen (vor allem, weil ich ja schon zwei ältere Stiefkinder habe). In schönen Momenten geriet mein Entschluss zwar ins Wanken, vor allem, wenn ich sah, wie sozial mein Kind ist. Aber dann hat die Wirklichkeit mich immer schnell auf den Boden der Tatsachen zurückgeholt.

Das Elterndasein als Berufung

Überlegen wir doch mal kurz, was Elternschaft eigentlich ist. Für viele Hochsensible ist sie eine wahre Berufung. Sie kommen damit gut zurecht, ebenso wie mit ihrem Dasein als Großeltern. Natürlich ist das Elterndasein auch eine elende Plackerei, von der Reizüberflutung erst gar nicht zu reden. Aber mit Kindern zusammen zu sein, ihnen zur Selbstfindung zu verhelfen und sie vor schlimmen Erfahrungen zu schützen kann einem tiefe Befriedigung schenken. Selbst der ganze Alltagskram ist teilweise Herausforderung, teilweise Chance – für all jene Menschen, die dafür geboren sind.

Die Elternschaft (was nicht nur heißt, ein Kind »zu haben«) ist die wichtigste Aufgabe für die gesamte Menschheit. Leider erfährt sie nicht genügend Wertschätzung. Nur wenige Menschen betrachten sie als echte Berufung. Dabei will doch jeder Mensch für das, was er tut, geachtet werden.

Doch für dieses Problem existiert eine Lösung: Tun Sie sich mit anderen Eltern zusammen, die das genauso erleben, und schenken Sie sich gegenseitig Anerkennung. Selbsthilfegruppen sind da eine prima Option, vor allem, wenn Sie schwierige Umstände zu bewältigen haben. Oder Sie belegen Kurse zur Frühpädagogik, vielleicht sogar ein Fernstudium. Natürlich können Sie sich auch an Menschen aus Ihrer Vergangenheit orientieren. Zum Beispiel, wenn Sie selbst in einer großen Familie aufgewachsen sind, weil

Ihre Eltern die Kindererziehung als wichtigste Aufgabe ihres Daseins betrachteten. Vielleicht sind sie ja auch noch am Leben und unterstützen Sie dabei.

Vergessen Sie nicht, dass Menschen, die den nicht üblichen Pfad einschlagen wie Künstler, Dichter und Musiker, auch keine Anerkennung finden. Viele Menschen gehen davon aus, dass diese Leute einfach »nichts« tun. Hochsensible können dann damit argumentieren, dass die Elternschaft die für die Menschheit wichtigste Aufgabe ist. Ob Sie nun respektiert werden oder nicht: Gehen Sie einfach Ihren Weg.

Andererseits gibt es Eltern – sicher nicht alle -, die den Alltag mit Kindern absolut nicht als ihre Berufung empfinden. Und diesen Eltern bleiben kaum je Alternativen. Wenn das auf Sie zutrifft, haben Sie vielleicht Ihren Beruf aufgegeben, um Ihr Kind versorgen zu können, und bereuen diese Entscheidung nun. Oder Sie stellen erst jetzt fest, dass der Wiedereinstieg ins Arbeitsleben nicht so einfach ist. Vielleicht hatten Sie Ihre Berufung ja auch noch nicht gefunden oder zumindest einen halbwegs befriedigenden Job. Und jetzt müssen Sie Geld für die Familie verdienen und haben die Freiheit verloren, Ihrer eigentlichen Bestimmung zu folgen.

Eine der Besonderheiten von Barrie Jaegers Buch *Making Work Work for the Highly Sensitive Person* (etwa »Wie Arbeit auch für Hochsensible nicht in Arbeit ausartet«) ist die Art, wie sie über stumpfsinnige Maloche, Handwerk und Berufung schreibt.[37] Stumpfsinn ist das, was Hochsensible am meisten fürchten. Manchen Menschen reicht es, dass sie Geld bekommen, das sie für ihr Vergnügen oder für die Familie ausgeben können, selbst wenn jeder einzelne Arbeitstag endlos scheint, weil die Arbeit eben öde ist oder erst gar nicht genug Arbeit da ist. Das ist stumpfsinnige Maloche. Ihr fehlt ein tieferer Sinn, und für Hochsensible ist sie geradezu *tödlich*.

Mit »Handwerk« meint Jaeger eine Art der Arbeit, die uns Geschick abverlangt. Sie interessiert uns, weil wir dabei etwas lernen können. Das schenkt uns eine gewisse Herausforderung, Spannung, die Möglichkeit zur Selbstentfaltung und Freude. Haben wir unser Handwerk einmal erlernt, kann es sich ebenfalls zur Maloche entwickeln.

Berufung hingegen meint das Gefühl, dass Sie genau das tun, wofür Sie bestimmt sind. Vor diesem Hintergrund werden Sie sogar mit ein bisschen Maloche fertig. Das mag ein etwas romantisierender Blick auf die Arbeit sein, so als wäre sie Ihr Seelengefährte. Für Hochsensible aber klingt diese Vorstellung gut. Natürlich kann sich die Berufung auch mal verändern, so wie man manchmal einen neuen Lebenspartner findet. Mitunter umfasst »Berufung« auch ein recht breites Spektrum wie zum Beispiel einfach »Schreiben«. Was Sie schreiben, ist von Fall zu Fall anders, aber Sie schreiben. Und das fühlt sich für Sie richtig an.

Unsere Berufung hat viel mit unserer Identität zu tun. Sehen wir uns plötzlich gezwungen, etwas ganz anderes zu tun, das in unseren Augen eine andere Identität voraussetzt, haben wir das Gefühl, uns selbst verloren zu haben. Und selbst wenn wir wissen, dass wir zu unserer Berufung zurückkehren können, dieser Zeitpunkt aber in weiter Ferne liegt, verlieren wir sie aus den Augen. Wenn Sie sich Ihrer Berufung nicht sicher sind, aber wissen, dass Ihre aktuelle Beschäftigung damit aber auch gar nichts zu tun hat, dann können Sie wohl kaum das Gefühl entwickeln, lebendig zu sein und etwas Sinnvolles zu tun.

Was Sie tun können, wenn die Elternschaft nicht Ihre Berufung ist

Wenn wir das eben Gesagte als Definition von Berufung betrachten, ist das Elterndasein sicher nicht für jeden eine tief empfundene Berufung. Dann erfüllen Sie Ihre Elternrolle zwar immer noch gut, aber Sie fühlen sich trotzdem ein bisschen verloren.

- Wenn Sie im Moment *noch nicht* zu Ihrer Berufung zurückkehren können, sollten Sie darauf achten, sie wenigstens ansatzweise zu pflegen, weil Sie sonst ein Leben voller Reue und Verbitterung riskieren. Richten Sie sich im Keller ein kleines Musikstudio ein und nehmen Sie Ihre Songs auf. Lesen Sie die wichtigen Zeitschriften Ihres Fachgebiets. Arbeiten Sie in Ihrem Biogarten (oder im angemieteten Schrebergarten?), auch wenn Sie das einiges kostet.
- Oder Sie kehren an Ihren Arbeitsplatz zurück – nicht um dem Ruf des Geldes, sondern um Ihrer Berufung zu folgen. Ich bin sicher, dass Sie dafür sorgen werden, dass die Bedürfnisse Ihres Kindes erfüllt werden, wenn auch nicht immer von eigener Hand. Bitte, *bitte* fühlen Sie sich deshalb nicht schuldig! Es ist vielleicht eine Eigenheit des Menschen, dass er in seinem Leben Sinn braucht. Das kann sogar so weit gehen, dass Menschen, die keinen Lebensinhalt finden, sterben. Für Hochsensible ist es von besonderer Bedeutung, dass sie einen Sinn in ihrem Dasein sehen, auch wenn sie dafür bei ihren Vorstellungen von Elternschaft (sie wollen ja nicht Kinder einfach nur »haben«) gewisse Abstriche machen müssen.
- Halten Sie nach Möglichkeit Kontakt zu Ihren Bezugspersonen (zum Beispiel Ihren früheren Kollegen). Halten Sie sich auf dem Laufenden, sodass Sie zumindest die Namen

der Leute kennen, die in Ihrem Fachgebiet Wichtiges geschaffen haben. Kontaktieren Sie solche Leute über die sozialen Medien.

- Wenn irgend möglich, sollten Sie beruflich am Ball bleiben, neue Techniken lernen, die Sie brauchen werden, wenn Sie an Ihren Arbeitsplatz zurückkehren. Oder arbeiten Sie kreativ an neuen beruflichen Möglichkeiten, zum Beispiel der Selbstständigkeit (was gerade für Hochsensible oft ein guter Weg ist). Sehen Sie in Ihrem Kompetenzbereich Bedürfnisse, die nicht gedeckt werden? Überlegen Sie sich etwas in dieser Richtung.
- Behalten Sie im Hinterkopf, dass Ihre Kinder nicht ewig klein bleiben. Es wird nicht allzu lange dauern, bis sie ihr eigenes Leben führen. Wenn Ihre Kinder altersmäßig die Mittelstufe noch nicht erreicht haben, sollten Sie achtgeben, wie Sie mit Ihrer freien Zeit umgehen – also der Zeit, die Ihnen bleibt, weil Sie hoffentlich Hilfe haben. Sie werden viel Zeit brauchen, um sich auszuruhen und auch mal vor die Tür zu kommen. Da wird für Ihre Berufung zunächst wenig Raum bleiben. Als HS-Elternteil muss es Ihre oberste Priorität sein, sich Zeiten der Ruhe zu schaffen, damit Sie sich von der Reizüberflutung erholen können. Sonst riskieren Sie eine Depression oder ein ausgeprägtes Gefühl mangelnder Befriedigung. Und Sie werden Ihrer Elternrolle nicht gerecht werden. Ja, für den Moment steht die Elternrolle im Vordergrund. Aber wenn Sie dann wieder ganz Ihrer Berufung folgen können, wird Ihre Sensibilität Ihnen ungeahnte Erfolge bescheren.

Lesen Sie, wie andere HS-Eltern ihre Erfahrungen mit Arbeit und Berufung schildern:

Ich frage mich oft, ob ein Job außerhalb des Hauses die Dinge für mich besser oder noch komplizierter machen würde. Ich möchte so gern mal wieder etwas richtig Sinnvolles tun. Im Augenblick schreibe ich von zu Hause aus, meist für meine Webseite, aber auch als Freiberuflerin. Dabei habe ich nur selten Raum und Zeit, um mich dieser Aufgabe zu widmen. Ich hänge einfach fest, weil ich für das Glück anderer Menschen sorgen muss.

Mir fällt es leichter, zu arbeiten, als ständig die emotionale Energie bereitzustellen, die es braucht, um für Kinder zu sorgen. Aber ich merkte bald, dass die eigentlichen Schwierigkeiten anfingen, wenn ich abends nach Hause kam. Bevor die Kinder da waren, habe ich hart gearbeitet, mich aber auch gut amüsiert. Es war ja immer genug Zeit, um mich wieder zu erholen. [Dieser HS-Elternteil hat schließlich einen weniger stressigen Job mit weniger Wochenstunden gefunden.]

Arbeit – und dabei der Druck, eine Supermami zu sein! Für den Augenblick habe ich mit meinem Arbeitgeber ausgehandelt, dass ich drei Tage die Woche arbeite. Ich mag die stille, geistige Natur meiner Arbeit. Es kann manchmal ganz schön stressig sein, dann aber ist es wieder das reine Paradies.

Als Elternteil zu arbeiten war zugleich leichter und schwerer. Leichter, weil die einzelnen Lebensbereiche nun streng voneinander getrennt waren. Ich konnte mich besser auf das konzentrieren, was ich gerade machte.

Die öffentliche Schule war für meine HS-Kinder die Hölle, aber Unterricht zu Hause war schlicht nicht drin. Ich hatte das Gefühl, es würde meine Gesundheit beeinträchtigen, wenn ich nicht zu meiner Kopfarbeit zurückkehren und genug Zeit für mich selbst aufbringen könnte.

Ich habe meinen Arbeitsplatz wirklich gemocht und auch meine Kollegen. Der Job als Schlussredakteurin passte gut zu mir. Außerdem durfte ich jede Woche einen halben Tag von zu Hause aus arbeiten. Wir haben das mit der Familie geregelt, sodass mein Kind nur zweimal die Woche zur Tagesmutter musste. Aber für mich war es nie leicht, meinen Sohn am Morgen zurückzulassen, und das veränderte sich auch nicht. Die Enttäuschung, die Schuld und Ressentiments, die ich hatte, weil ich das, was mir am wichtigsten war (meinen Sohn in Vollzeit zu betreuen), nicht machen konnte, haben mich sehr belastet. Es fiel mir schwer, ihn zurückzulassen, wenn er weinte. Dann kam ich immer ganz niedergeschlagen im Büro an. Ich war froh, als mein Mann meinte, die Fürsorge und Erziehung, die ich unserem Kind angedeihen lassen konnte, würden das zweite Einkommen locker aufwiegen.

Ich habe eine Lernumgebung geschaffen, die unserem Sohn liegt. Das und die offenkundigen Resultate machten meinen Mann stolz auf unsere kleine Schule zu Hause. Das allein ist schon ein Riesenschritt, denn mein Mann war anfangs total gegen Heimunterricht.

Jetzt erledige ich redaktionelle Arbeiten zu Hause, kümmere mich um die Schulbildung meines Sohnes und genieße das Familienleben.

Ein paar abschließende Bemerkungen zum Thema Entscheidungen

Es gibt so viele große und kleine Entscheidungen im Leben, die einen noch viel größeren Raum einnehmen, wenn wir erst gründlich nachdenken (was Sie ja tun), bevor wir irgendwelche Entschlüsse fassen. Vertrauen Sie darauf, dass Sie damit für gewöhnlich auch richtig liegen. Akzeptieren Sie, dass Sie mitunter nicht alle Informationen zur Verfügung haben, um die bestmögliche Entscheidung zu treffen. In dem Fall verzeihen Sie sich bitte selbst. Unseren Fehlern verdanken wir mitunter die wertvollsten Lektionen im Leben. Und sie haben oft noch einen unvorhergesehenen Vorteil.

Vergessen Sie nicht: Ihre erhöhte Verarbeitungstiefe ist eine Gabe, auch wenn sie gelegentlich Nachteile mit sich bringt: Sie tun sich schwer mit Entscheidungen. Sie werden müde. Sie graben tief in Ihrem Inneren, um herauszufinden, was Sie über die Elternschaft und den Sinn Ihres Lebens denken. Das aber ist es, was Sie so wunderbar macht. Es ist der Schlüssel zu allen anderen Aspekten der Hochsensibilität.

5
Wie Sie Ihre emotionale Empfänglichkeit genießen und steuern können

Ein HS-Vater bringt das Problem für uns auf den Punkt:

Das Elternsein war ebenso angsteinflößend wie wundervoll.

Und eine HS-Mutter beschreibt ihre persönlichen Erfahrungen:

Meine emotionale Empfänglichkeit richtet sich durchaus auch gegen mich. Je mehr subtile Reize ich wahrnehme, desto mehr Möglichkeiten spiele ich durch, desto stärker reagiere ich mit Übererregung.

HS-Eltern empfinden ihre Emotionen tiefer und sind stark empathisch veranlagt. Das bringt natürlich viele Vorteile: Sie können sich besser auf Ihr Kind einstellen (was man fachsprachlich als »Responsivität« bezeichnet). Sie begegnen allen Familienmitgliedern mit Mitgefühl. Ihre bewussten und unbewussten Gefühle verleihen Ihnen eine ausgezeichnete Intuition.

Da wir auf positive Erfahrungen besonders stark reagieren, haben wir am Elterndasein auch mehr Freude, wie viele HS-Eltern mir berichtet haben.

Gleichzeitig kostet uns dieser Wesenszug viel Energie – vor allem, weil Ihr natürliches Einfühlungsvermögen Sie immer mitempfinden lässt, wie es Ihrem Kind seelisch gerade geht.

Ihre Emotionen in den verschiedenen Lebensphasen Ihres Kindes

Auf der einen Seite sind also unsere Emotionen, auf der anderen die Situationen, die Emotionen in uns auslösen. Wenn Sie sich zum Beispiel verlieben, ruft das alle möglichen Gefühle hervor. Ähnlich löst jede Phase der kindlichen Entwicklung ganz neue Emotionen aus. Eltern zeigen also eine enorme Bandbreite, was ihr Gefühlsleben angeht. Bevor wir uns damit beschäftigen, wie Sie diese Emotionen steuern können, müssen wir sie uns aber erst bewusst machen. Haben Sie diesen Schritt schon vollzogen, dann gibt Ihnen die folgende kurze Zusammenfassung Gelegenheit zur Reflexion und vielleicht zu einer Neuausrichtung.

Baby/Kleinkind

Die Geburt war für mich die nicht dualistische Erfahrung schlechthin. Ich stellte mir vor, wie eine Lotusblüte sich öffnet. Und bei der letzten Presswehe war ich bereit, meinen Körper in tausend Stücke zerbrechen zu lassen. Dann hatte ich eine Vision – einen Raum voller Sterne. Ich sah, wie sich eine Tür öffnete, und wusste, das war das Tor zur Geburt. Und ich sah, dass das Tor zur Geburt auch das Tor zum Tod war. Ein und dasselbe war.
Ich verlor meine Furcht vor dem Tod. Ich glaube, Geburt ist die große Erkenntnis – das große Geheimnis, das die Frauen die Wahrheit über das Universum lehrt.

Die Geburt und die ersten Tage und Wochen der Elternschaft lösen Emotionen aus, die vermutlich stärker sind als alles, was Sie bis dahin erlebt haben. Diese Tatsache wird gerne übersehen, aber ich weiß von einigen HS-Eltern, dass die (positiven und negativen) Gefühle in dieser Zeit so intensiv waren, dass sie beinahe traumatisch wirkten.

Ein Wort zum Thema Trauma: Ich verstehe unter dieser Erfahrung eine ebenso plötzliche wie schwerwiegende Verletzung der Integrität des Körpers und seiner Grenzen. So, als würde man Ihnen Gliedmaßen abtrennen oder eine tiefe Schnittwunde zufügen. Ein seelisches Trauma erleiden wir, wenn unsere emotionale Integrität verletzt wird. Wir sind dann »total überwältigt«, sodass normale Formen der Emotionsverarbeitung (zum Beispiel unsere Gefühle in Worte zu fassen) nicht mehr ausreichen. An diesem Punkt kommt es gewöhnlich zur Dissoziation (Abspaltung). Die Betroffenen hören auf, ihre Gefühle zu spüren. (Ich verwende hier die Begriffe »Emotion« und »Gefühl« gleichbedeutend.) Oder sie spüren zwar ihre Gefühle, blenden jedoch deren Ursache aus. Die Folge sind dann Angstzustände oder Stress, die keine Ursache zu haben scheinen. Manchmal spalten diese Menschen sich auch von ihrem Körper ab, denn die meisten Emotionen machen sich körperlich bemerkbar. Oder sie verdrängen vollkommen, was passiert ist. Sie finden keine Worte für das Geschehen, manchmal haben sie keinerlei begriffliche Erinnerung an das traumatisierende Ereignis. Die Geburt eines Kindes kann für beide Elternteile zu einer traumatischen Erfahrung werden.

Als solche wird sie von einer hochsensiblen Mutter geschildert:

Die Freude und spirituelle Weisheit der Geburt war gefolgt von der dunkelsten und schwierigsten Phase meines Lebens, denn der Schlafentzug wurde so schlimm, dass ich mehrmals halluzinierte: Ich sah eine gigantische Spinne, die sich von der Decke auf mein Bett niederließ.

Und dann sind da natürlich die Emotionen der HS-Eltern, wenn das Kind stundenlang schreit. Sie setzen ihre ganze Intuition und Sensibilität, ihre Verarbeitungstiefe und ihr Gewahrsein subtiler Reize ein, um dem Baby zu helfen, und versuchen gleichzeitig, nicht durchzudrehen, weil sie kaum Schlaf bekommen haben und hoffnungslos überreizt sind. Ein HS-Vater berichtet:

Es ist interessant zu sehen, wie unterschiedlich meine Frau und ich reagieren. Bei meiner Frau regt das Geschrei den Milchfluss an. Bei mir löst es nur Stress aus. Ich verfalle sofort in den »Notfallmodus«. Ich reagiere ohnehin sehr schnell auf Stress. Mein Puls und mein Blutdruck steigen. Ich werde angespannt und kann mich auf nichts anderes mehr konzentrieren. Ich will unbedingt herausfinden, wie ich den Stress unseres Babys lindern kann. Es ist schlimm für mich, wenn meine Frau sich um das Kind kümmert, denn ich kann einerseits das Schreien nicht ignorieren, andererseits mich auch nicht auf andere Dinge konzentrieren. Und es strengt mich mehr an, wenn ich das Geschrei zu verdrängen suche, als wenn ich irgendwie aktiv werden kann.

Vorschulkinder

Ich konnte die Emotionen meiner Kleinen förmlich spüren. Daher konnte ich auch so gut darauf eingehen.

Sobald die Kinder laufen lernen, sieht die Situation für HS-Eltern schon anders aus. Kleinkinder, die sich bewegen, sind wirklich lustig, aber fordern auch ständige Aufmerksamkeit. Sie wissen oder glauben zu wissen, was sie brauchen, und fordern dies lautstark ein, ob sie nun etwas »allein« machen oder nur ganz bestimmtes und um Himmels willen kein anderes Essen haben wollen.

Eine Mutter erzählt:

Ich war ständig mit ihnen zusammen und habe gegeben, gegeben und gegeben, bis ich dachte, ich klappe zusammen. Ich habe mich als die schlechteste Mutter der Welt gefühlt, als mein dickköpfiger Zweijähriger einen dieser Einkaufswagen für Kinder umwarf und ich gar nicht mehr aufhören konnte, zu fluchen.

Es hat keinen Sinn, mit Zweijährigen diskutieren zu wollen. Wenn sie einen Wutanfall haben, ist das für HS-Eltern schlichtweg Reizüberflutung. Passiert dies auch noch in der Öffentlichkeit, ist es ihnen peinlich. Sie machen sich Sorgen, was wohl die Umstehenden denken, während gleichzeitig ihr Hirn mit Hochdruck an der Frage arbeitet, wie sie den emotionalen Wirbelsturm ihres Töchterchens besänftigen können. Daher sind HS-Eltern so gut darin, Wutanfällen vorzubeugen. Sie wissen schon im Voraus, was ihr Kind bald brauchen wird, halten Versuchungen von ihm fern und wissen es gut abzulenken.

Eine andere HS-Mutter berichtet von ihren Erfahrungen:

Ich stellte fest, dass ich bei Wutanfällen meines Sohnes nicht so viel Geduld aufbrachte, wie ich mir das gewünscht hätte. Dabei machten andere Leute mir Komplimente, dass mir der Geduldsfaden nie zu reißen schien. Vielleicht war ich einfach zu streng mit mir selbst. Zuallererst achte ich darauf, dass seine Gefühle nicht auf mich übergehen. Das halte ich eine ganze Weile durch, aber am Ende werde auch ich wütend und brülle ihn an.

Diese junge Mutter entdeckte einen guten Tipp in einer Elternzeitschrift: Kindliche Wutanfälle im Einkaufszentrum einfach ignorieren.

Wenn mein Sohn sich zornentbrannt zu Boden wirft und weint und schreit, dann lasse ich ihn machen. Ich schiebe den Kinderwagen weiter, als hätte ich das gar nicht bemerkt. Ich sage ihm ruhig, dass ich jetzt weitergehe, und setze mich in Bewegung. Zuerst wurde er dann noch zorniger, aber am Ende rappelte er sich auf und lief mir nach.

Gleichzeitig machen Vorschulkinder einem ungeheuer viel Freude, was vor allem für HS-Eltern zutrifft. Wenn ihre Kinder erst mal reden lernen, können sie all ihre unschuldigen und interessanten Fragen kreativ beantworten.

Schulkinder

Ein HS-Vater erzählt:

Das Schwierigste für mich war, meine Tochter am Schuleingang zurückzulassen, obwohl sie es nicht wollte. Das ist vor allem schmerzlich, wenn sie weint.

Ihr Kind erreicht nun viele Dinge und Sie können sich mit ihm auf ganz neue Weise unterhalten. Meist ruft dieser Lebensabschnitt Erinnerungen daran wach, wie wir uns in der Schule gefühlt haben. Damit sind natürlich angenehme wie auch unangenehme Emotionen verbunden.

HS-Eltern müssen ein waches Auge auf die Intensität ihrer Gefühle haben. Hüten Sie sich vor allem vor übertriebener Anteilnahme. Es muss nicht sein, dass Ihr Kind in einer bestimmten

Situation ebenso empfindet wie Sie. Das ist sogar eher selten der Fall.

Ich persönlich habe in der Grundschule wirklich gelitten, weil ich nicht viele Freunde hatte. Als mein Sohn in die vierte Klasse ging, sind wir in einen anderen Schulbezirk umgezogen. Er musste die Schule wechseln und fand an der neuen Schule keine Freunde. Ich redete mit ihm darüber, wie traurig das sein kann und wie man das Selbstvertrauen verlieren kann. Er meinte nur, das sei bei ihm nicht so. Er fände die Kinder dort einfach doof, und es sei ihm egal, ob sie ihn mochten oder nicht. Ich bin sicher, das war eine Ausrede (obwohl ich seine Klassenkameraden kannte und verstand, wie es ihm mit den anderen ging). Ich hätte da zum Analytiker mutieren und ihm erklären können, wie seine unbewussten Gefühle aussahen. Aber andererseits war ich von dieser doch gesunden Reaktion erstaunt. Offensichtlich hatte ich meine Gefühle auf meinen Sohn projiziert.

Teenager

Heranwachsende können bei HS-Eltern emotional wahre Achterbahnfahrten auslösen. Aufgrund ihrer Gewissenhaftigkeit und ihres innigen Wunsches, dieses Kind, das sich nun mehr und mehr abnabelt, zu verstehen, entwickeln HS-Eltern ganz neue Fähigkeiten. Möglicherweise können sie sogar eine bessere Beziehung zu ihrem Teenienachwuchs aufbauen als so manche weniger sensible Eltern. Aber es fühlt sich ganz schön hart an, wenn sie einem sagen, dass man nicht cool oder interessant ist und dass sie nicht mit uns gesehen werden wollen.

Vor allem müssen Sie Ihre Position auf sanfte und rücksichtsvolle Weise behaupten, was schwierig werden kann, wenn die

Emotionen hochkochen, Sie andererseits aber Ihr Kind bestens verstehen. Menschen, die mit Hochsensiblen (auch mit hochsensiblen Kindern) leben, wissen intuitiv, wie viel Wirbel nötig ist, um sich durchzusetzen. Da wird gebrüllt und mit Türen geknallt, Schimpfworte und Drohungen fallen. Ihr Nachwuchs beschämt Sie ganz bewusst oder versucht, Sie mit cleveren Argumenten auszumanövrieren. Alles, was irgendwie als Waffe zur Durchsetzung dienen kann, findet Anwendung.

Diese emotionale Achterbahnfahrt wird von einem weiteren Ereignis überschattet, das unmittelbar bevorsteht: Ihre Kinder werden Sie bald verlassen. HS-Eltern wissen instinktiv, wie sehr sich ihr Leben verändern wird, wenn die Kinder aus dem Haus gehen. Der Organisationspsychologe Harry Levinson meint dazu: »Jede Veränderung bedeutet Verlust, und Verluste müssen betrauert werden.«[38]

Ich kann mich noch gut an den Tag erinnern, an dem mein Sohn auszog, um in einer anderen Stadt zu studieren:

Mein Mann fuhr ihn zum Flughafen, deshalb war ich ganz allein zu Hause. Ich fühlte mich schrecklich. Das hatte vielleicht damit zu tun, dass ich selbst Probleme mit dem Verlassenwerden habe, aber im Grunde lag es auch daran, dass ich verstand, was das wirklich bedeutete. Ich brauchte so lange, um darüber hinwegzukommen, dass ich schon überlegte, ein Buch zu schreiben, weil unsere Kultur die Intensität dieser Gefühle nach wie vor leugnet. Aber das war, bevor ich wusste, dass ich hochsensibel war. Nur hochsensible Eltern wie ich würden so ein Buch brauchen.

Die Regulierung von Emotionen

Da Sie aufgrund Ihrer emotionalen Empfänglichkeit auch Ihre Gefühle als Vater oder Mutter tiefer empfinden werden, müssen Sie lernen, wie Sie Ihre Gefühle regulieren können. Da Sie alles so gründlich verarbeiten, können Sie meiner Ansicht nach auch darin eine gewisse Meisterschaft entwickeln.

»Affektregulation« oder »emotionale Regulierung« sind psychologische Fachbegriffe für Methoden, mit denen Sie bewusst oder unbewusst den spontanen Fluss Ihrer Emotionen lenken können. Sie können Gefühle intensivieren, ausdehnen oder abschwächen, sodass sie der Situation angemessen sind. Da das menschliche Gehirn (und das Gehirn Hochsensibler in noch größerem Maße) ohnehin dafür ausgelegt ist, kennen wir die Affektregulation aus dem Umgang mit anderen Menschen. Aber es schadet ja nicht, sich diesen Prozess bewusst zu machen.

Der wichtigste Grund, sich mit diesem Thema zu befassen, ist wohl, dass man seinem Kind ja beibringen muss, wie es seine Affekte regulieren kann. Wenn Ihre Kinder ständig die Beobachtung machen, dass Sie die Kontrolle verlieren, werden sie denken, dass dies die normale Reaktion auf Emotionen ist. Dann haben Sie für den Rest Ihres Lebens ein hochdramatisches Kind, bei dem die Emotionen regelmäßig überkochen. Natürlich spielt dabei auch das Temperament des Kindes eine Rolle, aber wenn Ihr Kind mit starken Gefühlen reagiert, dann ist das nur ein Grund mehr, sich in Affektregulierung zu üben – zum beiderseitigen Wohl.

Ein Kleinkind verlässt sich für die Affektregulierung ganz und gar auf seine Bezugsperson. Sie ist es, die Weinen, Hunger, Schmerzen, aber auch Freude und Zufriedenheit auslöst, lindert oder verlängert. Als Baby bzw. Kleinkind können Sie diese Emotionen nicht kontrollieren. Sehr kleine Kinder brauchen Hilfe bei der Regulierung von Angst, Wut und Stress, zum Beispiel wenn sie nicht bekommen, was sie wollen. Oder wenn Menschen bzw. Dinge plötzlich weg sind, und sie dann glauben, dass sie für immer verschwunden sind. Sie müssen dem Kind beibringen, dass Menschen und Dinge am Ende ja wieder auftauchen.

Auch ältere Kinder ahmen Sie nach, was die Gefühlsbewältigung angeht. Manchmal rebellieren sie aber auch gegen Ihre Methoden. Dann wird Kontrolle durch dramatischen Ausdruck ersetzt. Auch hier sollten Sie auf das Temperament Ihres Kindes achten. Seine Affektregulierung oder Nichtregulierung ist nicht allein Ihre Sache. Aber vergessen Sie dabei eines nicht: Fast alle Eltern wünschen sich in der Rückschau, das eine oder andere anders gemacht zu haben. Tatsache ist: Jeder Mensch hat seine speziellen Probleme, die keineswegs alle gelöst sind und die er deshalb an seine Kinder weitergibt.

Regulieren heißt nicht verdrängen oder aufdrängen

Wenn Kinder heranwachsen, lernen sie, welche Emotionen (wie zum Beispiel Lachen oder Teilen) sie glücklich machen und wie sie diese steigern oder verlängern können. Sie lernen auch, Gefühle abzuschwächen, die sie nicht mögen. Stellen Sie sicher, dass Sie diese emotionalen »Klangfarben« Ihres Kindes nicht auslöschen.

Ich habe zwar gesagt, dass Hochsensible ihre Emotionen intensiver erleben, doch manche lernen schon in der Kindheit, ihre starken Gefühle zu verbergen. Dies gilt vor allem für Männer in einer Kultur, die Männern keine starken Gefühle zugesteht. Aber es gibt auch Familien bzw. Kulturen, in denen starke Gefühle oder bestimmte Gefühle generell tabu sind.

Überlegen Sie mal kurz: In Ihrer Familie wurden wie in fast allen Familien bestimmte Gefühle bestärkt, andere nicht. In manchen Familien gilt Ärger als angemessenes Gefühl, Trauer nicht. In anderen wird Angst akzeptiert, aber keine Freude. Und so weiter. Spüren Sie nach, welche Emotionen in Ihrer Familie toleriert wurden. Möglicherweise können Sie gar nicht anders, als diese Gefühle nicht zu spüren. In diesem Fall sollten Sie sich klar machen: Emotionale Regulierung kann auch heißen, uns solcher eher tabuisierten Emotionen gewahr zu werden.

Zugang zu allen Emotionen zu finden, wenn die Situation es erfordert, ist vermutlich das, was sich jeder Mensch wünscht. Emotionen sind Signale, die uns zeigen, was wirklich in uns und um uns herum vorgeht. Sie zeigen uns unmissverständlich, was wir brauchen und wünschen. Manchmal lehren sie uns auch, was *andere* brauchen und wünschen, vor allem wenn wir uns in *deren* Lage versetzen. Wenn wir diese emotionalen Signale unterdrücken, fehlt es uns nicht nur an wichtigen Informationen. Verdrängte Gefühle schlagen sich häufig in chronischen Krankheiten nieder.

Andererseits tun uns auch emotionaler Stress und Kontrollverlust aus den verschiedensten Gründen nicht gut. Es gibt Zeiten, in denen wir eine intensive emotionale Reaktion einfach nicht brauchen können. Wir müssen also die richtige Balance finden zwischen dem Sichöffnen für die eigenen Gefühle und ihrem kontrollierten Ausdruck.

Die meisten von uns machen da entweder das eine oder das andere. Hier ein Gleichgewicht herzustellen kann sich als Herausforderung erweisen. Aber sobald Sie wissen, was Sie empfinden, ist es in Ordnung, selbst zu bestimmen, wo, wie und wie lange Sie sich mit diesen Gefühlen auseinandersetzen. Manchmal wollen wir auch unsere Gefühle verändern, um besser arbeiten zu können oder ein bestimmtes Ziel zu erreichen. (Beispiel: Können Sie ruhig bleiben, dann hilft Ihnen das, Ihr Kind für die Schule fertig zu machen.)

Manchmal wollen wir die Affektregulierung zur Gewohnheit machen, um uns als die Person zu zeigen, die wir gern sein möchten. Wollen wir ruhig, witzig, mitfühlend, optimistisch, freundlich, höflich oder einfach nur offen wirken, versuchen wir, unsere emotionalen Reaktionen entsprechend zu regulieren. Wir wollen authentisch sein, aber auf der Grundlage unseres Wertesystems. Vermutlich versuchen gerade Hochsensible, ihre emotionalen Reaktionen zu bändigen, und sind auch gut darin. Dann sagen Ihnen die Leute nicht nur, wie sensibel Sie sind. Sie bekommen auch Dinge zu hören wie: »Du bist immer *so* ruhig.« Oder: »Du bist so witzig!« Und: »Du bist so ein mitfühlender Mensch.« Vielleicht waren Sie immer schon so. Andererseits könnte es auch sein, dass Sie Ihre Gefühlswelt erfolgreich in die gewünschte Richtung gebürstet haben.

Was besonders Hochsensiblen hilft

Ein Team von Psychologen erforschte, wie Hochsensible mit negativen Gefühlen umgehen. Als Erstes stellte sich, in Übereinstimmung mit anderen Studien, heraus, dass Hochsensible sich ihrer negativen Emotionen wie Niedergeschlagenheit, Angst und Stress tatsächlich stärker bewusst sind, sie möglicherweise auch häufiger erleben als andere Menschen.[39] Leider wurden positive Gefühle nicht untersucht. Dieser Seite im Gefühlsleben von Hochsensiblen wurde leider keine Beachtung geschenkt.

Außerdem fand man heraus, dass Hochsensible von bestimmten Strategien, die jedermann zur Verfügung hat, um negative Emotionen zu regulieren (mit anderen darüber reden, sich ablenken und so weiter), weniger Gebrauch machen als andere Menschen. Wenn Sie also lernen wollen, Ihre Emotionen besser zu regulieren, möchte ich Ihnen fünf Vorgehensweisen ans Herz legen:

1. Akzeptieren Sie Ihre Gefühle.
2. Schämen Sie sich nicht für Ihre Gefühle.
3. Glauben Sie fest daran, dass Sie damit genauso zurechtkommen können wie andere Menschen.
4. Vertrauen Sie darauf, dass Ihre negativen Gefühle nicht ewig andauern werden.
5. Es gibt immer Hoffnung: Sie werden lernen, mit Ihren negativen Gefühlen umzugehen.

Und wie können Sie diese Punkte nun in Ihrem Elterndasein verwirklichen? Können Sie akzeptieren, dass Sie manchmal die Nase voll haben, ohne sich dessen zu schämen? Können Sie darauf vertrauen, dass es anderen Eltern vor Ihnen durchaus ähnlich erging und Sie es schaffen werden, weil auch andere es geschafft haben? Können Sie glauben, dass Sie kein schrecklicher Mensch sind? Ist Ihnen klar, dass alles stets im Wandel ist und auch negative Gefühle nicht ewig andauern? In dieser Hinsicht haben mich immer ein paar Zeilen aus einem Gedicht von Rainer Maria Rilke besonders berührt: »Lass Dir alles geschehen: Schönheit und Schrecken. Man muss nur gehen: Kein Gefühl ist das fernste.«[40] Was heißt: Kein Gefühl hat je das letzte Wort. Glauben Sie, Sie können an Ihren Gefühlen etwas ändern? Vielleicht sich helfen lassen? Gehen Sie die fünf genannten Punkte noch einmal durch. Wo sehen Sie Ihre größte Schwäche? Sie stehen damit keineswegs allein da: Diese fünf Punkte sind für Hochsensible sehr schwierig.

Lenken Sie sich ab

Was können Sie noch tun, außer an Ihren Schwächen bei der Affektregulierung zu arbeiten? Gibt es etwas, das im Moment hilft? Wissenschaftler gehen davon aus, dass Ablenkung eine der effektivsten Methoden zur Affektregulation ist. Das ist mitunter nicht ganz einfach, wenn Ihr Kind die Quelle Ihrer intensiven Emotionen ist und Sie es weiter beaufsichtigen müssen. Aber vielleicht können Sie Ihren Geist kurzzeitig auf etwas anderes richten. In Aggressionsbewältigungsprogrammen konzentriert man sich darauf, langsam bis zehn zu zählen, bevor man explodiert und die Sicherungen durchbrennen. Das Zählen bis zehn ist eine Ablenkung. Außerdem beruhigt es.

Sich abzulenken bedeutet nicht, dass Sie Ihre Emotionen verdrängen müssen. Sie verschieben nur Ihre unmittelbare Reaktion oder mildern sie ein bisschen. Sorgen Sie dafür, dass Sie immer ein aufheiterndes Buch zur Hand haben. Lesen Sie darin, während Sie ein Auge auf Ihr Kind haben. Oder gucken Sie kurz lustige Videos am Computer. Hören Sie sich einen Podcast an, der Sie ablenkt, oder was immer Ihnen Spaß macht. Wechseln Sie die Umgebung, wenn das möglich ist. Häufig verändern sich damit auch die Emotionen. Gehen Sie mit dem Kind raus ins Grüne. Machen Sie sich schon vorher eine Liste (im Geist oder auf Papier), sodass Sie nicht erst überlegen müssen, wie Sie sich ablenken, wenn Sie kurz davor sind, in die Luft zu gehen.

Jetzt ist nicht die Zeit, um als aufmerksame Mutter (oder Vater) zu glänzen. Wenn Ihr Kind Sie nervt, schalten Sie den Fernseher ein und erlauben Sie ihm, eine Sendung zu gucken, die es mag. Es geht hier nur darum, Ihr Kind so lange abzulenken, bis Sie sich wieder beruhigt haben. Dann fällt es Ihnen leichter, sich zu überlegen, was Sie selbst im Moment brauchen. Sollte tatsächlich der eher unwahrscheinliche Fall eintreten, dass Sie so außer Kontrolle geraten, dass es Ihrem Kind möglicherweise schaden könnte, verlassen Sie für einige Minuten den Raum. Lassen Sie sich nicht stören, wenn das Kind gegen die Tür hämmert. Sagen Sie nur: »Ich bin in ein paar Minuten wieder da.« Solange es hämmert, stellt es wenigstens nichts an.

Lassen Sie sich helfen

Wenn Ihre Emotionen sich so aufschaukeln, dass Sie das als unangenehm empfinden, rufen Sie einen Freund oder ein Familienmitglied an. Einfach zur Ablenkung. Sie müssen ja nicht über Ihre Gefühle sprechen, außer Sie können sich auf diese Person wirklich verlassen. Vielleicht entscheiden Sie sich für einen Menschen, dem Sie Ihrerseits schon geholfen haben. Mit wem Sie auch immer telefonieren: Sie werden merken, dass sich dadurch etwas in Ihnen verändert.

Tatsächlich lässt sich die sogenannte »emotionale Ansteckung« wunderbar als Hilfsmittel zur Affektregulierung einsetzen. Wenn jemand in unserem Umfeld lacht, selbst wenn es nur im Fernsehen ist, lachen wir gewöhnlich mit. Wenn sich jemand in hellem Aufruhr befindet, kann sich die Ruhe eines anderen auf ihn übertragen. Sie wissen ja, wie das ist, haben Sie doch dasselbe schon für Ihre Freunde getan: »Ich würde mir da keine großen Sorgen machen. Auf Dauer wird es ihm gut gehen. Hört sich an, als würde sich das Ganze bald von selbst regeln.«

Natürlich kann der Schuss auch nach hinten losgehen, dann nämlich, wenn Sie sich von fremden Emotionen, die Sie im Moment eigentlich nicht brauchen können, »anstecken« lassen. Oder wenn die Reaktion der anderen Person Sie noch zusätzlich belastet, weil Sie sich beschämt, wütend oder unverstanden fühlen. Den Emotionen anderer Widerstand entgegenzusetzen ist eine weitere Form der Affektregulierung, die vor allem für Hochsensible wichtig ist. Wir sind soziale Tiere, daher übernehmen wir schnell die Gefühle anderer. Manche Tiere machten den Menschen zu ihrer Beute (zum Beispiel der Säbelzahntiger), manche Tiere hingegen machte der Mensch zu seiner Beute. In der Rolle des Beutetiers war es für uns wichtig, schnell auf Wut oder Angst reagieren zu können. Wir Hochsensiblen können das besonders gut. Manchmal aber wollen wir dem Herdentrieb nicht folgen. Da wir von Natur aus Situationen tief gehend reflektieren, können wir Emotionen, die sich für uns nicht richtig anfühlen oder die uns nichts nützen, auch besser widerstehen als andere. Sie sind nicht einfach nur ein emotionaler Schwamm, der alles aufsaugt.

Ruhe, Ruhe, Ruhe

Unsere Emotionen entstehen im Körper. Wir können sie daher verändern, indem wir auf unseren Körper einwirken. Daher lege ich Ihnen einmal mehr ans Herz: Ruhen Sie sich aus, *ganz egal, was passiert.* Und diese Ruhemomente sollten so effizient wie möglich gestaltet werden. Schon ein kleiner Augenblick der Entspannung schenkt tiefe Ruhe, wie ich selbst gelernt habe, als mein Sohn noch klein war:

Als mein Sohn ungefähr ein Jahr alt war, war er am frühen Abend immer ausgesprochen quengelig. Gerade dann war ich immer unglaublich müde und musste auch noch das Abendessen machen. Wir lebten in Paris, direkt über einer reichen Familie. Als diese sich darüber beschwerte, dass unser Sohn dauernd schrie, mussten wir etwas tun. Wir erinnerten uns an den Rat von Freunden, die uns eine einfache Meditation nahegelegt hatten, um diesen verhängnisvollen Zyklus zu stoppen. Und so meditierten mein Mann und ich abwechselnd morgens und abends. In nur ein oder zwei Tagen veränderte sich das Verhalten unseres Sohnes vollständig. Und das lag sicher daran, dass nicht nur mein Geist, sondern auch mein Körper ruhiger war.

Auch kurze Nickerchen helfen. Ich habe einen Freund, der mir erzählte, er habe sich kürzlich richtig miesepetrig gefühlt, dann aber eine halbe Stunde ein Schläfchen gemacht und sei guter Dinge wieder aufgewacht! Ruhe ist das Fundament jeder Aktivität. Alles, was wir denken oder tun, wird von unserem Bewusstsein bestimmt, ob dieses nun trübe und muffig ist oder vollständig wach und strahlend. Diese Bewusstseinszustände wandeln sich, je nachdem, wie wir unseren Körper behandeln.

Das ABC der Emotionen und wie wir mit ihnen umgehen können

Vermutlich fallen Ihnen beim Stichwort »Emotionen« unzählige Gefühlszustände der unterschiedlichsten Art ein. Wir aber wollen uns hier auf die grundlegenden konzentrieren: Angst, Trauer und Wut. Im nächsten Kapitel beschäftigen wir uns dann mit den schwierigen sozialen Gefühlen wie Schüchternheit, Schuldgefühle und Scham.

Besorgnis, innere Unruhe, Angst

Angst ist ein wichtiges Gefühl, denn es bewahrt uns vor Gefahren. Aber es bringt unseren Körper auf Hochtouren, damit er kämpfen, fliehen oder erstarren kann. Gleichzeitig werden sämtliche Entspannungsmechanismen und Instandhaltungsmaßnahmen wie Schlaf und Verdauung abgeschaltet. Zu viel Angst reibt einen auf. Daher müssen alle Formen der Angst reguliert werden.

Alle Eltern machen sich Sorgen

Ja, und HS-Eltern vermutlich noch mehr. Wir richten unseren Blick weiter in die Zukunft als andere, was häufig ja von Vorteil ist. Wir sind meist gut vorbereitet auf das, was sich dann tatsächlich einstellt. Unsere Neigung, uns im Vorfeld Sorgen zu machen, verhindert später im Alltag so manchen Ärger. Sie sorgen sich, dass Ihr Kind die Hausaufgaben zu Hause vergessen könnte oder dass Ihr Jungkicker das Fußballtraining vergisst. Aus diesem Grund achten Sie auf Gedächtnisstützen. Wir gehören so gut wie nie zu den Leuten, die Termine vergessen. Aber selbst nützliche Sorgen wie diese kosten uns viel Energie.

Manchmal machen wir uns auch Sorgen über Kleinigkeiten, weil wir unangenehme Überraschungen einfach nicht schätzen: jemandes Namen zu vergessen oder die wichtigsten Sachen wie Windeln, Schlüssel, Wasser oder das Lieblingsspielzeug nicht dabeizuhaben. Wenn wir öfter mal was vergessen oder verlieren, legen wir gewöhnlich fast zwanghafte Züge an den Tag. Wir kontrollieren immer wieder, ob wir auch ja alles haben.

Und wir machen uns häufig Sorgen, wie wir bei anderen ankommen: ob sie uns für gute Eltern halten oder ob die Schwiegereltern sich diesmal einigermaßen benehmen werden. Wenn solche Sorgen Alltag werden, sind seelische Verschleißerscheinungen die Folge. Sorgen sind nie lustig, auch wenn sie uns einiges an Ärger ersparen können.

Innere Unruhe

Manchmal wird unsere Sorgsucht so stark, dass sie den Körper in Mitleidenschaft zieht. In diesem Fall sprechen wir von innerer oder nervöser Unruhe. In meiner Umfrage gab es in dieser Hinsicht keinen Unterschied zwischen hochsensiblen und nicht hochsensiblen Eltern. Tatsächlich haben Eltern auch allen Grund zur Unruhe, schließlich lieben wir unsere Kinder. Gerade vor diesem Hintergrund aber hat diese Unruhe auch etwas Positives: Da wir immer das Schlimmste befürchten, können wir viele Probleme schon im Vorfeld umgehen.

Wird die innere Unruhe aber zu stark, ist Ihr gesamter Alltag von Anspannung geprägt. Sie kennen das Gefühl – ein Grummeln in der Magengrube, ein pochendes Herz und dazu das rasende Gedankenkarussell. Vielleicht zittern oder schwitzen Sie mehr als sonst. Und an Schlaf ist gar nicht zu denken.

Was können Sie da tun? Zuerst einmal treten Sie einen großen Schritt zurück und betrachten Sie das Ganze aus einem übergeordneten Blickwinkel. Wie schlimm wäre es denn, wenn Sie mit Ihren Ängsten richtig lägen? Wäre es noch wichtig in einer Woche? Einem Monat? Einem Jahr? Geht es um lebenswichtige Dinge oder um eine simple Unannehmlichkeit? Machen Sie sich Sorgen, dass Sie einen Fehler begangen haben? Ängste in Bezug auf unsere Fähigkeiten als Eltern sind für alle Väter und Mütter das tägliche Brot. Wir machen nun mal alle Fehler. Wie wäre es denn, wenn Sie für den heutigen Tag einfach mal drei Fehler einrechnen? Fehler sind unvermeidlich. Und wenn Sie heute dann nur zwei Fehler gemacht haben, dann war das ein guter Tag.

Der nächste Schritt ist, sich über die eigenen Sorgen und Ängste keine Sorgen zu machen. Forschungsarbeiten haben ergeben, dass Sie umso mehr innere Unruhe empfinden, je mehr Angst Sie vor Ihren Ängsten entwickeln.[41] Das funktioniert wie eine Rückkopplungsschleife. Also entspannen Sie sich. Lassen Sie sich nicht von anderen Menschen irremachen, die Ihre Ängste anormal finden. Wer als Erstes danach Ausschau hält, wo der Notausgang ist, gilt gewöhnlich als »überängstlich« – bis ein Feuer ausbricht. Dann bezeichnet man diese Leute als Helden.

Drittens sollten Sie sich merken, dass innere Unruhe auch aus Reizüberflutung entstehen kann. Wenn dies der Fall ist, versuchen Sie, Reize möglichst zu reduzieren. Und wenn Sie Panik bekommen, während Sie mit Ihrem Kind zusammen sind oder eben nicht, dann überlegen Sie, ob Sie vielleicht zu vielen Reizen ausgesetzt waren. Meiner Erfahrung nach können Hochsensible mit Panikanfällen und der lähmenden Angst, sie in der Öffentlichkeit zu erleiden, umgehen, indem sie sie als Sonderfall der Reizüberflutung betrachten. Da ein Zuviel an Reizen und Ermüdung meist Hand in Hand gehen, nehmen Sie sich Zeit für sich selbst, und beobachten Sie, ob Ihre Angst dadurch vergeht.

Gerade bei frisch gebackenen Eltern ist es normal, wenn sie sich zu viele Sorgen machen und daraus eine dauerhafte innere Unruhe entsteht. Sie sind ständig mit neuen Situationen konfrontiert, sodass Ermüdung, Stress und Ungewissheit überhandnehmen. Da Sie alles kontrollieren wollen, entwickeln Sie vielleicht sogar zwanghafte Züge. Das kann bis zu einer echten Zwangsstörung gehen, aber dazu muss man wissen, dass dies bei drei bis elf Prozent frisch gebackener Mütter der Fall ist – je nachdem, wie man die Zwangsstörung definiert. (Ohnehin kommen Zwangsstörungen bei drei Prozent der Bevölkerung vor.) Haben Sie als Mutter auch noch mit Depressionen zu kämpfen, liegt die Wahrscheinlichkeit, dass Sie eine zwanghafte Symptomatik entwickeln, bei siebzig Prozent. (Die meisten dieser Studien beschäftigen sich nur mit Müttern. Also verzeihen Sie mir bitte, liebe Väter, wenn ich Sie hier außen vor lasse.)

Was sind nun Zwangsstörungen? Man unterscheidet zwischen Zwangsgedanken (Obsession) und Zwangshandlungen (Stereotypien). Zwangsgedanken sind alle störenden Gedanken, Bilder oder Impulse, zum Beispiel wenn Sie sich häufig vorstellen, dass Ihr Kind in einem ungeheizten Raum leidet, krank wird und stirbt, oder wenn Sie immer wieder befürchten, es könnte überfahren werden. Zwangshandlungen sind Verhaltensweisen, die zwanghaft wiederholt werden müssen, zum Beispiel wenn Sie ständig die Raumtemperatur im Kinderzimmer prüfen. Sind Sie nun einfach ein bisschen zwanghaft oder haben Sie eine Störung, die behandelt werden müsste? Das hängt ganz davon ab, ob Ihre Zwangsgedanken und -handlungen ein Dauerzustand sind, ob sie Tag für Tag auftreten, und ob Sie diese Probleme auch schon hatten, bevor Sie ein Kind bekommen haben. Wenn Sie Probleme mit einer Zwangsstörung haben, lassen Sie sich helfen. Psychologische Beratung ist für jedermann verfügbar. Sie müssen nicht ohne Unterstützung vor sich hin leiden.

Wenn Sie als frisch gebackene Mutter unter Stress und Depressionen leiden, kann Ihre Zwangsstörung auch darin bestehen, dass Sie sich vorstellen, Ihr Kind zu verletzen.[42] Ganz recht – das ist *nicht* ungewöhnlich. Eine Studie aus Kanada zeigte, dass fast die Hälfte der befragten Mütter solche Gedanken hegten. Ungewöhnlich wäre nur, das auch zu tun. Überlegen Sie mal: Sie wissen, dass Sie das nie tun würden. In Ihren Gedanken drückt sich nur ein bestimmtes Gefühl aus, nimmt Worte oder Bilder an, die in all ihrer Drastik der Intensität Ihres Gefühls nahekommen. Haben Sie das Gefühl, dass Sie Ihr Kind tatsächlich gefährden könnten, oder leiden Sie unter Ihren Zwangsgedanken, dann suchen Sie sich professionelle Hilfe bei einem Psychotherapeuten, der sich auf die Arbeit mit gestressten Eltern spezialisiert hat.

Angst

Natürlich ist die Unterscheidung von Besorgtheit, innerer Unruhe und Angst ein bisschen willkürlich. Nennen wir Angst einmal das Gefühl, das zeitlich klar begrenzt ist und von eindeutigen körperlichen Symptomen begleitet wird wie Herzklopfen, feuchten Händen, einem nervösen Magen und allgemeiner Schreckhaftigkeit. Sie können Angst vor etwas haben, das noch nicht passiert ist.

Oder Sie fürchten sich vor etwas, das schon einmal passiert ist und *wieder* eintreten könnte. Erstaunlicherweise sind uns die meisten Dinge, vor denen wir uns fürchten, schon einmal passiert. HS-Eltern fürchten sich häufig nicht nur vor einer tatsächlichen Bedrohung, sondern vor dieser unvermittelten, schrecklichen Emotion, die wir in der Vergangenheit erlebt haben und nicht noch einmal spüren wollen.

Angst hat durchaus ihren Sinn, da sie uns hilft, Bedrohungen aus dem Weg zu gehen. Aber allzu oft ist gar keine Bedrohung vorhanden. Oder die Wahrscheinlichkeit, dass unsere Ängste sich bewahrheiten, ist verschwindend gering. Möglicherweise wissen wir das sogar, dennoch haben wir Angst.

Angst sollten wir im Zaum halten. Einerseits ist sie für uns schwer auszuhalten, und andererseits leidet unser Kind unter Ängsten, wenn es das Gefühl bekommt, wir hätten die Dinge nicht im Griff.

Wie aber können Sie mit Angst, überbordender Unruhe und ständiger Besorgnis umgehen? Für HS-Eltern ist es meiner Ansicht nach besonders wichtig, sich im Voraus zu überlegen, wie sie reagieren würden, wenn ihre schlimmste Angst sich erfüllt: die, das eigene Kind zu verlieren. Das ist wohl der schlimmste Verlust, den ein Mensch erleiden kann. Und sicher werden Ihnen manche Leute sagen, Sie sollten an so etwas gar nicht erst denken. Aber da Hochsensible genau das Nichtvorstellen eben nicht können, ist es vielleicht besser, sich damit zumindest in der Vorstellung auseinanderzusetzen.

Hier ein Beispiel aus meinem Leben:

Als mein Sohn zur Welt kam, merkte ich, dass ich ihn jeden Tag aufs Neue genoss und mir ausdrücklich keine Gedanken über seine Zukunft machen wollte, so als würde ich mich darauf vorbereiten, dass ich ihn eines Tages verlieren könnte. Als er dann älter war, haben wir natürlich für seine Zukunft Pläne geschmiedet, aber irgendwo im Hinterkopf war ich immer darauf vorbereitet, dass er vielleicht eines Tages nicht mehr da sein würde.

Wie denken Sie über Verlust und Tod? Sind Sie ein spiritueller Mensch? Das trifft auf viele Hochsensible zu. Wie kann Ihre Spiritualität Ihnen helfen? Wenn Sie sich über diese Dinge ständig Sorgen machen, ist das für Sie und für Ihr Kind kräftezehrend.

Manchmal hilft es auch, im Internet zu recherchieren und herauszufinden, wie hoch die Wahrscheinlichkeit ist, dass ein Ereignis, das Sie besonders fürchten, überhaupt eintrifft. Häufig liegen diese Zahlen nämlich ausgesprochen niedrig. Gibt es jedoch einfache Mittel und Wege, sich zu schützen, dann sollten Sie das tun.

Allerdings sollten Sie den Aufwand für Ihre Bemühungen gegen die Möglichkeit abwägen, dass das Gefürchtete überhaupt eintritt. Andererseits sollten Sie Ängste, die Sie als Hochsensibler vermutlich haben, auch nicht unterdrücken. Machen Sie sich einfach nur kundig. Wenn das Ihre Anspannung noch erhöht, lassen Sie andere für Sie recherchieren: Wie häufig sind Fälle von plötzlichem Kindstod? Wie viele Kinder werden tatsächlich von Fremden entführt? (In den USA sind das etwa einhundert Kinder von ungefähr vierundsiebzig Millionen Kindern insgesamt.)[43]

Wenn Sorgen, Unruhe und Angst Ihr Leben belasten, müssen Sie aktiv werden. Natürlich lässt sich all das mit Medikamenten behandeln, im Grunde aber geht es hier um ein psychisches Problem. (Mitunter entstehen solche Ängste aber auch aus körperlichen Ursachen, zum Beispiel aufgrund von Müdigkeit oder durch Einnahme bestimmter Medikamente.) Ist Ihre Reaktion besonders stark, ist Ihnen innere Unruhe vermutlich schon aus Kindertagen bekannt. Jetzt, da Sie die Elternrolle innehaben, haben Sie viel mehr Anlässe, sich Sorgen zu machen. Aber auch hier lässt sich etwas tun. Es gibt eine ganze Reihe Ressourcen, die Sie nutzen können: gute Therapeuten, qualitativ hochwertige Webseiten und gute Bücher.

Ich persönlich schätze Paul Foxman's Buch *Dancing with fear* besonders.[44] Er empfiehlt darin ein Programm, das abgekürzt CHAANGE heißt. Konzipiert wurde es von zwei Menschen, die selbst unter Angstzuständen leiden: Ann Seagrave und Faison Covington. Es handelt sich dabei um ein gut strukturiertes Programm, das die Angst von verschiedenen Punkten aus angeht: Zunächst empfiehlt Foxman die regelmäßige Praxis einer Entspannungsübung, zum Beispiel Meditation. Des Weiteren geht es um die Kontrolle des Blutzuckerspiegels, vor allem wenn dieser stark schwankt. Sie müssen also auf Ihre Ernährung achten, denn ein zu hoher oder zu niedriger Blutzuckerspiegel kann Ängste verursachen.

Auch der nächste Punkt ist Ihnen vermutlich nicht neu, denn Foxman bittet seine Leser, auf ihre Atmung zu achten. Das Atmen ist ein natürlicher Vorgang, und meistens atmen wir ganz wunderbar. Wenn Sie Angst bekommen, atmen Sie aber deutlich flacher als üblich. Atmen Sie dann bewusst ein paarmal tief ein und aus. Das scheint dem Gehirn zu signalisieren, dass alles in Ordnung ist, eben weil Sie tief atmen. Atmen Sie durch die Nase ein und durch den Mund aus, als müssten Sie einen Ballon aufblasen. Der nächste Atemzug wird dann automatisch tiefer.

Mich aber hat Foxmans Kapitel über Angst und Spiritualität am stärksten angesprochen. Darin zeigt er, dass wir zwei Möglichkeiten haben: Entweder empfinden wir das Universum als chaotisch und vom Zufall gesteuert, dann werden wir versuchen, alles unter Kontrolle zu bringen, was wir nur können. Oder wir glauben, dass das Universum gewissen Gesetzen folgt und gut zu uns ist, wenn wir diese Gesetze beachten. Diese Gesetze können für Gott stehen oder von Gott kommen. Da niemand genau weiß, ob das Universum nun eine Ordnung hat oder nicht, können Sie vielleicht versuchen, der Heiligen Quelle zu vertrauen, dem Ursprung von allem. Diese können Sie um alles bitten, was Sie brauchen – das tut ja schließlich nicht weh. Oder Sie stellen sich vor, bereits alles zu haben, was nötig ist. Werfen Sie einen Blick zurück in Ihre Vergangenheit: Hat sich, was damals so schrecklich schien, nicht zum Besten gewendet? Das geschieht vergleichsweise oft. Letztlich schlägt Foxman vor, dass Sie sich, wenn Ihre Ängste sich melden, in diese Richtung wenden. Und nicht einfach verdrängen, dass Sie Angst haben.

Unzufriedenheit und Depression

Unzufriedenheit ist ein anderes Problem, das bei Eltern recht weit verbreitet ist. Man erinnert sich eben gerne an das »gute Leben«, das man vor den Kindern hatte, und fragt sich unwillkürlich, wann Chaos, Schlafmangel, frühes Aufstehen und der ewige Mangel an Zeit für alles, das nicht mit den Kindern zu tun hat, endlich aufhören? Für HS-Eltern ist das größere Problem aber meist, dass sie ein schlechtes Gewissen haben, wenn sie solche Gefühle haben. Hochsensible sind so sehr daran gewöhnt, dass sie anders sind als andere, dass sie denken, auch diese Reaktion sei nicht normal. Hier ist eine Selbsthilfegruppe für Eltern eine gute Möglichkeit. Sobald Sie den Mut aufbringen, Ihre Gefühle laut auszusprechen, werden Sie feststellen, dass Sie damit nicht allein sind.

Eine ausgewachsene Depression allerdings ist besorgniserregender. Depressionen während der Schwangerschaft und in den ersten drei Monaten nach der Geburt sind bei Müttern nicht selten. Laut Statistik leiden ungefähr fünfzehn Prozent aller Mütter in dieser Wochenbettzeit unter einer echten Depression, die restlichen fünfundachtzig Prozent haben eine mildere Form mit einigen, aber nicht allen Symptomen.[45] Unsere Umfrage zeigt, dass die postnatale Depression bei HS-Müttern nicht häufiger auftritt als bei anderen Müttern. Das liegt vor allem daran, dass sie schlicht hormonell bedingt ist.

Und wie geht es den Vätern damit? Ungefähr zehn Prozent der Väter geben an, in den ersten drei bis sechs Monaten nach der Geburt unter depressiver Verstimmung zu leiden.[46] In diesem Zeitraum gibt es auch bei Vätern hormonelle Veränderungen, für die Depressionen sind aber eher die Veränderungen in ihrer Rolle verantwortlich.[47] (Sie müssen ihre Familie beschützen und mehr arbeiten, wobei sie gleichzeitig weniger Aufmerksamkeit und weniger sexuelles Interesse von ihrer Partnerin bekommen.) Studien mithilfe bildgebender Verfahren belegen, dass Väter ihrem Kind gegenüber genauso viel Einfühlungsvermögen zeigen wie Mütter.[48] Was heißt: Wenn Mutter und Kind unter Stress leiden, tut das auch der Vater.

Armut und Stress gehören zu den Faktoren, die eine solche Depression auch über die ersten drei Monate hinaus verlängern können – und zwar für beide Elternteile. Andererseits kommt es zu weniger Depressionen, wenn die Familie nach der Geburt Hilfe hat. Was einmal mehr beweist, dass Sie Unterstützung brauchen. Die zweite intensive Emotion in dieser Zeit, die Angst, spielt auch bei der Entstehung von Depressionen eine wichtige Rolle. In vielerlei Hinsicht sind Angst und Depression, biologisch betrachtet, zwei Seiten derselben Medaille: Bei den einen herrscht dieses Gefühl vor, bei den anderen jenes. Väter können unter Angst und Depressionen leiden, obwohl dies bei ihnen weniger häufig vorkommt als bei den Müttern.[49]

Für HS-Eltern gilt: Depressionen nach den ersten drei Monaten oder später während der Elternschaft treten vor allem dann auf, wenn sie Stress haben und nicht genug Schlaf bekommen. Hatten Sie dann auch noch eine schwere Kindheit, so sorgt die »differenzielle Anfälligkeit«, die ich in Kapitel 2 erwähnt habe und die allen Hochsensiblen gemein ist, dafür, dass Sie jetzt eher Depressionen entwickeln als andere. (So wie eine positive Kindheit Sie weniger anfällig machen würde.) Interessanterweise geben HS-Eltern, die bei unserer Umfrage den Punkt »Meine Kindheit war schwierig« bejahten, nicht häufiger als andere Eltern an, dass sie die Elternschaft als schwierig erleben (also mit Depressionen oder Bedauern auf das Kind reagieren).

Was aber können Sie tun, wenn Sie häufiger depressiv sind? Zuerst sollten Sie sich das einfach klarmachen. Das ist keine Niederlage. Es heißt auch nicht, dass Sie als Elternteil versagen. Diese Gedanken entstehen ebenfalls aus der Depression. Also suchen Sie sich Unterstützung! Wenn Sie länger als zwei Wochen an den meisten Tagen und jeden Tag lange Zeit deprimiert sind, sollten Sie (oder Ihr Partner für Sie) den Selbsttest Depression machen, den Sie im Internet finden: https://www.deutsche-depressionshilfe.de/depression-infos-und-hilfe/selbsttest-offline. Wenn dabei herauskommt, dass Sie keine Depression haben, heißt das nicht, dass Sie nicht unter depressiven Verstimmungen leiden können. Und das ist nicht nur für Sie ein Problem, sondern auch für Ihr Umfeld. Dauern diese Gefühle der Niedergeschlagenheit an, haken Sie bei Ihrer Krankenkasse nach: Man wird Ihnen gerne die Telefonnummern und Adressen möglicher Therapeuten vermitteln. Außerdem gibt es viele Selbsthilfegruppen für depressive Patienten, denn Depressionen sind ein weitverbreitetes Problem.

Wenn Sie sich für eine Therapie entscheiden, suchen Sie sich einen Psychologen, der mit Depressionen von Müttern und ihrer Situation nach der Geburt Erfahrung hat. Ob Sie Antidepressiva einnehmen sollten, während Sie stillen, hängt von der Schwere der Depression ab. Viele Kinderärzte sind strikt dagegen. Doch ihr Patient ist das Kind, daher machen sie sich eher wenig Gedanken darüber, wie es der Mutter geht. Psychologen hingegen befürworten eine Einnahme, da sie die Mutter als ihre Patientin betrachten und die Auswirkungen ihrer Depressionen auf das Kind fürchten. Auch hier können Sie und Ihr Partner Recherchen anstellen. Aber wenn Ihre Depression in Ihnen Selbstmordgedanken hervorruft, dann liegt die Entscheidung klar auf der Hand: Die Person, die Hilfe braucht, sind zuallererst Sie.

Frustration, Reizbarkeit und Wut

HS-Eltern werden meiner Ansicht nach öfter reizbar als andere Eltern, was meist dann passiert, wenn zu viel auf sie einstürmt. Lärm, Unordnung und ständiges Fragen kann dann unerträglich werden. Dann stehen wir kurz davor, zu explodieren. Sind wir hingegen ausgeruht, kommen wir mit all diesen Reizen bestens klar.

Aber natürlich können Frustration und Reizbarkeit auch unserem Perfektionismus geschuldet sein. Wir verarbeiten alle Reize besonders intensiv, daher haben wir eine klare Vorstellung davon, wie die Dinge sein sollten. Wenn die Wirklichkeit unserem Bild von ihr nicht genügt, werden wir wütend auf uns selbst oder auf die Menschen, die der Perfektion unserer Ansicht nach im Weg stehen. Solche Gefühle treten beispielsweise dann auf, wenn Kinder ihre Spielsachen oder ihre Kleidung nicht aufräumen oder wenn sie nicht lernen, um gute Noten zu schreiben.

Hinzu kommt noch unsere Gewissenhaftigkeit. Selbst wenn wir nicht vollkommen sind, glauben wir gerne, dass andere Eltern ihre Sache besser machen als wir. Dass bei ihnen zu Hause alles ordentlich aufgeräumt ist und sie dreimal am Tag gesundes

Essen auf den Tisch bringen. HS-Eltern schaffen dies normalerweise nicht ohne Hilfe. Daher sind sie so frustriert, reizbar und wütend, von den Schuld- und Schamgefühlen mal ganz abgesehen.

Das Rezept gegen Frustration und Reizbarkeit ist: Akzeptieren Sie, dass weder Sie noch Ihr Kind in körperlicher und emotionaler Hinsicht vollkommen sind. Planen Sie Unordnung ein. Rechnen Sie damit, dass Sie für Ihre Kinder, Ihren Partner, Ihre Freunde oder andere Menschen nicht immer das Optimum leisten können, und dass das vermutlich an jedem einzelnen Tag so ist. Planen Sie ein, dass auch andere Sie einmal im Stich lassen. Ihre Kinder werden schockierend früh aus dem Haus sein. Dann können Sie auf Ordnung in Schränken und Schubladen hoffen, dann können Sie stets mitfühlend sein. Weil Sie keine verschimmelten Brotkrusten hinter dem Sofa finden werden. Für den Augenblick aber müssen Sie sich einfach auf die wichtigsten Punkte konzentrieren: Ganz oben steht Ihre Liebe zu Ihren Kindern. Das ist natürlich schwierig, wenn unterschiedliche Temperamente aufeinanderprallen. Vielleicht hört Ihr Sohn ja begeistert die neuesten Hits bei voller Lautstärke, auch wenn Sie das schrecklich finden. Vor allem, wenn Sie diese gewaltverherrlichenden Texte hören. Oder Ihre Tochter sieht gar nicht ein, warum sie ihr Zimmer aufräumen soll, wo doch nur sie darin wohnt. Und warum sie nicht genauso ungekämmt herumlaufen darf wie ihre Freundinnen. Sie hingegen betrachten ihr Zimmer als Brutstätte für Kakerlaken.

Hier die Erfahrungen einer HS-Mutter:

Meine Jungs sind beide hochsensibel, aber auf ganz unterschiedliche Art. Mein Ältester ist kontaktfreudig und trotzdem hochsensibel. Ich bin nicht nur ebenfalls hochsensibel, sondern

auch noch introvertiert. Wenn es nach mir ginge, würde ich den lieben langen Tag kein Wort sagen. Mein Neunjähriger ist genau das Gegenteil. Er redet pausenlos. Und obwohl ich versucht habe, ihm beizubringen, wie er mit seiner »Innenraum-Stimme« sprechen kann, muss ich ihn immer noch daran erinnern, wenigstens nicht so zu brüllen. Er liebt das hohe C und kann da gut und gerne mit Pavarotti mithalten!
Ich habe damit herumexperimentiert, dass ich selbst laut bin und viel rede. Das hilft ein bisschen, aber lange halte ich das nicht durch!
Da ich als Hochsensible meine Kinder liebe, möchte ich zuhören, wenn sie etwas sagen. Aber mit meinem Neunjährigen musste ich lernen, ihn auszublenden. Ich konzentriere mich eine Zeit lang ganz auf ihn, sehe ihm in die Augen und höre genau zu. Dann blende ich ihn wieder aus. Ich wende mich ihm wieder zu, wenn einzelne Worte mir signalisieren, dass ich jetzt zuhören sollte. Ansonsten aber blende ich seine Worte vollkommen aus.

Aber Ihre gereizte Reaktion auf Ihr Kind ist ja nur ein Punkt. Vielleicht frustriert Sie auch Ihre Elternrolle, und Sie haben das Gefühl, darin festzusitzen und mit unerträglichen Dingen fertigwerden zu müssen. Hier müssen Sie an sich arbeiten, bis Sie akzeptieren können, dass Kinder eigene Wesen sind. In einem Jahr können sie sich so sehr verändern, dass alles, was Ihnen jetzt auf die Nerven geht, schlicht inexistent geworden ist. Wenn Ihre Zehnjährige heute kein Abendessen akzeptiert, bei dem nicht Pizza, Makkaroniauflauf oder Chicken McNuggets auf den Tisch kommen, ist sie zwei Jahre später vielleicht ein echter Gourmet geworden. Aber im Augenblick müssen Sie sich eben mit der Pizza abfinden. Was können Sie in diesem Fall tun? Ausblenden ist eine Idee, wie die oben zitierte Mutter erzählt. Selbst lauter zu werden eine andere. Ihre Reizbarkeit legt sich vielleicht, wenn Sie an andere Forderungen stellen mit einer Stimme, die diese klar und deutlich vernehmen. Auf einer Skala von ein bis zehn neigen Hochsensible dazu, mit 1 anzufangen. Und dabei geht es nicht nur um die Lautstärke, sondern auch darum, wie klar, unverblümt und energisch Sie sich präsentieren. Normalsensible Menschen registrieren Ihren leisen Ton erst gar nicht. Daher müssen wir alle Stufen lernen und den Klangregler höher drehen, bis wir uns verständlich gemacht haben. Während wir in unseren Ohren schon recht laut und wütend klingen, hört sich das für andere oft ganz und gar nicht so an.

Andererseits meinen andere Menschen manchmal, dass wir zu viel Lärm um nichts veranstalten, selbst wenn wir uns klar ausdrücken. Ihrer Ansicht nach sollten wir uns über solche Kleinigkeiten nicht so aufregen. Aber es schadet ja nicht, zu überlegen, ob Sie oder andere etwas gegen jene Dinge tun können, die Sie aufregen. Kinder können lernen, ruhiger zu werden, wenn sie älter werden. Auch Partner können lernen, das Chaos zu reduzieren, indem sie ihre Klamotten selbst vom Boden aufsammeln und in den Schrank hängen.

Wut

Wut ist wie Angst eine Emotion, die schnelle Reaktionen hervorruft. Wenn Sie stillen, und Ihr Baby beißt Sie zum ersten Mal, ist ein lautes »Aua« vermutlich die beste Antwort. Psychologen nennen dies »One-Trial-Learning«, ein unmittelbares Lernen schon beim ersten Versuch. Doch mit kleinen Kindern müssen wir lernen, unseren Ärger unter Kontrolle zu behalten. Wir können unsere Kinder nicht lehren, ihre Wünsche ohne Wutausbrüche zu äußern, wenn wir selbst ständig in die Luft gehen. Bei einer meiner ersten Umfragen habe ich Hochsensible danach befragt, ob sie ihren Ärger im Zaum halten. Im Allgemeinen taten sie das nicht. Ich glaube manchmal, dass Hochsensible, die auch mal zornig werden können, besser dran sind. Sie können klare Grenzen setzen und anderen zeigen, was sie brauchen. Trotzdem habe ich den Verdacht, dass die erste Reaktion von Hochsensiblen bei Wut das *Nachdenken* ist. Wir reagieren schnell, aber wir drängen einer gründlichen Verarbeitung zu! Je mehr Zeit wir uns dafür lassen, desto besser ist unsere letztendliche Reaktion. Das ist insbesondere mit Teenagern der Fall, aber letztlich mit allen Kindern.

Vor allem sollten Sie nicht vergessen, dass Sie umso toleranter sein können, je weniger überstimuliert Sie sind. Tun Sie Ihr Möglichstes, um die Reizüberflutung auf einem niedrigen Niveau zu halten. Das ist auch für Ihre Kinder am besten. Wenn Sie so erschöpft sind, dass Sie Ihre Wut nicht mehr im Griff haben, holen Sie sich Unterstützung.

Eine andere HS-Mutter schildert, wie sie mit ihrem Ärger umgeht:

Es passierte letztes Wochenende, als jedes der Kinder einen Freund über Nacht dahatte. Meine Stieftochter rastete aus, als sie entdeckte, dass jemand ein Schimpfwort auf die Rückseite ihrer Hausaufgaben geschmiert hatte. Die anderen Kinder lachten, sie aber brüllte, was ihre Lunge hergab. Da war es dann so weit.
Ich spürte, wie sich bei mir ein Schalter umlegte. Ich war fertig mit den Nerven! Hallo, Vulkan! Den Tränen nahe zog ich mich (okay, eiligst) in mein Zimmer zurück, setzte die Ohrstöpsel ein und schaltete das Licht aus. Es war mir egal, dass mein Mann nun mit dem ganzen Zirkus fertig werden musste. Ich wusste einfach, dass ich in diesem Moment dazu nicht fähig war.

Ich empfehle auch immer die Bücher von Marshall B. Rosenberg über gewaltfreie Kommunikation.[50] Sehr kurz zusammengefasst geht es dabei um Folgendes: Jeder hat ein Recht auf die Erfüllung seiner Bedürfnisse. Bedürfnisse sind es, die uns lebendig bleiben lassen. Wut aber hat mit unerfüllten Bedürfnissen zu tun. Also fragen Sie sich, was Sie jetzt im Augenblick brauchen: Ruhe? Raum? Respekt? Etwas zu essen? Sicherheit? Im zweiten Schritt fragt man sich, welches Bedürfnis wohl dahintersteht, wenn der andere wütend wird. Wenn die Person das selbst nicht weiß, setzen Sie auf Ihr Einfühlungsvermögen und helfen ihr, es herauszufinden. Sowohl Kinder als auch Erwachsene werden normalerweise gleich ruhiger, wenn sie das Gefühl haben, dass Sie versuchen, ein berechtigtes Bedürfnis zu verstehen. Dann können Sie Ihre Bedürfnisse vorbringen. Danach (und das erfordert schon ein bisschen Übung) können Sie die Fronten entschärfen, indem Sie für die Erfüllung beider Bedürfnisse sorgen. So einfach ist das.

Nehmen wir mal folgenden Fall an: Ihr Sohn schnappt sich eine Leckerei, die er vor dem Abendessen nicht haben durfte. Sie fragen, wo der Schokoriegel ist, wissen aber, dass er ihn genommen hat. Er leugnet. Sie werden wütend. Sie haben das schon mal erlebt und denken: »Er entwickelt sich zum Lügner.« An diesem Punkt halten Sie inne. Was brauchen *Sie* jetzt? Sie wollen Ihr Kind zur Ehrlichkeit erziehen und nicht ständige Konflikte erleben.

Dann fragen Sie sich: Was braucht Ihr Kind jetzt? Hatte der Junge Hunger? Oder einfach Lust auf Zucker? Vielleicht will er ja auch mehr selbst entscheiden, was er braucht? Und wünscht sich von Ihnen Respekt oder zumindest Verständnis, wenn er um etwas bittet, das er wirklich gerne haben möchte? Im Moment jedenfalls fürchtet er Ihre Reaktion und die Strafe, von der er weiß, dass er sie verdient hat.

Also sagen Sie: »Ich sehe, dass du wohl unbedingt etwas Süßes wolltest und dass die Regel, dass es vor dem Abendessen keine Süßigkeiten gibt, dir nicht passt. Jetzt hast du vermutlich Angst, was ich tun werde, weil du nicht nur die Regel missachtet, sondern auch noch gelogen hast. Das ist vermutlich recht beängstigend.«

Ihr Kind wird erleichtert sein, dass Sie verstehen. Es wird Ihnen seine Gefühle offenbaren: seine Begeisterung für alles Naschhafte und seine Ansicht, dass die Regel total unfair ist. Sie können miteinander über diese Regel sprechen, sie vielleicht erklären. Dann sind Sie dran: »Ich muss mich einfach darauf verlassen können, dass du Regeln einhältst, wenn wir sie gemeinsam besprochen haben. Ich muss dir vertrauen können. Wenn du mit dieser Regel nicht zurechtkommst: Wie sollen wir sie denn gestalten, dass du sie einhalten kannst?« Dann kommen die Verhandlungen.

Wie ich bereits sagte: Wenn Ihr Temperament und Ihre Emotionen mit Ihnen durchgehen, wenn Sie denken, dass Sie gleich etwas Unverzeihliches machen werden (beispielsweise Ihrem Kind drohen, es zu verlassen), dann überlassen Sie das Kind und die Situation jemand anderem. Sind Sie allein mit dem Kind, gehen Sie aus dem Zimmer, selbst wenn das Kind dann für eine Weile ohne Aufsicht ist. Ich drücke meinen Ärger selten aus, aber ich kann mich an die beiden Male erinnern, dass mir das mit meinem Sohn passierte. Einmal, da war er ungefähr acht und benahm sich wirklich unmöglich, habe ich ihm einen Klaps gegeben. Es war wirklich nur ein Klaps, aber das hat uns damals beide schockiert. Solche Dinge passieren nun mal. Wenn Ihre Emotionen in der Öffentlichkeit überkochen, gehen Sie weg – aber bleiben Sie in Sichtweite.

Wenn Sie auf Ihr süßes Kleines wütend sind

Bei Rosenberg geht es hier um Kinder, die schon sprechen und überlegen können. Babys können Sie Ihre Bedürfnisse nicht verständlich machen. Sie haben die ihren, und manchmal schreien sie stundenlang, um sie erfüllt zu bekommen. (Und wir müssen eine Erklärung dafür finden, also nennen wir das Ganze »Kolik«.) Oder das Kind schreit nicht, weil Sie seine Bedürfnisse immer sofort erfüllen, den ganzen Tag lang, aber keiner dankt es Ihnen. Glücklicherweise schlafen Babys viel und sind so beschäftigt mit ihren lautstarken Bedürfnis- und Gefühlsäußerungen, dass sie gar nicht zu bemerken scheinen, wenn Sie wütend sind. Kleinkinder hingegen registrieren das bis zu einem gewissen Maß. Sie müssen Ihnen diese Emotionen nicht vollständig ersparen, denn ganz egal, was Sie anstellen, um sie vor den Kleinen zu verbergen: Sie werden Ihre Gefühle trotzdem bis zu einem gewissen Ausmaß mitbekommen. Versuchen Sie also, Ihre negativen Emotionen zu bewältigen: Erfüllen Sie Ihre eigenen Bedürfnisse. Lenken Sie sich ab. Gehen Sie jeden Tag aus dem Haus und betrachten Sie Ihre Situation aus einem übergeordneten Blickwinkel. (»In einem Jahr ist alles vorüber.«) Das Wichtigste aber ist: Holen Sie sich Hilfe, damit Sie die Bürde nicht ganz allein schultern müssen. Damit Sie mit jemandem reden können, der für Sie das so kostbare Verständnis aufbringt.

Wenn Ihr Vorschulkind einen Wutanfall hat

Wie bereits in diesem und in Kapitel 2 erwähnt, sind kindliche Wutanfälle klassische Folgen einer Reizüberflutung und für alle Eltern stressig. Für HS-Eltern bedeuten sie eine echte Herausforderung, auf die sie mit Scham oder Zorn reagieren. Dieses Buch ist zwar kein Erziehungsratgeber, aber manchmal muss ich doch auf deren Tricks zurückgreifen, wenn das für HS-Eltern von entscheidender Bedeutung ist.

Eine Studie an der Universität Wisconsin hat gezeigt, dass die typischen Wutanfälle kleiner Kinder meist als leichte Form von Ärger beginnen. Idealerweise stoppt man sie schon in diesem Stadium, indem man das Kind ablenkt oder einen Kompromiss eingeht.[51] Geben Sie ihm die Wahl zwischen zwei interessanten Alternativen. Wenn es bei dem Wutanfall um Grenzen geht, können Sie das Problem lösen, indem Sie einfach warten, bis der Anfall vorbei ist. Da das Kind meist auch noch Hunger hat oder müde ist, funktionieren Ablenkung und Kompromisse nicht. Ist aus Ärger erst einmal wütender Zorn geworden, lässt sich ohnehin nichts mehr machen.

Lassen Sie den Dingen ihren Lauf, denn vorher lässt sich das zugrunde liegende Problem ohnehin nicht lösen. Hat der Wutanfall seinen Höhepunkt erreicht und nervt Sie nur noch, ist glücklicherweise sein Ende auch schon in Sicht. Im Allgemeinen dauern solche Anfälle nämlich rund *eine Minute*. Ich weiß, das kann sich wie eine Ewigkeit anfühlen. In der genannten Studie berichtet ein Elternteil von einem Wutanfall, der eine ganze Stunde dauerte. Aber im Durchschnitt ist nach einer Minute alles vorbei, also warten Sie einfach.

Ein Zeichen, dass der Anfall nur von kurzer Dauer sein wird, ist es, wenn das Kind sich auf den Boden wirft oder zu stampfen anfängt. Beides zeugt von Unterordnung. Läuft das Kind weg oder schlägt es sogar zu, dann müssen Sie sich auf mehr einstellen. Wutanfälle können Stress, Verlusterfahrungen oder Trauer ausdrücken. Dabei weint es auch, und der Anfall dauert länger, denn das Kind merkt, dass es den Kampf verloren hat, und lässt Sie wissen, dass es die Hoffnung auf etwas aufgegeben hat, das es für sein Glück für unverzichtbar hielt. Solche Wutanfälle verlaufen etwas ruhiger und sind leichter zu entschärfen.

Wissenschaftler fanden heraus, dass fast nichts, was Sie als Eltern tun können, bei solch einem Wutanfall hilft, obwohl der Großteil der Eltern immer versucht, darauf einzugehen. Wenn Sie ihn unbedingt stoppen wollen, signalisieren Sie Ihrem Kind sogar, dass es am Ende gewinnen könnte. Da Sie ja nun wissen, dass jeder Wutanfall irgendwann auch wieder aufhört, warten Sie sein Ende ab. Das ist natürlich einfacher, wenn Sie wissen, worum es geht, und wenn Sie einen Plan haben, selbst wenn der Ausbruch länger dauern sollte.

Die Entwicklungspsychologin Aletha Solter denkt, dass es besser ist, das gestresste Kind in den Arm zu nehmen und mit ihm zu reden, als einfach nur abzuwarten.[52] Das haben die Eltern in der Potegal-Studie vermutlich nicht versucht. Denn dann lernt das Kind, dass Sie ruhig bleiben, und fühlt sich so weniger allein gelassen.

Ich kenne einige HS-Eltern, die das versucht haben und damit mehr Erfolg hatten als mit bloßem Abwarten. Anfangs wehrt sich das Kind vielleicht und wird stocksteif, was heißt, dass sein Geschrei noch näher an Ihr Ohr drängt, aber Sie fühlen sich vielleicht weniger hilflos. Und Kinder, die auf diese Weise behandelt werden, scheinen mit der Zeit weniger zu weinen und zu schreien.

Das Wichtigste für HS-Eltern ist, aus der Erfahrung zu lernen. Sie müssen wissen, dass dies ganz normales Verhalten ist, für das Sie einen Plan brauchen. An den halten Sie sich dann, damit Sie von Ihren Emotionen nicht überschwemmt werden, denn das passiert bei Ihnen nun mal leichter als bei anderen Eltern. Setzen Sie auf Ihre höhere Verarbeitungstiefe.

Wenn Sie solche Situationen früher schon in Gedanken durchgespielt haben, wird es Ihnen leichter fallen, einen übergeordneten Blickwinkel einzunehmen und sich an die Liebe zu erinnern, die sie Ihrem Kind gegenüber empfinden. Aus diesem Grund glaube ich, dass gerade HS-Eltern gut mit Wutanfällen und anderen Formen des Zorns bei Kleinkindern umgehen können.

Ärger bei Schulkindern

Glücklicherweise können Sie mit Schulkindern eher verhandeln. Sie bekommen auch keine Wutanfälle mehr, also können Sie Marshall B. Rosenbergs Methoden einsetzen. Rosenberg hält Wut ohnehin für ein wichtiges inneres Signal, auch wenn der Ausdruck dieser Wut selten oder nie unsere Bedürfnisse erfüllt. HS-Eltern sind manchmal recht geschickt darin, ihrem Nachwuchs beizubringen, wie er Ärger effektiv ausdrücken kann, ohne anderen zu schaden. Manchmal aber hält man sein Schulkind auch für reifer und widerstandsfähiger, als es in Wirklichkeit ist. Kinder wollen einen ja immer damit beeindrucken, dass sie sich genauso entwickeln wie Sie selbst. Wenn Sie also in Situationen ruhig bleiben, in denen die Wut hochkocht, wird Ihr Kind dasselbe tun. Seien Sie nicht erstaunt, wenn es trotzdem mal ausrastet.

Meiner Ansicht hat Rosenbergs Methode bei Schulkindern einen großen Vorteil: Sie hält Ihr Kind auf einem Erregungsniveau, auf dem es noch offen ist für die ethische Lektion, die Sie ihm vermitteln wollen. Manche Kinder hören nur auf Sie, wenn Sie laut und deutlich sprechen. Mit anderen Kindern können Sie ruhig reden, Ihnen Ihr Mitgefühl zeigen und über Ihre eigenen Bedürfnisse sprechen. Hochsensible Kinder aber empfinden ihr Fehlverhalten, ihre Scham und die Angst vor Ihrem Ärger so tief, dass sie gnadenlos überstimuliert werden. In diesem Zustand können sie nicht mehr aufnehmen, was Sie zu sagen haben.

Ärger bei Teenagern

Noch einmal: Sie halten hier keinen Erziehungsratgeber in Händen. Wie man seinen Teenagerkindern effektiv hilft, darüber steht Ihnen eine ganze Menge an Informationen zur Verfügung. Sie sollten sich ruhig damit beschäftigen, denn es gibt einige wichtige neue Erkenntnisse, was die Gehirnentwicklung bei Heranwachsenden angeht. Mit Teenagern gelingt es meist gut, die rosenbergschen Methoden anzuwenden und dabei einen autoritativen Erziehungsstil beizubehalten. Sie wissen, wie Sie diese Dinge regeln können. Sie können die Bedürfnisse Ihres Kindes respektieren, ohne die eigenen außer Acht zu lassen. Auch Sie sind schließlich verletzlich. Ihre Bedürfnisse mögen kindisch erscheinen, aber sie sind nun mal auch menschlich.

Viele Auseinandersetzungen mit Halbwüchsigen drehen sich um bestimmte Themen, und hier müssen Sie wirklich wissen, wovon Sie reden. Kennen Sie in einer solchen Situation nicht alle Einzelheiten, hören Sie sehr aufmerksam zu. Gibt es da eine Frage, bei der Ihr Teenie falschliegt und Sie sicher sind, mehr zu wissen (oder bei der Sie eigentlich mehr wissen wollten), dann sagen Sie das einfühlsam, aber auch klar und deutlich.

Es gehört zu den beeindruckendsten Momenten sozialer Interaktion, sich zu entschuldigen, wenn man weiß, dass man falschlag. Daraus lernen Kinder mehr als aus allem anderen. Nicht nur, dass man auch mal Fehler machen kann, sondern auch, dass man sich nichts vergibt, wenn man dies eingesteht. Und Sie sehen, dass man Sie allenthalben noch mehr respektiert, wenn Sie dazu in der Lage sind.

Nichtsdestotrotz gibt es keine Eltern, die nicht auch mal wütend auf ihren heranwachsenden Sprössling werden. Manchmal trauert man ihnen dann gar nicht mehr so sehr nach, wenn sie endlich das Haus verlassen. Dies ist das eigentliche Problem von

HS-Eltern mit Teenagerkindern: Sie wissen, dass ihre Kinder immer mehr Unabhängigkeit lernen und dass sie bald fort sein werden. Spüren Sie nach, wie sehr Sie ihnen Erfolg wünschen. Und lassen Sie sie ihre eigenen Erfahrungen machen. Halbwüchsige explodieren mitunter förmlich, weil sie das Gefühl haben, wie ein Kind behandelt zu werden, obwohl ihnen ihrer Ansicht nach derselbe Respekt zusteht wie Erwachsenen. Als Eltern nehmen wir uns die Lage unseres Kindes zu Herzen. Kein Wunder, dass wir auch mal wütend werden, wenn es uns vorwirft, wir hätten alles falsch gemacht. Lesen Sie also ruhig mal ein paar Bücher über die Erziehung Heranwachsender. Dann sind Sie besser auf die Situationen vorbereitet, die auf Sie zukommen werden.

Und unsere positiven Emotionen?

Was ist denn nun mit unseren positiven Emotionen? Vielleicht könnte man sagen, dass Hochsensible in ihren positiven Gefühlen sind wie Kinder. Denken Sie nur an das Gefühl der Freude. Das ist vielleicht ein Hauptgrund, weshalb Hochsensible sich intuitiv Kinder wünschen – sie freuen sich mit an ihrer Freude. Das gehört zu den positiven Seiten unserer starken emotionalen Empfänglichkeit und unseres Einfühlungsvermögens. Wir können ihnen nachfühlen, wie es ist, wenn sie ein grünes Blatt betrachten, auf dem das Licht der Sonne glänzt, wenn sie ihren Blick in die windgewiegten Zweige der Bäume richten und das Wunder der Blüten entdecken.

Der erste Geburtstag, der erste Tag, an dem sie die Bedeutung bestimmter Feiertage begreifen, an Weihnachten ihre Geschenke öffnen, die erste Urlaubsreise, der erste Besuch in Disneyland. Lassen Sie sich genug Zeit, diese Erfahrungen mit Ihrem Kind zu genießen, auch wenn sie für Sie mit Überstimulation verbunden sind.

Das Lachen ist eine weitere Gefühlsregung, die Sie mit Ihrem Kind teilen werden, vielleicht noch mehr als andere Eltern. Sie werden ihre subtilen Scherze genauso zu schätzen wissen wie ihre Albernheiten. Und sicher haben Sie diesbezüglich auch selbst einiges zu bieten. Von der Neugier erst gar nicht zu sprechen: Hochsensible wollen immer wissen, wie die Dinge funktionieren, wie sie wurden, was sie jetzt sind, und wie sie sich weiterentwickeln werden. Genau wie Kinder. Da Sie sich so gut in Ihr Kind hineinversetzen können, werden Sie die Momente bemerken, die andere Eltern oft übersehen. Und Sie werden sie mit Ihrem Kind teilen können. Einem Kind etwas beizubringen macht großen Spaß. Da Sie aber eine höhere Verarbeitungstiefe besitzen als andere Eltern, können Sie Ihrem Kind tief schürfendere, kreativere und unterhaltsamere Antworten liefern – wenn Sie nicht gerade müde sind.

Denn auch das freudige Erleben positiver Emotionen setzt Ruhe und Gelassenheit voraus! Das ist das Grundprinzip: HS-Eltern können ihre besten Seiten nur zeigen, wenn sie ausgeruht sind. Ist dies nicht der Fall, fällt ihnen das Elternsein schwer. Die Regulierung von Emotionen ist Arbeit für das Nervensystem, und das Ihre hat damit ohnehin mehr zu tun. Es registriert alle Reize, die mit einer bestimmten Situation verknüpft sind, und stellt sich vollkommen auf die Gefühle Ihres Kindes und auf Ihre eigenen ein. Was die Natur Ihnen mitgegeben hat, versetzt Sie in die Lage, diese Aufgabe wunderbar zu erfüllen. Aber Sie müssen sich diese Chance auch tatsächlich geben. Denken Sie hingegen, dass sich ein ernsthaftes emotionales Problem abzeichnet, dann holen Sie sich bitte Unterstützung.

6
Wie Sie mit der Menge an sozialen Kontakten zurechtkommen

Von Lehrern und anderen Eltern über wohlmeinende Verwandte bis zum medizinischen Personal

Ich wünschte, ich hätte schon während meiner Schwangerschaft über meine Hochsensibilität Bescheid gewusst. Dann hätte ich im Voraus gewusst, wie ich auf die sozialen Aspekte des Elternseins reagieren würde – von all den Menschen, die mich gleich nach der Geburt besuchen wollten, bis zu den Leuten, die meinten, mir ständig gute Ratschläge über den Umgang mit meinem Kind geben zu müssen.

Einer der Punkte auf unserem Fragebogen, den HS-Eltern öfter als andere bejahten, war: »Dass ich als Elternteil viele neue Leute kennenlerne (Eltern anderer Kinder, Lehrer und so weiter), empfinde ich als belastend.« Ich hätte diesen Punkt wohl nicht in die Umfrage aufgenommen, hätten mir nicht so viele HS-Eltern berichtet, dass sie all die Kontakte, die sie wegen ihres Kindes pflegen oder zumindest halten mussten, schrecklich fanden und mit ihnen all die Aufmerksamkeit, die ihnen als Eltern plötzlich zuteilwurde. Selbst extrovertierte HS-Eltern klagen über ständige soziale Verpflichtungen, die das Elternsein so mit sich bringt, weil sie genauso wie introvertierte Hochsensible Ruhe und Auszeiten brauchen. Vom Beginn der Schwangerschaft an bis zu dem Moment, in dem das Kind die Schule bzw. seine Berufsausbildung endlich abschließt, betrachten es andere Menschen offensichtlich als ihr gutes Recht, mit Hochsensiblen Kontakte zu pflegen, in deren Mittelpunkt das Kind steht. Das beginnt bereits mit all den Fremden, die das Baby oder Kleinkind im Kinderwagen bewundern, nur um dann ungefragt Ratschläge zu erteilen oder von ihren persönlichen Erfahrungen mit Kindern zu erzählen. Als wäre das eine Unterhaltung, die man schon vor Ewigkeiten aufgenommen hat und jetzt nur weiterführen muss. Ich nehme an, es braucht wirklich ein ganzes Dorf, um ein Kind zu erziehen, wie es immer so schön heißt. Aber in diesen Dörfern wusste jeder, welche Eltern hochsensibel waren und dass man diese Väter und Mütter auch mal in Ruhe lassen muss.

Zusätzlich zu dieser unerwünschten sozialen Überreizung, der Sie ausgesetzt sind, hält man Sie obendrein für gehemmt, eingebildet oder unfreundlich, wenn Sie nicht sofort in das übliche Elterngeplauder einsteigen, als wäre das Gegenüber plötzlich die beste Freundin. Viele HS-Eltern haben daher Sorge, dass auch ihre Kinder komisch angesehen werden, nur weil sie selbst so »anders« wirken.

Eine HS-Mutter erzählt:

Ich habe Angst, dass meine Tochter sich meinetwegen schämt, weil ich nicht will, dass sie jeden Tag ihre Freunde mit ins Haus bringt. Was werden nur die anderen Eltern von mir denken?

Natürlich können Menschen, die Sie durch Ihre Elternrolle kennenlernen, Ihre besten Freunde werden. Es bringt die Menschen einander näher, wenn sie gemeinsam schwere Zeiten durchstehen, ihre Erfahrungen teilen, einander Ratschläge und vor allem emotionale Unterstützung geben. Das ist einer der Gründe, weshalb es schwierig ist, diesen potenziellen Beziehungen grundsätzlich aus dem Weg zu gehen. Was Sie tatsächlich nicht immer tun sollten. Im Kontakt mit anderen Eltern werden Sie die unterschiedlichsten Menschen kennenlernen, unter ihnen mit einer gewissen Wahrscheinlichkeit auch solche, die Ihre Werte, Interessen und Persönlichkeitsmerkmale teilen. Halten Sie Ausschau nach anderen Hochsensiblen. Dann haben Sie vielleicht Freunde fürs Leben gefunden.

Auch Zeit, die man mit Freunden verbringt, kann eine Überstimulation bewirken. Alle Hochsensiblen finden soziale Kontakte heikel, weil wir buchstäblich alles, was gesagt wird, registrieren und verarbeiten, und obendrein auch das, was wir hätten sagen wollen. Wir fühlen uns stets in andere ein, ob wir wollen oder nicht. Und wir nehmen alle Feinheiten auf, alles, was bei uns und bei anderen auch auf der nonverbalen Ebene abläuft. Soziale Interaktion ist vermutlich für den Großteil der Reizüberflutung verantwortlich, mit der wir im Leben zurechtkommen müssen. Daher sind soziale Kontakte die Hauptquelle für unsere Überreizungserscheinungen.

Bei allen sozialen Kontakten spielen Gefühle eine wichtige Rolle. Wir haben uns im letzten Kapitel mit Angst, Trauer und Wut beschäftigt. Auch diese Emotionen haben häufig einen Bezug zu anderen Menschen. Einige andere Gefühle dagegen sind durch und durch sozial bedingt, zum Beispiel Schuldgefühle oder Stolz. (»Liebe« und »Sichmögen« sind keine Gefühle. Sie sind vielmehr die Motivation, mit jemandem zusammen zu sein, woraus vielerlei Emotionen entspringen.) Wir werden uns also in diesem Kapitel mit den vier wichtigsten sozialen Emotionen beschäftigen und dann Situationen beleuchten, in denen diese auftreten: der Kontakt zu anderen Eltern, das Gespräch mit Lehrern, Kinderärzten, Psychologen und anderen Berufsgruppen, mit denen Ihr Kind möglicherweise in Berührung kommt.

Die sozialen Emotionen

Soziale Emotionen im Zusammensein mit anderen Menschen. Die wichtigsten sind Schüchternheit, Schuldgefühle, Scham und Stolz. Werden Sie zum Experten, sie zu erkennen und mit ihnen umzugehen. Das sollte Ihnen nicht weiter schwerfallen. Vieles von dem, was Sie hier lesen werden, dürfte Ihnen nicht neu sein. Andererseits schadet es ja nicht, es noch einmal zu hören.

Schüchternheit

Andere Mütter zu treffen war mir einfach zu viel. Es fühlte sich an wie eine außerkörperliche Erfahrung. Immer wenn ich zu irgendeiner Schulveranstaltung musste, laugten mich der Geräuschpegel, die Kinder, die ständige Unruhe und das Gefühl, immer aufpassen zu müssen, völlig aus. Glücklicherweise mochte ich die Mutter vom Freund meines Sohnes, aber ich hatte trotzdem immer den Eindruck, nicht dazuzugehören und nicht gemocht zu werden.

Schüchternheit ist die Angst, sozial verurteilt zu werden, die Angst vor sozialer Zurückweisung und Isolation. Hochsensible gleiten häufig in die Schüchternheit ab. (Näheres dazu finden Sie in meinem Buch *Sind Sie hochsensibel?*) Das Elternsein bietet noch mehr Gelegenheiten, Schüchternheit zu entwickeln, weil Sie einfach so viele Menschen kennenlernen, die zwar Ähnliches erleben, aber doch ganz anders sind als Sie.

Sie stehen vielleicht weit abseits von den munter plaudernden Eltern stumm am Spielfeldrand, wo Ihre Tochter ihr Spiel macht. Vielleicht haben Sie sich anfangs ja noch zu den anderen Müttern und Vätern gesellt und sind dann völlig erschlagen nach Hause gekommen. Oder Sie sind auf einer Veranstaltung für die

Eltern neuer Schüler. Die anderen Eltern unterhalten sich angeregt, als würden sie sich seit Ewigkeiten kennen. Weil das Umfeld allein Sie ohnehin schon überreizt, beschränken Sie sich darauf, die Anwesenden still zu beobachten. Dann aber merken Sie, dass Sie auf diese Weise nicht Teil der Gruppe sind, eine zutiefst menschliche Urangst. Oder dass manche sich fragen, was mit Ihnen los ist. Also schließen Sie sich einer der Gruppen an, um auch ein wenig mitzureden. Aber schon eine leichte Reizüberflutung macht es Ihnen schwer, die richtigen Worte zu finden. Und Sie behalten ein tiefes Gefühl sozialen Unbehagens zurück.

Dies ist genau der Punkt, ab dem Sie langsam aber sicher in echte Schüchternheit abgleiten: Sie versuchen, den Kontakt mit anderen Eltern zu vermeiden, während diese allmählich eine Gruppe bilden. Das Resultat: Das Zusammensein mit diesen Menschen macht Sie noch nervöser, denn jetzt ziehen Sie zunehmend Ihre sozialen Fähigkeiten in Zweifel. Vergessen Sie nicht: Schüchternheit ist die Angst vor sozialer Verurteilung. Und dies fürchten Sie zumindest in Gegenwart einiger Eltern. Das trifft nicht auf alle HS-Eltern zu, aber unter bestimmten Bedingungen passt es doch meistens: Zum Beispiel, wenn Sie sich in einem neuen sozialen Umfeld zurechtfinden müssen, in denen die anderen viel schneller als Sie Bindungen eingehen (oder Grüppchen bilden). Sie werden von den neuen sozialen Kontakten nicht so massiv überreizt wie Sie. Vermutlich ist für diese Eltern das Reizniveau gerade richtig, daher plaudern sie mit anderen Eltern munter drauflos.

Möglicherweise haben Sie auch deshalb Angst vor sozialer Verurteilung, weil Sie die Dinge nicht so erleben wie andere Eltern. Diese empfinden das Elterndasein als nicht so schwierig, während Sie es als mühsam oder gar belastend erleben. Vielleicht erleben Sie die Elternschaft auch anders, weil Sie sich eben hundertprozentig auf Ihr Kind einstellen. Das ist durchaus eine positive Eigenschaft, aber andere Eltern betrachten Sie unter Umständen als übervorsichtig oder überengagiert. Sie haben womöglich Recherchen angestellt zu verschiedenen Erziehungsstilen oder zu Ernährungsfragen, worüber andere Eltern sich nun mokieren, weil das angeblich viel zu viel Mühe macht. Dieses Vergleichen mit anderen und unsere Zweifel leisten der Schüchternheit weiter Vorschub, weil wir solche Dinge so intensiv verarbeiten. Und das führt letztlich dazu, dass wir uns noch mehr mit anderen vergleichen und noch mehr an uns zweifeln. Am Ende dieses Prozesses steht die eingebildete oder auch reale Ablehnung durch andere.

Zweifel, ob andere uns okay finden, sind aber nur natürlich. Das Überleben der Menschheit wurde gesichert, indem der Einzelne sich einem Klan oder einer Dorfgemeinschaft anschloss und sich den dort gültigen Regeln unterwarf, um nicht ausgegrenzt zu werden. Wir müssen wissen, was die Gesellschaft, der wir angehören, von uns erwartet. Sobald Sie zum Klan der »Eltern« gehören, sind damit bestimmte Erwartungen verbunden. Aber wenn Sie sich mit diesen beschäftigen, geraten Sie automatisch in den Vergleichsmodus. Vergleichsmodus heißt, dass Sie sich bewerten: Bin ich besser, schlechter, genauso gut? Stehen unter dem Strich Gewinn, Verlust oder Gleichstand?

In meinem Buch *Die Kraft der Bindung*[53] erkläre ich zwei grundlegende Formen des Umgangs miteinander: Ranking (Bewerten) und Linking (Verbinden). Sind wir mit anderen befreundet oder ihnen anderweitig zugetan bzw. fühlen wir uns einer Gruppe zugehörig, vergleichen wir uns nicht. Überlegen wir hingegen, wer besser oder schlechter ist, dann bewerten wir. Auch hier gilt, dass beide Verhaltensweisen natürlich sind. Beobachten Sie Katzen, Hunde, Pferde, Hühner oder andere soziale Tiere, werden Sie schnell feststellen, dass jedes Tier im Verband weiß, wer die Nummer eins, zwei und so weiter ist. Das erspart es der

Gruppe, ständig neue Kämpfe um die Rangordnung auszutragen: Wer darf zuerst fressen? Wer darf sich mit dem attraktivsten Weibchen paaren?

Doch das Bewerten fühlt sich nicht annähernd so gut an wie das Verbundensein. Es ist viel schöner, Menschen zu mögen, und einige davon sogar besonders zu mögen, und von diesen Menschen gemocht zu werden. Alle sozialen Tiere haben Freunde. Das Problem Schüchternheit lässt sich lösen, wenn man auf die Kraft des Verbundenseins setzt und weniger bewertet. Begegnen Sie möglichst vielen Menschen mit Freundlichkeit, vor allem jenen, die Sie zu mögen scheinen und denen Sie positive Gefühle entgegenbringen. Stellen Sie den Bewertungsmodus langsam aber sicher ganz ab. Warum sollte man sich im Rahmen einer Elterngruppe überhaupt gegenseitig bewerten? Versuchen wir nicht alle unser Bestes? Ja, sicher, es gibt Leute, die unbedingt als die besten Eltern der Welt dastehen wollen. Sie geben ständig irgendwelche Werturteile ab und schaffen es so, dass andere sich unzulänglich fühlen. Aber Sie werden schnell feststellen, dass diese Eltern ihre eigenen Probleme haben. Am besten machen Sie um solche Leute einen großen Bogen.

Was aber können Sie gegen Ihre Schüchternheit im Umgang mit anderen, netten Eltern tun?

- Registrieren Sie aufmerksam, wann und wo bewertet wird, und gehen Sie diesen Leuten aus dem Weg. Überlassen Sie Diskussionen, wer der/die Beste ist, den »Bewertern«. Sie geht das Ganze definitiv nichts an.
- Nehmen Sie offen und aufrichtig Kontakt zu anderen Eltern auf: Lächeln Sie. Schauen Sie ihnen in die Augen. Und üben Sie sich in der Kunst der mitfühlenden Äußerung: Wenn jemand sagt »Uff, bin ich müde!«, können Sie sagen: »Ja, so was kann echt schlauchen.« Sprechen Sie eine

Einladung aus, zum Beispiel: »Hier! Setzen Sie sich doch.« Kennen Sie Ihr Gegenüber, und ist er oder sie Ihnen sympathisch, sagen Sie: »Schön, Sie hier zu sehen.«

- Halten Sie Ausschau nach anderen Eltern, die sich sozial in der konkreten Situation nicht wohlzufühlen scheinen. Versuchen Sie, sie kennenzulernen. Sprechen Sie das Thema Reizüberflutung ruhig an. Vielleicht haben Sie gerade einen anderen Hochsensiblen kennengelernt. Oder einen Introvertierten. Oder vielleicht beides in einer Person.
- Freunden Sie sich mit anderen HS-Eltern an. Wenn Sie später an Schulveranstaltungen teilnehmen müssen, können Sie ja zu zweit hingehen.
- Versuchen Sie, große Gruppen zu vermeiden. Halten Sie sich an die kleineren.
- Wenn Sie von vornherein wissen, dass Sie Small Talk betreiben müssen, überlegen Sie sich Themen: irgendetwas Interessantes zum Thema Elternschaft. Aber keine Themen, die möglicherweise Widerspruch auslösen. Haben Sie Ihr Gegenüber einmal zum Reden animiert, dann genügt es, wenn Sie einfach zuhören. (Vermutlich kennen Sie dieses Geheimnis schon: Die meisten Leute reden gerne über ihre Kinder und wissen es zu schätzen, wenn Sie ihnen zuhören.)
- Wenn Sie sich einer Gruppe anschließen, richten Sie das Wort zuerst an die Person, die Sie am besten kennen und am liebsten mögen. Stellen Sie sich nicht einfach dazu und warten darauf, dass man Sie anspricht.
- Vielleicht übernehmen Sie ja auch eine (leitende) Aufgabe, die nicht mit allzu viel Arbeit verbunden ist. So lernen Sie Leute kennen, haben gleichzeitig einen bestimmten Status und gehören auf jeden Fall dazu.

Schuldgefühle

Jedes Jahr gibt es im Dezember und im Juni in der Schule eine ganze Menge zu tun. Kinder und Lehrer wollen, dass ich da mitmache und andere Eltern und Kinder kennenlerne. Aber ich habe nach der Arbeit einfach keine Energie mehr. Es fühlt sich falsch an, meinen Kindern das abzuschlagen. Warum sollte ich meine Energie auf die Arbeit verwenden und zu meinen eigenen Kindern Nein sagen?

Eine andere HS-Mutter erzählt:

Es wird mich immer quälen, dass ich meinen Kindern einen Mangel an sozialen Kontakten »aufgedrängt« habe.

Schuldzuweisungen und Scham haben in der menschlichen Entwicklung eine bedeutende Rolle gespielt: So konnte man Menschen dazu bringen, in Harmonie mit der Gruppe zu agieren. Stellen Sie sich einen Jäger vor, der sein Fleisch nicht mit den schwangeren Frauen des Klans, mit den Alten und den Kindern geteilt hat. Man musste ihn also dazu bringen, deswegen Scham zu empfinden. Hochsensible hatten wohl immer schon ein besonderes Gespür dafür, wenn sie die Grenze des Annehmbaren überschritten. Sie passten ihr Verhalten dem der Gruppe an, ohne dass es irgendjemand überhaupt bemerkte. Allerdings prädestiniert uns dieser Wesenszug auch für chronische Schuld- und Schamgefühle.

Schuldgefühle haben wir, wenn wir glauben, etwas *falsch* gemacht zu haben. Wir hoffen, es wiedergutmachen zu können und Vergebung zu finden, und geben uns die größte Mühe, denselben Fehler künftig nicht mehr zu begehen. Schuldgefühle sind nicht so endgültig, wie die Scham es ist, die uns das Gefühl vermittelt, im Innersten wertlos zu sein. (Wobei chronische Schuldgefühle und Scham schon Gemeinsamkeiten aufweisen.) Hochsensible neigen zu Schuldgefühlen, weil wir uns so gut vorstellen können, wie unser Handeln andere belastet bzw. unglücklich macht. Es liegt in unserer Natur, es beim nächsten Mal besser machen zu wollen. Wenn wir schon in der Kindheit häufig Schuld- oder Schamgefühle entwickelt haben (was häufig vorkommt, wenn die Erwachsenen in unserem Umfeld nicht verstehen, wie schnell wir mit solchen Gefühlen reagieren), dann neigen wir als Erwachsene verstärkt dazu.

Die Elternschaft bietet Hochsensiblen eine ganze Reihe von Gelegenheiten, sich schuldig zu fühlen. Für Eltern ist das ohnehin quasi der Normalzustand, weil sie die Bedürfnisse und Wünsche ihrer Kinder nie gänzlich erfüllen können. Schließlich verfügen Sie ja nicht über das Füllhorn der Fortuna. Und da wir das Elterndasein häufig als anstrengend empfinden, haben wir auch noch Schuldgefühle dem Partner gegenüber. Auch für Freunde haben wir nicht so viel Zeit wie andere Eltern. Am Arbeitsplatz können wir nicht mehr so viel leisten wie früher, weil wir als Eltern einfach andere Verpflichtungen haben. Wir stoßen Leute vor den Kopf oder sind reizbar, weil wir erschöpft sind. Umgekehrt können wir nicht alle Anforderungen erfüllen, die Kindergarten oder Schule an uns als Eltern stellen.

Dabei bittet man uns noch öfter als andere Eltern, bestimmte Aufgaben zu übernehmen, weil wir mit unserer angeborenen Gewissenhaftigkeit unseren Job immer gut machen oder weil wir vorher nie Nein gesagt haben (oder sagen konnten). Nein zu sagen reicht nämlich schon aus, um uns Schuldgefühle zu machen.

Was aber können wir gegen unsere Schuldgefühle unternehmen?

- Reden Sie mit den Leuten über Ihre Bedenken. Sind diese überhaupt der Meinung, dass Sie etwas falsch gemacht haben? Ist das nicht vielmehr eine Frage des Standpunkts?
- Überlegen Sie mal: Gibt es da jemanden, der Ihnen gerne Schuldgefühle verursachen möchte, damit Sie tun, was er oder sie will?
- Wenn Sie einen Fehler gemacht haben, ist das nicht einfach auch menschlich? Wie groß war denn der entstandene Schaden tatsächlich? Vielleicht müssen Sie sich gar nicht so schuldig fühlen?
- Machen Sie sich Ihr Einfühlungsvermögen zunutze. Betrachten Sie den »Fehler« einmal aus dem Blickwinkel einer anderen Person. War nicht alles ein simples Missverständnis? Für einen Kommunikationsfehler kann niemand etwas. Ihre Botschaft, ob gesprochen oder geschrieben, kam beim anderen nicht in der von Ihnen beabsichtigten Form an. Wenn beide Gesprächspartner einen ehrlichen Austausch im Sinn hatten, hat keiner einen Fehler gemacht. Ein Beispiel: Sie sagen zu jemandem, Sie würden auf sein Kind aufpassen, »wenn Sie können«. Der andere fasst dies als feste Zusage auf. Sie wissen, was Sie gesagt haben, aber der andere hat etwas vollkommen anders verstanden. Kein Grund für Schuldgefühle!
- Übernehmen Sie die Verantwortung für die Dinge, die Sie wirklich falsch gemacht haben. Wenn Sie sich deswegen kurzfristig mies fühlen, so ist das in Ordnung, dann aber schreiten Sie zur Schadensbeseitigung: Überlegen Sie, wie eine Wiedergutmachung aussehen könnte und wie Sie denselben Fehler in Zukunft vermeiden. Verantwortung zu übernehmen wirkt auf andere Menschen manchmal wie ein Zauber. Alle erwarten in dieser Situation ja lautstarke Rechtfertigungen. Sagen Sie stattdessen: »Ich weiß,

dass Sie erwartet haben, dass ich mache, was ich versprochen habe. Sie haben recht: Das habe ich tatsächlich nicht getan.« Dann betonen Sie, dass Sie in nächster Zukunft Ihre Zusage erfüllen werden. Oder machen Sie klar, dass Sie das nicht können, dass Ihnen das Leid tut und dass Sie das früher hätten sagen sollen.

- Überlegen Sie, ob Sie den Fehler unbewusst gemacht haben. Wir Hochsensiblen versprechen manchmal Dinge, weil wir nett sein wollen. Tatsächlich haben wir aber gar keine Lust zu tun, was wir versprochen haben, und entledigen uns des Problems, indem wir die ganze Sache einfach vergessen. Wann immer wir uns unzuverlässig verhalten, können wir davon ausgehen, dass unser Unbewusstes anderes im Sinn hat, als wir uns offen eingestehen wollen. Klaffen Ihre Worte und Ihr tatsächliches Verhalten daher auseinander, liegt das an niemand anderem als Ihnen selbst. Sie sind verantwortlich dafür, dass Sie nicht wissen, was Sie wirklich brauchen und fühlen. Aber daran lässt sich arbeiten.
- Einer meiner Freunde riet mir einmal, eine Liste von zehn Personen anzulegen, für die ich alles tun würde, falls sie meine Hilfe brauchen oder ein großes Ereignis ansteht wie zum Beispiel die Hochzeit ihrer Kinder. Natürlich können Sie auf Ihre Liste auch eine Organisation oder eine gute Sache setzen. Für die Leute auf Ihrer Liste würden Sie sogar Babysitter spielen, wenn sie weit entfernt wohnen. Bittet Sie jedoch jemand, der nicht auf dieser Liste steht, um einen Gefallen, dann fällt es Ihnen vermutlich leichter, dieser Bitte nicht nachzukommen, ohne deswegen Schuldgefühle zu empfinden.
- Machen Sie sich nicht so viele Gedanken über Fehler, die Sie in einer Beziehung (auch der zu Ihrem Kind) began-

gen haben. Konzentrieren Sie sich lieber darauf, wie Sie diese künftig vermeiden können. Wenn Sie sich schuldig fühlen, überlegen Sie, wie Sie sich anders verhalten können. Feuern Sie keine Rechtfertigungssalven ab, sondern übernehmen Sie lieber die Verantwortung für Ihren Fehler. Lassen Sie sich im Umgang mit Ihrem Sprössling nicht von der Wut übermannen, sodass Sie über seine Gefühle vollkommen hinweggehen. Sagen Sie stattdessen: »Ich habe dir nicht richtig zugehört, nicht wahr? Das tut mir leid.« Versuchen Sie, die Sache wiedergutzumachen, zum Beispiel, indem Sie dieses Mal genau hinhören, was Ihr Nachwuchs Ihnen sagen möchte.

- Vor allem aber: Verzeihen Sie sich selbst. Kein Mensch ist vollkommen. Machen Sie sich stattdessen bewusst, wie sehr Sie tatsächlich Ihr Bestes versucht haben. Wie viele Menschen Sie wirklich lieben und respektieren, wozu ja sicher auch Ihr Kind gehört. Stellen Sie sich vor, wie diese Menschen Ihnen vergeben und sich wünschen, dass auch Sie sich verzeihen können.

Scham

Ich war weder meinen Kindern noch meinem Mann eine Quelle der Wärme und der Sicherheit. Die Scham, als mir das bewusst wurde, hat das Problem nur verschärft. Warum kann ich einfach nicht damit umgehen? Warum kann ich es nicht einfach hinter mir lassen?

Manchmal denke ich, ich sollte überhaupt keine Mutter sein, weil ich den Kindern einfach nicht geben kann, was sie brauchen. Zum Beispiel lieben meine Kinder große Partys. Wir aber erlauben selten, dass sie Freunde zum Abendessen mitbringen,

weil mich das zu sehr stresst. Doch wenn meine Kinder Geburtstag haben, veranstalten wir für sie eine Riesenfeier! Ob das reicht?

Scham ist dem Schuldgefühl recht ähnlich, geht aber tiefer, weil der Betroffene (hoffentlich nur kurzfristig) meint, dass er selbst schlecht ist, er also nicht nur etwas getan hat, das falsch war. Der Scham gehen die Leute tunlichst aus dem Weg. Das geht so weit, dass kaum je die Sprache darauf kommt. Trotzdem ist Scham eine Triebfeder für viele Dinge, die wir tun – den Regeln gehorchen, uns gut benehmen, gute Manieren an den Tag legen, anderen zu gefallen suchen. Um keine Schamgefühle empfinden zu müssen, diskutieren sie ihren Fehler weg, schieben die Schuld auf andere, meinen, das Ganze hätte doch ohnehin keine Bedeutung, und sie hätten nur einen »schlechten Tag« gehabt. Diese Schamvermeidungsstrategien begegnen uns jeden Tag. Wann immer wir jemanden ausweichend oder abwehrend antworten hören, können wir davon ausgehen, dass er Schamgefühle zu vermeiden sucht.

Ich bin davon überzeugt, dass Hochsensible schneller Scham empfinden als andere Menschen. Aus demselben Grund, aus dem wir häufiger Schuldgefühle haben: Wir empfinden alle Emotionen intensiv, und das vorsichtige Beobachten, bevor wir handeln, ist uns angeboren. Wir haben von Natur aus einen offenen Blick für unsere Fehler, aber wenn wir uns zu sehr darauf fokussieren, bilden wir uns ein, mit uns stimme etwas nicht. Andere Menschen helfen uns da auch nicht weiter. Wir gehören einer Minderheit an, und da andere häufig nur die negativen Seiten unseres Wesenszuges sehen (dass wir zum Beispiel unter Druck nicht gut funktionieren), werden wir häufig zur Zielscheibe von Vorurteilen. Dann glauben wir, dass wir im Innersten nichts wert sind, zumindest in den Augen anderer. Hochsensible sind außerdem verletzlicher, was negatives Handeln ihrer Eltern angeht. Dazu gehört zum Beispiel die Bestrafung durch Scham erzeugende Demütigungen und Kränkungen. Doch wir empfinden häufig auch Scham, wenn man uns vernachlässigt, uns zu oft allein lässt oder uns nicht liebt. Es ist nicht logisch, aber als Kinder strengen wir uns dann noch mehr an, um die Liebe und Fürsorge zu bekommen, die wir brauchen.

Außerdem sind wir auch als Eltern empfänglich für Schamgefühle. Da genügt es schon, dass jemand uns einen Rat gibt, und schon fühlen wir uns, als hätten wir etwas falsch gemacht. Versuchen Sie, Leuten aus dem Weg zu gehen, die Ihnen Ratschläge geben wollen. Wenn das nicht geht, sagen Sie einfach: »Schön, dass das für Sie geklappt hat, aber ich glaube, in der Kindererziehung gibt es viele verschiedene Wege.«

Wenn die andere Person dann abwehrend reagiert (folglich Scham empfindet), dann üben Sie sich darin, den »Schamball« aus dem Spiel zu bringen. Hören Sie auf, sich dieses Ding gegenseitig zuzuwerfen. Sagen Sie Dinge wie: »Ja, das kann wirklich jedem passieren.« Oder: »Ja, das ist mir neulich auch passiert.« Ich glaube, hochsensible Menschen können anderen zeigen, wie man die Lunte der Scham löscht. Das ist vor allem für Kinder wichtig. Wenn Sie Ihr Kind unbewusst beschämt haben, sagen Sie: »Ich weiß, dass ich als Kind das Gleiche getan habe. Das ist völlig normal.« Oder: »Ich verstehe, warum du dich so gefühlt hast und tun musstest, was du getan hast. Aber jetzt ist es vorbei. Denk nicht mehr daran. So wie ich.«

Wenn Sie in der Kindererziehung ständig verschiedene Ansätze für die unterschiedlichsten Probleme durchprobieren, stellt sich möglicherweise ein Gefühl ein, als würden Sie ständig denselben Fehler machen. Dann verwandeln sich Schuldgefühle schnell in Scham. Aber Scham macht Sie nicht zur besseren Mutter oder zum besseren Vater, denn dann können Sie den besten Aspekten

Ihrer Sensibilität nicht mehr vertrauen. Sich zu schämen, sich im Innersten wertlos zu fühlen hat absolut *keinen Sinn*. Scham ist eine schwierige Emotion. Niemand ist *gar nicht* gut. Sie sind als unschuldiges, sensibles Geschöpf zur Welt gekommen, das offen und empfänglich für Liebe ist. Ihre Schamgefühle sind das Resultat von Geschehnissen, über die Sie keine Kontrolle hatten. Daran tragen Sie keine Schuld. Sie sind nicht schlecht und sind es nie gewesen. Die Verantwortung für die Lösung Ihrer Probleme liegt zwar bei Ihnen, nicht jedoch die Verantwortung für das Vorhandensein dieser Probleme.

Allerdings sind Schamgefühle meist immun gegen logische Einwände. Daher brauchen Sie einen Realitätscheck von anderen Personen – den *richtigen* Personen. Vielleicht kann Ihr Partner Ihnen da weiterhelfen. Oder Sie bitten Freunde. Aber Vorsicht: Manche Menschen heizen unsere Schamgefühle noch zusätzlich an. Der wichtigste Grund, aus dem ich dieses Buch geschrieben habe, war der, dass ich Ihnen mit den vielen Wortmeldungen anderer HS-Eltern zeigen wollte, dass Sie nicht allein dastehen, selbst wenn Sie negative Gefühle im Hinblick auf Ihr Elterndasein haben. Das ist wahrlich kein Grund, sich zu schämen. Ich bitte Sie also inständig, Kontakt zu anderen hochsensiblen Eltern zu suchen oder sich vielleicht einer Selbsthilfegruppe anzuschließen. Sie wissen nicht, ob es in Ihrer Stadt so etwas gibt? Recherchieren Sie auf der Webseite www.hochsensibel.org. Oder gründen Sie Ihren eigenen Gesprächskreis bzw. eine Facebook-Gruppe. Natürlich erleben und empfinden auch HS-Eltern nicht alles gleich, aber Sie werden vermutlich die Erfahrung machen, dass Ihre Gefühle normal sind und Ihr innerstes Selbst alles andere als schlecht ist.

Wenn Ihre Schamgefühle eine Art Dauerzustand sind, dann sollten Sie ernsthaft etwas dagegen unternehmen. Es gibt viele gute Psychotherapeuten, die Ihnen weiterhelfen. Auch Selbsthilferatgeber sind eine Option. Selbst Volkshochschulen bieten manchmal Kurse, wie man mit Schamgefühlen umgehen und ein positives Selbstbild aufbauen kann. Schamgefühle sind so weit verbreitet, dass sich rund um sie eine richtige kleine Industrie gebildet hat. Was ich speziell HS-Eltern ans Herz legen möchte:

- Versuchen Sie, Ihren Perfektionismus in den Griff zu bekommen. Lernen Sie, nicht so hart mit sich umzuspringen.
- Konzentrieren Sie sich auf jene Dinge, die Sie gut machen. Richten Sie Ihr Augenmerk – wie bei den Schuldgefühlen – auf Menschen, die Ihnen mit Liebe und Respekt begegnen.
- Wie viel von Ihrer Scham geht darauf zurück, dass Sie sich für Ihre Hochsensibilität schämen, die jetzt in neuem Kontext wiederkehrt? Machen Sie sich bewusst, dass es dafür keinen Grund gibt.
- Rufen Sie sich andere Eltern ins Gedächtnis, die Sie von jetzt oder früher kennen und die für Ihre Sensibilität Verständnis haben.
- Denken Sie an alle HS-Eltern, die jemals existiert haben und existieren werden. Ich glaube, die Gemeinschaft der hochsensiblen Eltern würde jederzeit zustimmen, dass alle HS-Eltern verschieden sind, auch Sie. Und dass Sie Ihre Sache gut machen, weil Sie eine schwierige Aufgabe nach bestem Vermögen bewältigen.

Stolz

Stolz ist eine angenehme soziale Emotion. Sie werden oft stolz auf Ihr Kind sein. Doch natürlich verbindet sich mit dem Stolz eine Rangordnung (Ranking), was heißt, dass Sie vergleichen. Ich habe schon darauf hingewiesen, dass das Ranking (Erstellen einer Rangordnung) ein normales Verhaltensmuster ist, das uns sozusagen angeboren ist. Problematisch wird es nur, wenn wir uns aufregen, weil nicht wir die Nr. 1 sind, oder uns Sorgen machen, weil jemand uns überbieten könnte. Da hilft es, sich ins Gedächtnis zu rufen, dass Sie auf jemand anderen stolz sind: nämlich auf Ihr Kind. Gut, manchmal sind Sie vielleicht auch stolz auf Ihre Erziehung, aber meist gilt Ihr Stolz diesem einzigartigen Wesen, das so ganz anders ist als Sie selbst. Bei HS-Eltern gehen Emotionen gewöhnlich tiefer als bei anderen. Das gilt auch für den Stolz. Eine wunderbare Gabe.

Trotzdem sollten Sie eine klare Grenze ziehen zwischen Ihnen und Ihrem Kind. Vergessen Sie nicht, dass es die Leistungen Ihres Kindes sind, nicht Ihre eigenen, auf die Sie stolz sind. Alles andere ist fast schon eine Form von Narzissmus, wenn Eltern ihr Kind als Fortsatz des eigenen Körpers betrachten, als wäre das Kind die elterliche Hand. Aber ich möchte bezweifeln, dass HS-Eltern oft in diese Falle tappen. In gewissem Sinn ist Narzissmus nämlich das Gegenteil von Empathie. Unser Einfühlungsvermögen lässt uns die Emotionen anderer nachempfinden. Für den Narzissten aber existieren die Gefühle oder Standpunkte anderer kaum oder gar nicht.

Die Fülle sozialer Begegnungen

Wir müssen uns den Tatsachen stellen. Erstens sind Sie schnell überreizt. Gerade aufgrund der vielfältigen sozialen Kontakte im häuslichen Umfeld und außerhalb ist dies eher noch öfter der Fall. Zweitens reagieren Sie emotional naturgemäß stärker auf soziale Kontakte. Drittens werden Sie den unten aufgeführten Situationen weder entkommen können noch wollen. Daher müssen wir sehen, was zu tun ist.

Eltern anderer Kinder, Spiele zu Hause, Elternselbsthilfegruppen

Vergessen Sie nicht: Die meisten Menschen haben keine Ahnung, dass es für Sie ein Problem darstellt, viele soziale Verpflichtungen zu haben. Möglicherweise lernen Sie HS-Eltern kennen, die dafür Verständnis aufbringen, aber im Normalfall werden Sie für dieses Problem eigene Lösungen finden müssen. Am besten suchen Sie sich eine Selbsthilfegruppe für Eltern, möglicherweise eine, an der auch andere HS-Eltern teilnehmen.

Wenn Sie mit Ihrem Kind irgendwo zum Spielen eingeladen sind, erwartet man von Ihnen, dass Sie mit den anderen Eltern plaudern, während die Kleinen sich vergnügen. Manchmal müssen Sie das wohl akzeptieren, aber wenn Sie sich der Situation nicht gewachsen fühlen, erfinden Sie einfach eine Ausrede, um im Auto bleiben zu können. Zum Beispiel, dass Sie dringend noch etwas lesen oder ein Telefonat erledigen müssen, aber man Sie ruhig holen kann, wenn Sie gebraucht werden. Vielleicht ist die Mutter des Spielkameraden ja auch ganz froh, dass sie machen kann, was sie will. Reden Sie mit ihr darüber. Vielleicht können Sie ja in Zukunft diese Termine immer so abwickeln.

Was, wenn Ihr Kind am liebsten mit einem anderen Kind spielt, mit dessen Eltern Sie nicht gerne zusammen sind? Dann können Sie ja vielleicht Ihren Partner, eine Freundin oder Nachbarin bitten, mitzugehen.

Wenn Sie Ihr Kind beim Sport bzw. beim Training nicht allein lassen möchten, sollten Sie ein Buch für sich mitnehmen. Breiten Sie ein wenig weg von den anderen Eltern eine Decke aus, und beobachten Sie von dort aus, wie sich Ihr Kind schlägt. Machen Sie hinterher ein paar Bemerkungen über sein Spiel, sodass Ihr Kind merkt, dass Sie zugesehen haben.

Soziale Medien machen es den Eltern zwar einerseits leichter, soziale Beziehungen zu pflegen, andererseits werden diese dadurch noch mehr. Aber auf diese Weise können Sie wenigstens mit anderen Eltern in Kontakt bleiben, ohne dass Sie sie treffen oder mit ihnen telefonieren müssten. Problematisch wird es, wenn Sie die sozialen Medien nutzen und nicht einschätzen können, welche Emotionen hinter den Worten stehen. HS-Eltern reagieren verstärkt auf Dinge, die sie als Kritik oder Beleidigung auffassen. Und zu viel Zeit mit sozialen Medien zu verbringen, sorgt ebenfalls für Reizüberflutung, vor allem wenn Sie nebenher noch anderes erledigen.

Und was das freiwillige Engagement in Kindergarten oder Schule angeht:

- Beschränken Sie solche Aktivitäten, auch wenn Sie nicht arbeiten gehen oder anderweitig Druck haben. Ihre Hochsensibilität ist ja schließlich eine *Tatsache*.

- Tun Sie nur, worauf Sie Lust haben. Und gerade so viel, dass es im Vergleich mit anderen Eltern fair ist.

- Niemand kann wissen, wann Sie überstimuliert sind oder nur Ja sagen, weil Sie sich dazu verpflichtet glauben. Wenn Sie merken, dass es Ihnen zu viel wird, signalisieren Sie das Ihrer Umwelt: Sagen Sie klipp und klar Nein.

- Vergessen Sie nicht: Jeder, der freiwilliges Engagement von Ihnen einfordert, braucht dazu Ihren guten Willen. Sie engagieren sich *freiwillig*. Tun Sie gerade so viel, wie nötig ist, um nicht den Eindruck mangelnder Hilfsbereitschaft zu erwecken.

- Selbst wenn es sich toll anhört: Überlegen Sie, wie Sie sich fühlen werden, wenn Sie auf der Faschingsfeier der Schule den ganzen Tag Limonade ausgeschenkt oder mit mehreren Kindern und Eltern eine Wanderung gemacht haben. Vielleicht war es das wert, vielleicht aber auch nicht.

- Menschen, die nicht hochsensibel sind, stecken solche Sachen problemlos weg. Sie nicht. Also lassen Sie die anderen ruhig machen.

- Sie wissen mittlerweile ganz gut, wann Sie am besten sagen: »Das geht für mich in meiner momentanen Situation nicht.« Aber vielleicht sollten Sie schon früher abblocken: »Lassen Sie mich darüber nachdenken, ich komme dann auf Sie zu.«

Das Sozialleben in allen Altersstufen

Jedes Lebensalter Ihres Kindes hat seine eigenen sozialen Klippen. Mit Babys und Kleinkindern ist das Problem häufig die Isolation. In dieser Phase würden Sie Ihre Freunde, Nachbarn, Verwandten gerne öfter sehen. Sie wünschen sich förmlich eine Müttergruppe mit Kindern desselben Alters. Gleichzeitig werden Sie durch Ihr Kind mit vielen sozialen Gruppen und damit auch mit vielen unterschiedlichen Erziehungsstilen Bekanntschaft machen. Sie werden natürlich herauszufinden versuchen, wo Sie in dieser Hinsicht stehen. Gerade Verwandte streichen einem gerne ungefragt aufs Butterbrot, was sie von unseren Erziehungsmethoden halten. Hier hat jeder eine Meinung und jeder hat ein anderes Kind. Als HS-Eltern sollten Sie versuchen, diese Meinungen nicht allzu nahe an sich heranzulassen und nicht ständig zu grübeln, ob Sie Ihre Sache genauso gut machen wie andere Eltern. Vergessen Sie nicht: Sie und Ihr Kind sind einzigartig. Und was Sie und Ihr Kind angeht, sind Sie der Experte. Natürlich können Sie ein offenes Ohr für andere Lösungen behalten. Aber wenn Sie der Ansicht sind, dass bestimmte Methoden in Ihrem Fall nicht funktionieren, dann lassen Sie es einfach. Es gibt keine Allzwecklösung für alle Kinder bzw. Eltern.

Gehen unsere Kinder dann in die Schule, ergibt sich daraus eine Unmenge an sozialen Verpflichtungen. Hier müssen Sie Grenzen setzen, die Ihrem Energielevel entsprechen. Wir sind das beim Thema »Schuld« ja schon durchgegangen. Möglicherweise haben Sie jetzt tatsächlich mehr Energie übrig, weil Ihre Kinder in der Schule sind. Aber vielleicht haben Sie ja auch wieder angefangen zu arbeiten oder haben ein Hobby, das Ihnen helfen soll, sich zu entspannen. Vergessen Sie nicht, dass nicht alle Eltern die Elternschaft als ihre tiefinnerste Berufung erleben. Vielleicht ist es an der Zeit, dass Ihr Kind sich an den Gedanken gewöhnt, dass Sie und möglicherweise Ihre Familie – manchmal auch das Kind selbst – nicht so sind wie andere. Nutzen Sie die Gelegenheit, ihm beizubringen, wie man einen gesunden Nonkonformismus lebt. Man setzt Prioritäten im Leben und versucht, sich daran zu halten, auch wenn andere Menschen gerne hätten, dass wir sind wie sie.

Eine HS-Mutter schildert ihre Erfahrungen während der Schuljahre ihrer Kinder:

Mein größtes Problem im Moment ist, dass mein ältestes Kind fast jeden Tag mit ihrer Freundin spielen will. Und ich brauche wirklich Entspannung, wenn ich aus der Arbeit komme. Meine Bedürfnisse und ihre Wünsche passen so gar nicht zusammen. Das sorgt bei mir für Stress, aber ich bin auch traurig deswegen! Unsere Lösung ist, dass sie jeden Tag mit ihren Freunden draußen spielen kann. Einmal die Woche darf sie eine Freun-

din zum Spielen mit nach Hause bringen. Natürlich ist das nicht, was sie sich wünscht, aber sie hält sich an diese Regel.

Eine andere Mutter berichtet:

Es war schwierig, Freundschaften zu knüpfen, damit mein Sohn jemanden zum Spielen hatte. Mein Sohn war nun mal jünger, die anderen Jungs älter und reifer. Er hatte einen Freund und ganz wenige Spielverabredungen. Trotzdem haben mich diese wirklich ausgelaugt. Alles, woran ich denken konnte, war: »Wann hört denn das endlich auf?« Als mein Sohn älter wurde, konnte ich ihn bei seinem Freund lassen und ihn nach zwei Stunden wieder abholen. Ich konnte meine Emotionen niemandem erklären. Ich hatte das Gefühl, dass mich ohnehin niemand verstehen würde.

Sind Ihre Kinder schon im Teenie-Alter, können Sie sozialen Verpflichtungen häufig aus dem Weg gehen. Andererseits sollten Sie vielleicht besser die Eltern ihrer Freunde kennenlernen, um klare Entscheidungen treffen zu können, was Ausgangszeiten, Alkohol, Partys oder gar Drogen angeht. In diesem Alter mögen die Teenager meist nicht, dass Sie sich mit den Eltern ihrer Freunde beschäftigen. In diesem Fall ließe sich vielleicht mit der Hilfe anderer Eltern ein Fun-Event organisieren, zu dem alle Eltern eingeladen sind: eine Spielenacht, ein Picknick oder vielleicht eine Wanderung?

Lehrer

Die Beziehung zu den Lehrern ihres Kindes ist für die meisten Eltern eine Herausforderung, einfach weil Lehrer für ihr Kind so wichtig sind. Für Sie als Hochsensible ist der Umgang mit

Lehrern möglicherweise eine Ursache für Überreizung, vor allem wenn Sie selbst kein gutes Verhältnis zu Ihren Lehrern hatten. Daher ist es ratsam, vorher Ihr Lehrerbild zu überprüfen, das seine Wurzeln gewöhnlich in Ihrer eigenen Kindheit hat. Aber vielleicht hatten Sie ja auch anderweitig mit Lehrern zu tun.

Eine HS-Mutter berichtet:

Als meine Kinder in die Schule kamen, hatten wir nicht nur Stress beim Aussuchen der richtigen Schule und bei den Recherchen dazu, ob wir vielleicht in ein anderes Stadtviertel ziehen sollten, um unser Kind auf eine bessere Schule schicken zu können. Am schlimmsten war die Auseinandersetzung mit den Leuten im Schulsystem. Bei jedem Treffen überwältigte mich meine Hochsensibilität. Wenn ich ging, fühlte ich mich, als hätte man mich unters Mikroskop gelegt. Bei jedem einzelnen Treffen überfielen mich hinterher Zweifel. Nach den Lehrersprechstunden fuhr ich immer sofort heim und zog mich in meine Ecke zurück. All das war einfach zu viel für mich.

Vielleicht idealisieren Sie Lehrer auch. Ich habe das als Kind gemacht und tue es heute noch. Ich halte ihre Arbeit für unglaublich wichtig. Aber auch Lehrer sind nur Menschen, und manchmal so unglaublich jung. (Als Sie noch klein waren, wirkten sie alle alt und weise.) Häufig haben sie nicht so viel Erfahrung, wie Sie sich das wünschen würden. Oder Sie mögen Lehrer nicht besonders. Unter Umständen hatten Sie als Kind mit Ihren Lehrern nichts als Ärger, weil sie kein Verständnis für Ihre sensiblen Seiten hatten. Und manchmal sind Lehrer einfach schlecht in ihrem Beruf.

Wie auch immer Ihre persönlichen Erfahrungen mit Lehrern ausgesehen haben mögen: Gewinnen Sie Abstand, damit Sie sich mit dem Lehrer Ihres Kindes von Erwachsenem zu Erwachsenem unterhalten können, auf Augenhöhe also. Sie stehen nicht »eine Stufe darunter«, selbst wenn Sie sich verletzlich fühlen, weil ihr Kind verletzlich ist. Aber Sie sollten auch nicht versuchen, so zu tun, als stünden Sie »eine Stufe darüber«, selbst wenn das in gewissem Sinn zutrifft. Als Elternteil können Sie einem Lehrer gehörig Ärger machen.

Aber Sie wollen den Lehrer ja auch als einzigartigen Menschen ansprechen, der mit Ihnen auf einer Stufe steht. Daher ist es nützlich, den Menschen in ihm vorher kennenzulernen. Wenn Sie Gelegenheit haben, sollten Sie ein bisschen mit ihm plaudern, das »Verbindende« stärken. Vielleicht haben Sie ihn schon mal mit einem Hund gesehen. (Nichts tun Hundebesitzer lieber, als über ihr Haustier zu reden.) Sagen Sie ein paar nette Worte über die schöne Gestaltung des Klassenzimmers, vor allem wenn Sie dadurch die Rede auf ein offenkundiges Interesse oder Talent Ihres Gegenübers bringen können.

Vergessen Sie nicht, dass Lehrer meist überarbeitet sind. Anspruchsvolle Eltern sind daher ihr schlimmster Albtraum. Wenn Sie also dem Lehrer signalisieren wollen, dass Sie nicht zu »diesen« Eltern gehören, ist es klug, selbst vor einem kurzen Gespräch (Und ich empfehle Ihnen, Gespräche mit Lehrern kurz zu halten.) zu beobachten, ob der Lehrer gestresst wirkt. Dann können Sie eine Bemerkung fallen lassen, wie schwer diese Aufgabe doch ist, und Ihrer Dankbarkeit Ausdruck verleihen, dass Ihr Gegenüber sich ihr mit viel Einsatz widmet. Hier können Sie Ihr großes Einfühlungsvermögen beweisen!

Auch wenn Sie ein »schwieriges« Gespräch erwartet, sind solche Überlegungen vorab sinnvoll. Drücken Sie Ihre Anerkennung aus (ohne Unterwürfigkeit, schließlich arbeiten auch Sie hart)! Und bedanken Sie sich, dass Ihr Gegenüber sich Zeit nimmt, um Ihnen zuzuhören. (Ich weiß, dass Sie von Natur aus höflich sind, aber manchmal spielt unsere Nervosität uns einen Streich.) Erzählen Sie keine unnötigen, süßen Geschichten über Ihr Kind. Was Sie sagen, sollte sachdienlich sein und dem Lehrer mehr Informationen geben, die ihm helfen, Ihr Kind gut zu unterrichten.

Das größte Problem für hochsensible Eltern ist vielfach, dass sie die Kompetenz des Lehrers anzweifeln. Solche Zweifel kommen Ihnen vermutlich, wenn Ihre Kinder Ihnen Geschichten aus der Schule erzählen. Versuchen Sie, wenn möglich, selbst herauszufinden, was da los ist, zum Beispiel, indem Sie sich mit dem Lehrer unterhalten. Hierbei sollten Sie Ihre speziellen Begabungen einsetzen – Ihre Freundlichkeit, Ihr Geschick im Small Talk und kluge Strategien, um das Problem anzusprechen. Fallen Sie dabei aber nicht mit der Tür ins Haus, sodass Ihr Gegenüber sofort sämtliche Verteidigungswälle hochfährt. Lehrer werden nicht gern heruntergemacht, genauso wenig wie andere Menschen. Schon gar nicht von Eltern, die ihre Kompetenz bezweifeln. Sie haben einen Ruf zu verlieren und befürchten, dass die Gerüchteküche angeheizt wird und andere Eltern oder die Schulleitung davon Wind bekommen. Machen Sie sich klar, wie verwundbar Lehrer sind. Schließlich wollen Sie nicht mit dem »Schamball« in der Gegend herumkicken. Möglicherweise fängt dann ja auch die Lehrkraft an, Geschichten über Sie zu verbreiten. Wenn Sie ernsthafte Zweifel an der Befähigung einer Lehrkraft haben, reden Sie vorher mit den Eltern anderer Schüler aus dieser Klasse. Sollten Ihre Zweifel sich als berechtigt erweisen, können Sie diese als Gruppe der Schulleitung vortragen. Unterlassen Sie dabei alle abfälligen Bemerkungen über die Persönlichkeit des Lehrers. Beschränken Sie sich vielmehr auf konkrete Vorfälle aus dem Klassenzimmer. Vergessen Sie nicht: Auch die Schulleitung wäre wohl wenig begeistert, wenn Sie sie mit dem Vorwurf konfrontieren, solche Menschen dürften gar nicht erst unterrichten. Das wäre doch wohl so zu verstehen, dass auch die Schulleitung inkompetent ist. Schildern Sie nur konkrete Beobachtungen und überlassen Sie die Lösung des Problems der Schulleitung.

Übrigens ist es gar nicht so einfach, eine Lehrkraft zu kündigen. Die beste Lösung wäre also, die Lehrer einer Schule kennenzulernen und schon im Vorfeld dafür zu sorgen, dass Ihr Kind keinen Lehrer bekommt, den die meisten Eltern für problematisch halten. Normalerweise können Sie zu Beginn des Schuljahrs darauf noch Einfluss nehmen. Versuchen Sie nicht, Ihre Forderungen lautstark durchzusetzen. Weisen Sie nur darauf hin, dass Sie glauben, Ihr Kind würde in einer anderen Klasse besser abschneiden. Wenn Sie eine gute Beziehung zu einem der früheren Lehrer Ihres Kindes haben, dann können Sie diesen ja bitten, mit der Schulleitung zu sprechen.

Obwohl dies kein Buch über die Erziehung hochsensibler Kinder ist, wissen Sie natürlich, zu welchem Charaktertyp Ihr Kind gehört. Es mag gute Gründe geben, auf das besondere Temperament Ihres Kindes hinzuweisen, aber vergessen Sie nicht: Die meisten Lehrer wissen über Temperamentsunterschiede, auch wenn diese wissenschaftlich belegt sind, nicht Bescheid. Allerdings machen die meisten Lehrer selbst sehr ähnliche Beobachtungen, auch wenn sie diese nicht ausformulieren. Daher ist es sinnvoll, ein solches Gespräch einzuleiten mit Worten wie: »Bestimmt haben Sie auch schon die Beobachtung gemacht, dass manche Kinder, so wie meines, aktiver (oder stiller, leichter abzulenken und so weiter) sind.«

Dann beschreiben Sie das Temperament Ihres Kindes, indem Sie typische Verhaltensmuster schildern. Fragen Sie dann den Lehrer, ob es sich auch im Klassenzimmer so verhält. Dann können Sie gemeinsam überlegen, wie man eine positive Umgebung für Ihr Kind schafft, ohne dass Sie auf Temperamentsunterschiede hinweisen, die der Lehrer nicht kennt.

Häufig fürchten Lehrer auch, auf die Verschiedenheit jedes einzelnen Kindes einzugehen, würde ihnen mehr Arbeit machen. Sie aber wollen zeigen, dass es sehr viel einfacher ist, Ihr Kind zu unterrichten, wenn gewisse Unterschiede beachtet werden. Ist Ihr Kind hyperaktiv, weisen Sie darauf hin, wie es Ihrer Erfahrung nach Energie ablassen kann, bevor es sich an seine Aufgaben macht.

Medizinisches Personal für Sie oder Ihr Kind

Ärzte, Krankenschwestern, Pfleger und so weiter sind ebenfalls Menschen, mit denen wir in der Vergangenheit gute oder schlechte Erfahrungen gemacht haben. Für Sie als hochsensible Persönlichkeit fielen diese Erfahrungen vermutlich besonders intensiv aus. Diese persönliche Geschichte bringen Sie zu allen späteren Begegnungen mit. Auch hier sollten Sie sich bewusst machen, dass die Menschen, mit denen Sie zu tun haben, individuell verschieden sind. Sich mit anderen auf Augenhöhe zu befassen, ist immer hilfreich. Andererseits sind gerade Menschen im Gesundheitswesen sehr beschäftigt und haben wenig Zeit für ihre Patienten. Daher richten sie sich nach folgender Formel: ein bisschen Geplauder und dann geht's zur Sache. Die Arbeit soll schnell erledigt sein und Ergebnisse liefern. Das ist so ganz anders als Ihre Art, die Dinge anzugehen und vorher alles ganz besonders gründlich zu überdenken. Als Hochsensible/r haben Sie vermutlich sämtliche Symptome Ihres Kindes genau registriert und möchten sie daher auch vollständig darlegen. Gerade wenn Sie nervös sind, geraten Sie dabei leicht ins Stolpern. Am besten machen Sie sich vorher eine Liste und lassen vor und nach jedem Punkt ein bisschen Platz, sodass Sie sich Notizen machen können. Das zeigt, wie ernst Sie die ganze Sache nehmen. Leider hört das medizinische Fachpersonal schon nach zwei oder drei

Punkten nicht mehr zu. Man will Ihnen ja schließlich auch Fragen stellen. Manchmal klappt es besser, wenn Sie den Arzt zuerst fragen lassen. Helfen Sie ihm, damit er Sie nicht für einen dieser schwatzhaften Problempatienten hält. Am Ende aber ergänzen Sie, was er Ihrer Ansicht nach übersehen hat.

Wenn Sie ein Baby oder ein Kleinkind haben, brauchen Sie vor allem eine Praxis, die gut erreichbar ist und wo man Ihnen zuhört. Sie brauchen jemanden, den Sie im Notfall jederzeit anrufen können. Vertrauen Sie diesen Leuten? Kennen Sie die neuesten Empfehlungen? (Ich weiß, Sie haben das schon gecheckt. Manchmal ist es aber besser, der Partner übernimmt diese Recherchen, damit die möglichen katastrophalen Entwicklungen Sie nicht allzu nervös machen. Vielleicht treffen sie auf Ihren Fall ja gar nicht zu?)

Während der Schulzeit lernt man gewöhnlich viele andere Eltern kennen. Haken Sie nach, mit welchem Kinderarzt die anderen besonders zufrieden waren. Dies gilt vor allem, wenn Sie weiteren HS-Eltern begegnen. Das heißt nicht, dass Sie diese Person auch mögen müssen oder dass Sie zu dieser Ärztin gehen müssen, nur weil ein Freund sie empfohlen hat. Aber diese Gespräche können Ihnen viel Mühe ersparen und Sie müssen nicht allein auf Versuch und Irrtum setzen.

Ihr Ziel ist es, eine gute Beziehung zu Ärzten und Therapeuten herzustellen, die Bestand hat, bis Ihr Kind ins Teenageralter kommt. Diese Leute kennen Sie dann gut genug, um sich über Ihre Hochsensibilität nicht weiter aufzuregen, ob sie das Konzept nun verstehen oder nicht. Sie können Ihrem Kind auch helfen, sich bei medizinischem Fachpersonal sicher zu fühlen. Dann erlebt es Blutentnahmen und Impfungen auch angstfrei. Achten Sie darauf, dass der Arzt mit Ihrem Kind spricht und es entsprechend beruhigt.

Das oben Gesagte trifft natürlich genauso auf Sie selbst zu. Auch Sie brauchen jemanden, der begreift, wie stressig das Elterndasein ist und welche Auswirkungen das auf den Körper haben kann. Vielleicht bringen Sie mal Ihr Exemplar *Am Arsch vorbei – für Mütter* mit. Nicht als etwas, was der Arzt kennen sollte, sondern nur so als Lektüreempfehlung. Natürlich können Sie Ihren Arzt über Ihre eigene Hochsensibilität unterrichten. Gehen Sie dabei genauso vor, wie wir es eben am Beispiel Ihres Kindes durchgesprochen haben: »Sie wissen ja, dass manche Menschen (schmerzempfindlicher sind; mehr Fragen stellen; ihre Möglichkeiten gründlich durchdenken wollen, bevor sie sich entscheiden; manches vergessen und dann noch mal anrufen müssen). Ich gehöre auch dazu. Und ich bin im Allgemeinen einer der bravsten Patienten überhaupt. Sie werden auf Dauer mit mir keinen Stress haben.«

Fremde, die Sie auf der Straße ansprechen, weil sie das Verhalten Ihres Kindes unmöglich finden: eine Verfahrensanleitung

Für HS-Eltern sind solche Zusammenstöße oft schwer zu verkraften. Meist erfolgen diese Anfeindungen wie aus dem Nichts heraus, total überraschend. Und in der Öffentlichkeit fühlen wir uns ohnehin angreifbarer. Wir können unsere Kinder nicht ständig unter unserer Fuchtel halten. Sie sind nun mal laut und machen Unfug.

Zunächst einmal sollten Sie sich schlaumachen, was Erziehungsratgeber zu diesem Thema zu sagen haben. Meist eine ganze Menge.

Wenn Sie regelmäßig mit anderen Menschen in der Öffentlichkeit unterwegs sind, klären Sie im Voraus, wie Sie mit so einer Situation umgehen: Entweder Sie treten als Team auf oder Sie werden allein damit fertig. Auf diese Weise vermeiden Sie, dass Sie und Ihre Begleitung nicht an einem Strang ziehen, was die Auseinandersetzung häufig noch befeuert. Vielleicht gehört Ihre Begleitung ja nicht zu den Hochsensiblen und kann das Ganze für Sie übernehmen, sodass Sie sich weniger aufregen.

Überlegen Sie sich im Voraus einige Antworten von sehr bis deutlich weniger höflich. Zum Beispiel: »Danke für Ihren Rat. Ich werde später darüber nachdenken.« Oder: »Es gibt eine Vielzahl von Erziehungsstilen. Hier sehen Sie, wofür ich mich entschieden habe.« Und: »Ich brauche im Augenblick wirklich keinen Rat in Erziehungsfragen. Eigentlich ist das ja wohl deutlich erkennbar.« Und der ultimative Schlag: »Sie haben von Kindern wirklich nicht viel Ahnung, oder?«

In meinen Augen überschreiten diese Leute eine Grenze, wenn klar ist, dass Sie ohnehin schon erschöpft sind und niemanden um Hilfe gebeten haben, selbst wenn der Rat gut gemeint ist. Sie kennen weder Sie noch Ihr Kind und wissen nicht, was bis zum entscheidenden Augenblick alles vorgefallen ist. Wenn solche Bemerkungen Ihnen zu schaffen machen, sollten Sie Ihre Durchsetzungsfähigkeit schulen, vielleicht sogar einen Selbstverteidigungskurs absolvieren. Üblicherweise macht man dies in Gruppen, aber Sie finden dazu auch einige Tipps im Internet. Ich habe einmal einen kurzen Selbstverteidigungskurs für Frauen absolviert. Unsere erste Aufgabe war, eine Antwort zu finden, wenn jemand neben uns plötzlich die Hand auf unseren Oberschenkel legt. (Danach mussten wir selbst das bei unserer Nachbarin machen.) Man sollte nur sagen: »Ich mag das nicht. Hören Sie auf, mich zu berühren.« Es war wirklich erstaunlich, zu sehen, wie schwer es vielen Frauen fiel, das ohne Training zu sagen. Als HS-Elternteil müssen Sie vielleicht nur sagen: »Es gefällt mir nicht, was Sie da machen. Hören Sie auf!«

Wie Sie über Ihre Hochsensibilität und Ihren Erziehungsstil sprechen lernen

Bei Gesprächen über Ihre Art der Erziehung kommt die Rede manchmal auch auf Ihre Hochsensibilität. Wenn dabei nur bestimmte Verhaltensweisen angesprochen werden, die Ihr Gegenüber missbilligt, bleiben Sie bei diesem Thema. Findet Ihr Arzt oder Kinderarzt vielleicht, dass Sie sich zu viele Sorgen machen? Nehmen Sie dazu Stellung: »Ich versuche ja, einen Mittelweg zwischen zu viel und zu wenig Sorge zu finden. Ich bin sicher, Sie kennen beide Elterntypen. Je mehr Informationen Sie mir geben können, desto weniger werde ich mich sorgen.«

Oder Sie entgegnen: »Was genau finden Sie denn an meiner Sorge kritisch?« Wenn man Ihnen vorwirft, zu dünnhäutig zu sein, sagen Sie: »Ich habe Ihre Aussagen ernst genommen. Ist das etwa ein Problem?« Die entscheidende Frage dabei ist: »Welcher Aspekt meiner Hochsensibilität stört Sie?« Und die Quintessenz Ihrer Antwort sollte sein: »Das ist einfach meine Natur und die anderer Menschen, die so sind wie ich. Ich denke nun mal gründlicher über alles nach.« (Wahlweise: »Ich habe nun mal ein Auge für Details.« – »Mir kommen eben leicht die Tränen.« – »Ich kann mich gut in mein Kind einfühlen, und das war uns in der Vergangenheit immer von Nutzen.«)

Vielleicht meint der Lehrer Ihres Kindes ja, Sie seien übermäßig fürsorglich. Überlegen Sie zunächst einmal, ob Sie das auch finden. HS-Eltern passiert das schon mal. Wenn Ihr Gesprächspartner viel Erfahrung mit Eltern und Kindern hat, ist sein Hinweis für Sie vielleicht nützlich. Treten Sie als jemand auf, der einen Ratschlag durchaus zu schätzen weiß. (Oder tun Sie zumindest so.)

Wenn Sie nicht einverstanden sind mit dem, was die Person über Ihre Hochsensibilität sagt, verlangen Sie, dass sie sich genauer ausdrückt: »Hört sich an, als wären Sie nicht einverstanden mit dem, was ich mache. Ich weiß Ihre Erfahrung zu schätzen: Daher finde ich, wir sollten darüber reden.« Wenn Sie das Gefühl haben, im Recht zu sein, sollten Sie Ihre Position mit Fakten und Beispielen verteidigen.

Wenn die Möglichkeit besteht, dass diese Person Ihnen in den Jahren Ihrer Erziehungstätigkeit immer wieder begegnet, sollten Sie versuchen, sie über Ihre Hochsensibilität zu informieren. Zuerst aber sollten Sie sich Gedanken machen, wie Ihr Gesprächspartner möglicherweise reagieren wird. Selbst wenn Sie sich nahestehen, wird sich die andere Person möglicherweise ausgegrenzt fühlen, wenn Sie ohne Vorwarnung Ihren Wesenszug ansprechen, weil Sie dabei einen Unterschied zwischen sich und diesem Menschen machen. Für andere Menschen hört sich das manchmal so an, als forderten Sie eine Sonderbehandlung. Das mag alles richtig sein, aber Sie werden mit der Zeit lernen, hier selbstbewusster aufzutreten. Lassen Sie Ihrem Gesprächspartner Zeit, auf Ihre Mitteilung einzugehen. Achten Sie darauf, Ihren Wesenszug nicht als Rechtfertigung einzusetzen, um dem anderen die Erfüllung eigener Wünsche und Bedürfnisse vorzuenthalten, wenn es letztlich gar nicht um Ihre Sensibilität geht. Menschen, die Ihnen bei der Kindererziehung zur Hand gehen, finden es vielleicht sogar gut, über Ihre Sensibilität Bescheid zu wissen, um Ihnen besser helfen zu können. Aber auch darunter sind natürlich immer ein paar, die nichts anderes hören als die »Extrawurst«, die Sie angeblich gebraten haben wollen. Und die Hochsensibilität als Erfindung Ihrer- und meinerseits betrachten. Vertrauen Sie Ihrer Intuition. Sie hilft Ihnen, ein Gefühl dafür zu bekommen, wann jemand so denkt.

Menschen, die Ihnen helfen, wie zum Beispiel Lehrer oder andere Eltern, sollten hingegen unbedingt über Ihren Wesenszug Bescheid wissen, weil Sie ja wiederum gerade dadurch einen wertvollen Beitrag leisten können. Überlegen Sie, was diese Menschen von Ihrer Sensibilität haben, und erklären Sie, wie sich das praktisch gestaltet: »Sie haben schon recht. Manchmal weiß ich besser als Sie, was Ihre Kinder brauchen, wenn wir alle zusammen sind. Das ist Teil dieses Hochsensibilitätsdings.« Und so weiter. Schildern Sie Ihnen diese Sensibilität so, dass sie den Wunsch entwickeln, Sie beschützen zu wollen, damit Sie weiter für andere nützlich sein können. Erklären Sie ihnen genau, was Sie von ihnen brauchen oder nicht.

Wenn Sie möchten, dass eine Gruppe von Eltern Sie besser versteht, versuchen Sie es mal damit: Sprechen Sie zuerst mit einer extrovertierten Person aus dieser Gruppe, die Sie mag und versteht, was in Ihnen vorgeht. Diese Person wird dann auf nette Weise für Sie eintreten.

Wenn Sie mit anderen Menschen, die Sie ebenfalls für hochsensibel halten – seien dies nun Eltern, Lehrer oder Verwandte –, über Ihren Wesenszug sprechen wollen, dann werden diese Ihre Informationen zu schätzen wissen. Aber vergessen Sie nicht: Auch Sie waren anfangs zwiegespalten. Vielleicht fühlt sich Ihr Gegenüber ja schubladisiert, so als gäbe es bei diesem Wesenszug kein Entkommen. Oder die Person fühlt sich als defizitär abgestempelt, weil sie sich vielleicht schon immer so gefühlt hat. Wenn Ihr Gesprächspartner Ihnen sagt, dass er nicht hochsensibel ist, weil er eben nicht in eine Schublade gesteckt werden möchte, dann müssen Sie das akzeptieren. Und bitte vergessen Sie nicht, stets die *positiven* Aspekte der Hochsensibilität herauszustreichen.

Noch ein letzter Punkt: Manche Menschen sind beleidigt, wenn man sie als »nicht sensibel« bezeichnet, geradezu also seien sie nicht einfühlsam oder fürsorglich. Diesen Leuten können Sie sagen, dass »sensibel« in diesem Zusammenhang eine andere Bedeutung hat. Ihre Sensibilität bedeutet, dass Sie für Umgebungsreize empfänglicher sind als andere Menschen und dass

Sie daher endlos über alle möglichen Dinge nachdenken. Vermeiden Sie es, auf Ihre stärkere »Verarbeitungstiefe« oder »Empathie« hinzuweisen. Versichern Sie Ihren Mitmenschen, dass Sie sie durchaus für einfühlsam halten (wenn Sie das tun) und dass Hochsensible alles andere als empathisch sind, wenn sie unter Reizüberflutung leiden. Wenn sie dann immer noch Probleme damit haben, dass Sie anders sind, dann ist das eben so: grrrr!

Wie Sie Ihre Hochsensibilität erklären können

Es geht hier um einen ganz normalen biologischen Unterschied zwischen den Menschen, der bei ungefähr zwanzig Prozent der Bevölkerung erblich auftritt. Tatsächlich hat man ihn auch bei höheren Tierarten beobachtet. Wir machen uns über alles gründlich Gedanken, registrieren Feinheiten eher und empfinden die Dinge intensiver als andere Menschen.

- Wenn Sie mögen, können Sie noch hinzufügen: *Jeder Mensch, der viele Details registriert und diese verarbeiten muss, ermüdet logischerweise schneller. Wir sind wirklich sehr empfänglich für Überstimulation.*
- Wenn Ihr Gegenüber dann immer noch Interesse zeigt, erklären Sie: *Der Unterschied geht wirklich tief. Er zeigt sich in einfach allen Lebensbereichen. Wir sind schmerzempfindlicher als andere, reagieren stärker auf Koffein, Medikamente, Raumtemperatur, Licht und Hunger. Wir reflektieren die Dinge stärker und lernen langsamer, dafür aber gründlicher. Und wir sind außerordentlich gewissenhaft.*
- Wenn man Sie dann auf Schüchternheit, Ängstlichkeit und so weiter anspricht, fügen Sie hinzu, dass ungefähr zwei Drittel der Hochsensiblen Reize ausfiltern, indem sie int-

rovertiert werden: Sie ziehen wenige gute Freunde einem großen Freundeskreis vor. Sie halten sich nicht gerne in Gruppen auf und der Kontakt mit Fremden belastet sie. Ungefähr ein Drittel der Hochsensiblen aber ist extrovertiert. Manchmal wirken wir Hochsensiblen ängstlich oder gehemmt, weil wir uns länger Zeit lassen, um eine Situation zu prüfen. Und das kann für andere dann wie Angst wirken.

- Wenn Sie über Ihre Hochsensibilität sprechen, stellen Sie sich folgende Fragen:
- Wie wichtig ist dieser Mensch für Sie und für das Wohlergehen Ihres Kindes?
- Wie viel Zeit haben Sie, um Ihren Wesenszug zu erklären?
- Wie wahrscheinlich ist es, dass Ihr Gegenüber Ihnen zuhört? Oder dass diese Person sich zumindest verpflichtet fühlt, Ihnen zuzuhören, ob sie nun will oder nicht?
- Wie viel wissenschaftliche Daten sind in diesem Fall angemessen? Würden sie in diesem Fall eher nützen oder schaden?
- Welche Autorität würde Ihr Gegenüber respektieren? Das können andere Eltern sein, Lehrer oder Menschen, die Sie gut kennen, aber auch Wissenschaftler wie ich, die sich mit dem Thema wissenschaftlich auseinandergesetzt haben.
- Ist es vielleicht besser, anfangs noch nicht allzu viel zu erklären, sondern lieber abzuwarten, ob sich Ihr Gesprächspartner überhaupt interessiert zeigt? Vielleicht können Sie die Neugier des anderen anstacheln?
- Wie viel Interesse ist überhaupt vorhanden? Halten Sie nach subtilen Signalen Ausschau, und nehmen Sie es nicht persönlich, wenn der andere sich nicht für Ihren Wesenszug interessiert. Vielleicht hat er gerade zu viel um die

Ohren. Oder Ihr Gegenüber möchte, dass Sie ihn für informiert halten. Für manche Menschen (gerade für Männer) ist das Thema auch beängstigend.

Zu guter Letzt

Die sozialen Kontakte (Reize), die es mit sich bringt, ein Kind zu haben, sind für viele HS-Eltern eine echte Herausforderung. Das sollten Sie immer im Hinterkopf behalten. Sie sind ein kreativer Mensch. Sie können dieses Problem lösen. Wenn Sie wissen, was Sie brauchen, haben Sie auch das Recht, darauf zu bestehen. Als hochsensible Persönlichkeit werden Sie Mittel und Wege finden, das diplomatisch zu tun. Alle HS-Eltern müssen lernen, Grenzen zu setzen und Nein zu sagen. Sanft, aber bestimmt. Diese Fähigkeiten kommen Ihnen schließlich auch mit Ihrem Kind zugute. Üben Sie sich also darin, so oft Sie dazu Gelegenheit haben.

7
Hochsensible Eltern und ihre Partner

Welche heiklen Punkte es gibt, und wie Sie damit umgehen

Keiner von uns beiden mag Konflikte, daher war unsere Beziehung immer sehr harmonisch. Seit die Kinder da sind, gibt es immer wieder Auseinandersetzungen zwischen uns, aber ich kann damit gut leben. Sie sind es schließlich, die uns als Menschen definieren!

In diesem Kapitel werden wir uns mit den Problemen des Elterndaseins im Allgemeinen beschäftigen und der Frage nachgehen, wie sich diese speziell auf Hochsensible auswirken. Überprüfen Sie anhand dieser Erklärungen, ob es in Ihrem Leben eventuell ähnliche Problemfelder gibt. Aber natürlich wollen wir nicht nur über Probleme reden, sondern auch Lösungsmöglichkeiten aufzeigen. Im folgenden Kapitel werden wir uns daher damit beschäftigen, wie sich diese Lösungsmöglichkeiten am besten praktisch umsetzen lassen. Warum habe ich diese Thematik auf zwei Kapitel verteilt? Weil nicht alleinerziehende Eltern, vor allem HS-Eltern, eine gesunde Partnerschaft brauchen, da ansonsten die Gefahr besteht, dass die Beziehung nach der Geburt des Kindes auseinanderbricht. Viele HS-Eltern klagen, dass sie sich nicht »um zwei Kinder« kümmern können. Dann fallen Äußerungen wie: »Mein Partner glaubt einfach nicht, dass meine Hochsensibilität das Elterndasein für mich schwierig macht.« Solche Beziehung zerbrechen meist.

Haben Sie keinen Grund zu einer solchen Aussage, sind Sie am Ende des Buches angekommen. Gratuliere! Sind Sie in Ihrer Beziehung hingegen mit dieser Problematik konfrontiert, dann würde ich Ihnen empfehlen weiterzulesen.

Neue Herausforderungen und neue Chancen

Es ist für alle Paare eine enorme Herausforderung, wenn sie Eltern werden. Die schlechte Nachricht ist: Im Allgemeinen finden alle Eltern ihre Beziehung weniger befriedigend, sobald Kinder da sind.[54] Das Gute daran ist, dass es HS-Eltern damit keineswegs schlechter ergeht. Nach ihrer Beziehung befragt, antworteten sie im Durchschnitt genauso wie andere Eltern: ob sie in ihrer Beziehung glücklich sind, ob sie ihren Partner für einen guten Vater bzw. eine gute Mutter halten, ob ihr Partner sie für einen guten Vater bzw. eine gute Mutter hält oder ob der Partner von ihrem speziellen Elternsein vielleicht enttäuscht ist. Mit ein paar Ratschlägen, so glaube ich, kommen HS-Eltern sogar besser davon. Warum auch nicht? Wir besitzen ja offensichtlich größeres Einfühlungsvermögen, mehr Intuition und auch einen höheren Grad an Gewissenhaftigkeit.

Was Sie wissen müssen, um Ihre Beziehung zu stärken, finden Sie in meinem Buch *Hochsensibilität in der Liebe*,[55] ob nun Sie allein oder auch Ihr Partner hochsensibel ist. Aber Paarbeziehungen verändern sich immer, wenn ein Kind dazukommt. Daher wollen wir uns auf diese Veränderung konzentrieren – um aus dem Übergang ins Elterndasein einen Übergang in eine vertiefte, widerstandsfähigere Beziehung zu machen.

Einige der hier vorgestellten Tipps entstammen den letzten drei Kapiteln von Rick Hansons Buch *Mother Nurture*[56], das ich Ihnen nur empfehlen kann. Mit einer Einschränkung: Es geht darin nicht um Hochsensible und auch nicht um Väter.

Die fünf großen Probleme

Es gibt fünf Probleme, die die meisten Paare beim Übergang ins Elterndasein bewältigen müssen. Für HS-Eltern kann dies besonders schwierig werden. Aber keine Sorge: Nach der Vorstellung der großen Fünf werden wir uns auch mit Lösungsvorschlägen beschäftigen, sowohl in diesem wie im nächsten Kapitel.

Problem 1: Diese neue Schärfe im Ton

Meine Ehe stand total unter Druck, hauptsächlich weil meine Töchter meine Gesellschaft der aller anderen Menschen vorzogen, solange sie noch klein waren. Mein Mann gab die Schuld der Tatsache, dass ich stillte. Er wünschte sich Kinder, die früh unabhängig wären. Je mehr er sie zur Unabhängigkeit ermutigte, je mehr seine Ängste hochkochten, desto mehr wollten sie (natürlich) mit mir zusammen sein. Eines Abends steckte ich Spaghetti in einen Topf mit kochendem Wasser, während meine Kleine an meinem Bein klebte. Ich war mehr als erschöpft. Mein Mann kam heim und fragte die Kleine, ob sie spielen wolle. Sie sagte: »Nein, warum gehst du nicht wieder ins Büro?« Mein Mann, der eigentlich ein sehr ruhiger Mensch ist, ging in die Luft und schrie mich an: »Du wolltest ja eine enge Bindung zu deinen Kindern. Jetzt hast du sie.« Dann schlug er die Tür zu und verschwand.
Wie wir das überstanden haben? Ich spotte heute noch, dass wir einfach zu fertig waren, um uns scheiden zu lassen. Und doch ist unsere Familie heute glücklich. Alles klappt bestens, wir stehen uns nahe, jetzt, wo die Kinder fünf und neun sind. Heute würde uns kein Mensch glauben, was wir durchgemacht haben.

Nach der Geburt machen sich neue Stressfaktoren in Ihrem Leben bemerkbar, ob Sie und Ihr Partner nun hochsensibel sind oder nicht. Vermutlich sind Sie jetzt weniger nett zueinander und öfter gereizt. Sie hören es an der Stimme des anderen. Weder Sie noch Ihr Partner finden das gut, aber vermutlich ist der HS-Elternteil davon noch gestresster. Hochsensiblen geht so etwas nahe. Sie fühlen mehr als andere, dass damit eigentlich Schluss sein sollte, obwohl gerade sie es sind, die am häufigsten auf die beschriebene Weise reagieren. Zum einen, weil Sie besonders schnell erschöpft sind und das Elterndasein an sich als schwierig empfinden. Zum anderen, weil wir Hochsensiblen gerne kritisieren. Uns fällt ja einfach alles auf, auch Dinge, die uns am anderen stören. Noch schlimmer: Wenn Ihr Partner nicht hochsensibel ist, ist er von Ihren Bemerkungen vermutlich völlig unbeeindruckt. Und das macht Sie zur überkritischen Nörglerin.

Problem 2: Enttäuschung und versteckte Ressentiments

Enttäuschung und Ressentiments können dauerhaft emotionalen Ballast hinterlassen, der jeden Austausch vergiftet. Das Elterndasein aktiviert da mitunter alte Verletzungen, fügt aber auch neue hinzu. Auch hier empfinden Hochsensible alle Emotionen stärker und verarbeiten sie tief gehender. Als HS-Elternteil sind Sie vermutlich vorsichtig, wenn es darum geht, ein heikles Thema anzuschneiden. Schließlich wollen Sie ja nett sein oder fürchten eine mögliche Überreizung. Das sind gleich zwei Gründe, weshalb Sie öfter Ressentiments hegen als andere. Sie sprechen Enttäuschungen einfach nicht gerne an.

Ist Ihr Partner weniger sensibel, so belastet Sie das nun vielleicht mehr als vorher. Schließlich wünschen Sie sich, dass Ihr Partner sich ebenso in die Kinder einfühlen kann, damit nicht immer Sie es sind, der/die als Erste/r ein Problem bemerkt und aktiv wird, während Ihr Partner Ihnen erklärt, dass das Ganze reine Einbildung sei. Noch schlimmer ist das fehlende Eingehen auf Ihre Gefühlswelt, wo Sie doch das Auf und Ab der elterlichen Emotionen und die neu hinzugekommene Verantwortung so intensiv erleben. Manchmal entstehen Ressentiments auch, weil Sie und Ihr Partner Entscheidungen getroffen haben, bei denen Sie im Vorhinein aufgrund Ihrer für gewöhnlich guten Intuition massive Bedenken wegen der möglichen Konsequenzen angemeldet haben. Sie haben diese Zweifel zwar geäußert, doch Ihr Partner ist nicht darauf eingegangen. Geht dann tatsächlich etwas schief, nehmen Sie es übel, dass niemand auf Sie hören wollte, und sind wütend auf Ihren Partner.

Eines der großen Probleme ist die Frage, ob Sie überhaupt ein Kind haben wollten oder nicht. Häufig ist der Kinderwunsch bei beiden Partnern nicht gleich stark ausgeprägt. Wenn Sie mehr Zweifel hatten als Ihr Partner, dann leiden Sie vielleicht jetzt unter einem tief sitzenden Groll, weil Sie sich zum Elternsein haben überreden lassen. Oder Sie wollten ein zweites Kind, kamen aber mit Ihrem Partner überein, dies sein zu lassen. Auch dies kann zu lebenslangem Unmut führen, wenn Sie nicht achtsam sind. Wie verlief denn die Geburt? Vielleicht hat dieses Ereignis Sie emotional mehr belastet, als Sie erwartet haben. Als Mutter hatten Sie vielleicht das Gefühl, mehr emotionale Unterstützung zu brauchen, als Ihr Partner Ihnen geben konnte. Wenn Sie sich an die Geburt erinnern, die für alle ein schwieriges Ereignis ist, für Sie aber natürlich am allermeisten, dann kann es sein, dass Sie es Ihrem Partner übel nehmen, dass er nicht ausreichend für Ihre Bedürfnisse eingetreten ist und das medizinische Personal veranlasst hat, doch auf Ihre Wünsche einzugehen.

Als HS-Vater wurden Sie Zeuge der Geburt, haben sich aber vielleicht ausgeschlossen und vergessen gefühlt. Vor allem, wenn

Ihre Partnerin sich um Hilfe an das medizinische Personal oder die Hebamme gewandt hat, obwohl Sie doch gemeinsam so viele Stunden Geburtsvorbereitung geübt haben. Vielleicht fühlten Sie sich auch später ausgeschlossen, wenn die frisch gebackene Mama ihrem Kind ihre ganze Aufmerksamkeit widmet. Wenn dann noch die Schwiegermutter kommt, um der jungen Mutter zu helfen, was ja häufig der Fall ist, dann haben Sie vielleicht das Gefühl, für die drei gar nicht mehr zu existieren. Keine Beziehung ist gesund, bevor diese Enttäuschungen angesprochen und die damit verbundenen negativen Gefühle ausgeräumt werden.

Problem 3: Wie wollen Sie Ihr Kind erziehen?

Es machte mich fassungslos, als mein Mann meinte, die Schwächen unseres Kindes seien allein mein Fehler, weil ich unseren Sohn zu oft getröstet hätte, zu viel Geduld an den Tag gelegt und ihn so zu einem Schreikind erzogen hätte.

Ein HS-Vater berichtet:

Vor allem abends machten wir Unterschiede im Umgang mit den Kindern. Manchmal teilten wir die Kinder auf: Meine Frau brachte das nicht hochsensible Kind zu Bett, während ich mich noch eine Weile mit unserer hochsensiblen Tochter beschäftigte. Sie durfte Fragen stellen, bekam noch ein bisschen was zu essen und durfte länger aufbleiben. Wir guckten uns gemeinsam Kinderbücher oder Quartettkarten an. Ich fand es nur natürlich, dass sie manche Dinge in ihrem Rhythmus machen konnte, ohne dass sie unterbrochen wurde. Sie durfte selbst aussuchen, was sie machen wollte, und musste nicht mit ihrer Schwester um Spielsachen kämpfen. Andererseits war das keine leicht zu wiederholende Abendroutine. Auch die Zeit

zum Zubettgehen war jedes Mal eine andere. Meine Frau hatte das anders geplant.
Ich gab auch leichter nach, als meine Frau das getan hätte, vor allem wenn ein Wutausbruch unmittelbar bevorzustehen schien. Ich ertrage das Geschrei nun mal nicht lange.

Eine HS-Mutter schildert den Umgang mit ihrem autistischen Kind:

Mein Ex-Mann und mein neuer Partner (beide nicht hochsensibel) sind emotional und körperlich weniger ansprechbar, was mein Kind angeht. Sie erkennen einfach nicht, was in ihm vorgeht. Sie können zwei und zwei nicht zusammenzählen, vor allem, wo es um Sinnesreize geht. Weil mein Kind ihnen nicht mitteilen kann, was es stört, haben sie nicht so viel Verständnis wie ich.
Das ist an sich schon eine Belastung für die Beziehung, weil wir eine völlig andere Sicht auf die Situation haben.

Alle gemeinsam erziehenden Eltern müssen sich darüber einig werden, wie sie ihr Kind erziehen wollen. Hinzu kommen noch all die Alltagsentscheidungen, die sich aus dieser grundlegenden Philosophie ergeben. Das geht schon los mit den allgemeinen Werten. Wie soll Ihr Kind als Erwachsener sein? Legen Sie Wert auf einen guten Charakter? Auf viel Erfolg? Auf Selbstbewusstsein? Neugier? Großzügigkeit und Güte? Soll Ihr Kind sich anpassen können, damit es nie ausgeschlossen wird? Oder soll es ein unabhängiger Querdenker werden? Ist Ihnen Bildung wichtig? Weisheit? Spiritualität? Möchten Sie, dass es die Traditionen Ihrer Kultur vertritt?

Als HS-Elternteil haben Sie vermutlich all diese Fragen und ihre Konsequenzen gründlich durchdacht. Wenn dies auf Ihren

Partner nicht zutrifft, hat er/sie vermutlich keine klaren Vorstellungen, was den Umgang mit Ihrem Nachwuchs angeht. Aber natürlich möchten Sie, dass Sie beide sich in dieser Hinsicht einig sind, denn sonst treffen Sie im Alltag ganz unterschiedliche Entscheidungen. Möglicherweise aber finden Sie hier auch zu keiner Einigung. Obwohl Sie Ihren Standpunkt ausführlich begründen können, ist Ihr Partner anderer Ansicht und vertritt eine Haltung, die Sie schlimmstenfalls auch noch als irrational empfinden.

Problem 4: Die Arbeitsteilung

Mein Mann gehört nicht zu den Hochsensiblen und hatte anfangs enorme Probleme damit, dass ich nicht alles allein machen kann, dass ich häufige und regelmäßige planbare Pausen brauche und mich auch mal ablenken muss. Ehrlich gesagt, muss ich immer noch um meine Auszeiten kämpfen. Aber ich weiß, dass er einspringen kann, wenn es bei mir nicht mehr geht. Er entfaltet einen stabilisierenden Einfluss auf die Kinder. Diese würden das Leben ziemlich schwierig finden, wenn jedermann so gefühlvoll und nachdenklich wäre wie ihre Mutter.

Kinder zu erziehen ist harte Arbeit. Häufig streiten Paare auch darüber, ob jeder dabei seinen fairen Anteil leistet, oder über die Frage, wer was macht. Ich weiß aus Erfahrung, dass zusammenlebende Partner, die ihren Anteil an der Hausarbeit prozentual beziffern sollen, am Ende immer bei mehr als 100 Prozent landen. Es ist so leicht, den Anteil des anderen zu unterschätzen. Die meisten Studien haben ergeben, dass Frauen einen größeren Teil der Hausarbeit übernehmen, auch wenn sie einen Job haben. Ich kann mir auch gut vorstellen, dass HS-Eltern – ob nun weiblich oder männlich – mehr tun. Schließlich sind sie unglaublich gewissenhaft. Chaos belastet sie mehr. Daher ist ihr Bedürfnis nach Ordnung meist größer als das des Partners. Da sie sich intensiv auf die Bedürfnisse der Kinder einstellen, springen sie morgens als Erste aus dem Bett, um sich um die Kleinen zu kümmern. Außerdem treten HS-Eltern weniger für ihre Rechte ein. Sie übernehmen lieber mehr Arbeit, als sich mit dem Partner zu streiten.

Andererseits kann es auch sein, dass HS-Eltern klar ist, dass sie weniger tun können als der Partner, einfach weil sie so häufig unter Reizüberflutung und Erschöpfung leiden.

Meist entzündet sich der gegenseitige Unmut an der fairen (oder eben nicht) Aufteilung der Hausarbeit und anderer langweiliger Seiten der Kindererziehung – jene Verrichtungen, auf die niemand so recht Lust hat. Es reicht einfach nicht, »draußen in der Welt das Geld zu verdienen«. Denn draußen in der Welt das Geld zu verdienen heißt gewöhnlich: weniger Belastung, weniger Isolation, kein Verlust der sozialen Identität. Am Wochenende will der arbeitende Partner dann »Zeit mit den Kindern verbringen«. Schön und gut, aber was ist mit den öden Dingen, die auch gemacht werden müssen?

Dass hier eine Lösung gebraucht wird, zeigt schon folgende Tatsache: Es ist nicht gut für Kinder, wenn sie mit einer ungleichen Verteilung der Hausarbeit aufwachsen.

Problem 5: Nähe bewahren

Kinder zu haben verändert alles, vor allem die Zeit, die für Sie als Paar bleibt. Und auch die Art und Weise, wie Sie diese Nähe leben können. Nun müssen Sie gemeinsam Aufgaben erledigen und als Familie zusammenstehen. Es gibt ausführliche Diskussionen über gemeinsame Probleme. Vielleicht träumen Sie ja zu zweit davon, wie es sein wird, wenn die Kinder mal aus dem Haus sind! Doch gerade HS-Eltern brauchen mehr, denn sie empfinden den Verlust an Nähe und Inhalten als besonders schwer erträglich. Unsere Umfragen zeigen, dass Hochsensible tief schürfende Gespräche zu schätzen wissen. Natürlich kann es diese immer noch geben, aber dann drehen sie sich meistens um die Probleme der Kinder. Möglicherweise reicht Ihnen das nicht.

Natürlich wissen Sie, dass Ihre Paarbeziehung nun in die zweite Reihe rückt angesichts all der Dinge, die Sie zu erledigen haben. Aber fragen Sie sich selbst (und Ihren Partner), wie sehr Sie der Nähe nachtrauern, die Sie hatten, bevor die Kinder kamen. Wenn Sie beide unter diesem Verlust leiden, wenn Sie Bitterkeit verspüren oder die Zuwendung des anderen vermissen, sollte Ihre Paarbeziehung eine höhere Priorität erhalten. Es steht in Ihrer Macht, diese Dinge zu verbessern, auch wenn sie im Augenblick tatsächlich gelitten haben.

Emotionen, die häufig keine Beachtung finden

Bevor wir uns nun den Lösungen für diese fünf Problemfelder zuwenden, sollten wir noch einen Blick auf den emotionalen Kontext werfen, in dem sie auftreten. Wir haben uns schon mit den Enttäuschungen und Ressentiments beschäftigt, die es im Elterndasein gibt. Aber diese stehen ja in einem weitaus größeren Zusammenhang. Wenn ein Kind geboren wird, empfinden Eltern intensive Gefühle – und das bleibt so. Diese Gefühle sind noch intensiver, wenn Sie zu den Hochsensiblen gehören. Daher sind sie das Fundament, auf dem die folgenden fünf Probleme gedeihen.

Zunächst einmal verändert die Geburt die Mutter vollkommen, was für Hochsensible natürlich noch mehr gilt. Sie verliebt sich mit einem Mal in ein kleines Kind. Sie fühlt sich diesem winzigen Körper tief verbunden, und diese Bindung löst sich erst, wenn die Kinder ein eigenes Leben führen. Aber selbst dann noch wird sie sie lieben und sich ihr Leben lang um sie sorgen. Ihre ganze Gefühlswelt wird von dieser massiven Veränderung geprägt. Hinzu kommen körperliche Veränderungen, die mit der Schwangerschaft und dem Stillen zu tun haben. Ich glaube, keine Frau – zumindest nicht heutzutage – ist auf diesen gewaltigen Wandel je ganz vorbereitet. Das Ganze ist ein Schock. Je nachdem, wie lange sie dann nicht an ihren Arbeitsplatz zurückkehrt, ist sie »nur« Mutter. Ihre soziale Identität wird eine andere. Und in den meisten Kulturen genießt das Muttersein nicht dieselbe Anerkennung wie »normale« Arbeit.

Trotzdem möchte ich mich hier auf den anderen Elternteil konzentrieren, in den meisten Fällen ist das der Vater. Einfach, weil gerade die väterlichen Emotionen bei diesem Prozess meist gar nicht beachtet werden. Das gilt gerade für HS-Väter. Die hier angesprochenen Themen gelten im Übrigen auch für gleichgeschlechtliche Paare. Wer was empfindet, hängt gewöhnlich davon ab, welcher Persönlichkeitstyp er ist und welche Rolle er in der Partnerschaft übernimmt. Ich werde hier aber weiter von Vätern sprechen, um jene Rolle zu beschreiben, die einer von Ihnen auf jeden Fall spielen wird.

Ein HS-Vater beschreibt dies so:

Tatsache ist, dass Väter meist dieselben Gefühle haben wie Mütter – dieselbe Freude und Sorge, denselben Schmerz. Allerdings macht man sich als Vater meist andere Gedanken. Da zeigen Paare, die Eltern sind, jeweils andere Neigungen. Aber die meisten Väter, vor allem HS-Väter, denken genauso viel über das Wohlergehen ihres Kindes nach wie eine Mutter. Außerdem erlebt auch der Vater einen Identitätswandel. Er wird vom jungen Mann (oder von »einem der Jungs«) zu einem Menschen, der an sein Heim und seine Kinder gebunden ist. Und er hat viel weniger Zeit für Freunde. Wo er vorher nur angehender Musiker, talentierter Künstler oder Super-Skateboarder war, ist er jetzt eben auch Vater. All die anderen Dinge rücken für eine ganze Weile ins zweite Glied zurück, wenn sie kein Geld einbringen.

Ist der HS-Vater der Hauptverdiener in der Familie, fühlt er sich vielleicht gedrängt, mehr Überstunden zu machen. Gleichzeitig wäre er lieber öfter zu Hause bei seinem Kind. Natürlich geraten auch Mütter manchmal in diese Lage, aber Frauen finden für diesen Zwiespalt mehr Verständnis als Männer. Ich bin sicher, dass arbeitende HS-Väter darunter leiden, so viel vom Leben ihrer Kinder zu verpassen, weil sie nicht daheim oder zu müde sind, wenn sie endlich nach Hause kommen.

Als Vater ist man meist tief beeindruckt, wie gut die Partnerin mit dem Kind umgehen kann. Viele sind dankbar, dass die Frau ihnen solch eine Erfahrung überhaupt ermöglicht hat. Gleichzeitig sehen die Väter die Erschöpfung, die Niedergeschlagenheit oder die gesundheitlichen Probleme, unter denen ihre Partnerin leidet. Vielleicht würden sie ja gerne helfen, nur um von der frustrierten Mutter zu hören, dies oder jenes hätte sie schon längst ausprobiert.

Dann hat der Vater das Gefühl, ohnehin nicht helfen zu können, und versucht es künftig vielleicht gar nicht mehr. So kann der Eindruck entstehen, als wäre er für die Partnerin nicht mehr so wichtig, weil die Kinder der neue Lebensmittelpunkt sind. Auch Sex erlebt das Paar nicht mehr so oft wie früher, auf jeden Fall deutlich weniger, als der Mann es gerne hätte. Kurz gesagt, empfindet der Mann es vermutlich so, als liebe seine Partnerin die Kinder mehr als ihn.

HS-Männer sind häufig stolz auf ihre Fähigkeit, durch kleine Maßnahmen die Aufgaben leichter zu machen. Dann fällt es ihnen schwer, zu akzeptieren, bei bestimmten Dingen, die die Frau öfter erledigt als sie, nicht so kompetent zu sein, wie es in der eigenen Vorstellung sein sollte. Muss er dann aus weiblichem Munde hören, wie er dies oder jenes besser machen kann, fühlt der Partner sich häufig kritisiert und findet seine Frau ein wenig »herrschsüchtig«. Ihm ist schon klar, dass sie so kurz angebunden war, weil sie es eilig hat und sich wünscht, er würde wissen, wie er dies oder jenes zu machen hat. Trotzdem fühlt sich das nicht gut an.

Als HS-Vater wollen Sie in solchen Situationen vermutlich möglichst rational reagieren. Aber Sie empfinden vieles nun mal intensiver. Sagt er in dieser Situation nichts, wächst der innere Groll. Weist er seine Partnerin darauf hin, bekommt er seinerseits Kritik ab, wenn er nicht sehr behutsam vorgeht.

Wenn die Kinder dann das Schulalter erreichen, gibt es neue Reibungspunkte und verdrängte Emotionen. Vielleicht sind die Eltern ja einfach zu beschäftigt, um sich eingehender um unterschwellige Emotionen und Stimmungen zu kümmern. Vielleicht haben die beiden Partner ganz unterschiedliche Vorstellungen, was man mit der nun anfallenden kinderfreien Zeit anfangen könnte. Der eine träumt vielleicht vom Wiedereinstieg in den Beruf, der andere sehnt sich danach, dass jetzt alles ein bisschen ruhiger läuft. Sie werden viel mehr als vorher mit Lehrern und anderen Eltern Beziehungen aufbauen. Da stellt sich natürlich die Frage, wer diese Kontakte hält, ob zum Beispiel beide Eltern mit den Lehrern reden oder welche emotionalen Befindlichkeiten man dabei ansprechen kann. Und es gibt noch tausend weitere Fragen zu Schule, Freunden und elterlichen Wünschen (in puncto Manieren, Hausarbeiten, Fernsehzeiten, Computernutzung, soziale Medien und darüber, wann Eltern und wann Kinder dies entscheiden dürfen). All diese Fragen sind unweigerlich mit Emotionen verknüpft, die das Paar mitunter nicht aufarbeitet.

Und während Sie gerade zu der Überzeugung gelangt sind, dass Sie ein Super-Elternteam abgeben, ist Ihr Sprössling unversehens im Teenageralter, was ganz eigene Herausforderungen mit sich bringt. Denn die Entwicklung des jugendlichen Gehirns macht den Teenager risikobereiter. Und natürlich denkt er/sie diese Risiken nicht durch. Vielleicht hat Ihr Kind ja auch Probleme, aus denen es Ihrer Ansicht nach nicht so leicht herauswächst, sodass sie am Ende gar seine Zukunft bedrohen. So ganz nebenbei kommen uns auch unsere eigenen Erfahrungen als Teenager wieder ins Gedächtnis. Und unser Nachwuchs, der langsam erwachsen wird, spielt mitunter die Eltern einfach gegeneinander aus.

So also sehen die fünf grundlegenden Probleme der Elternschaft und die damit verbundenen, wenig beachteten Emotionen aus. Nun wollen wir aber versuchen, Ihre Beziehung zu verbessern.

Wie Sie Ihre Kommunikationsfähigkeit stärken

Sie haben es in Ihrer Beziehung ja schon bis an diesen Punkt geschafft. Das heißt, Sie müssen kommunikativ schon über brauchbare Fähigkeiten verfügen. Sollte Ihnen diese achtsame Art der Kommunikation noch nicht in Fleisch und Blut übergegangen sein, schläft sie angesichts der Anforderungen des Elternseins mitunter ein. Daher wollen wir sie wieder wachküssen.

Empathie geben und empfangen – für Eltern ist plötzlich alles anders

Fangen wir mit der angeborenen Empathie an. Hochsensible sind besonders empathisch. Sie können sich gut in andere einfühlen. Wenn wir aber viel um die Ohren haben, überreizt sind oder einfach keinen Blick für unseren Partner erübrigen können, funktioniert das nicht. Vielleicht bemerken wir bestimmte Gefühle, sehen aber nicht das emotionale Gesamtbild wie oben geschildert. Dann müssen Sie unter Umständen die verschiedenen Phasen Ihrer Beziehung durchgehen und sich fragen, welche Gefühle damals präsent waren und bis heute fortbestehen.

Aktives Zuhören

Wenn Sie wirklich zuhören, ist dies nicht nur ein Geschenk für Ihren Partner, sondern erfüllt auch ein grundsätzliches Bedürfnis. Jeder Mensch sehnt sich danach, von einem Menschen, dem man wichtig ist, vollkommen verstanden zu werden, vor allem in schwierigen Zeiten. Zuhören wirkt Wunder, wenn der Partner sich falsch verstanden oder nicht wertgeschätzt fühlt. Es gibt kein größeres Geschenk. (Vergleichbar höchstens mit dem Aufräumen aller Legobausteine.)

Wie Sie vielleicht aus (wenn auch eher intuitiver als bewusster) Erfahrung wissen, heißt aktives Zuhören nicht nur, dass einer den Mund hält, während der andere redet.

Eine gute Möglichkeit, zu zeigen, dass man wirklich aufmerksam ist, ist reflektives (aktives) Zuhören. Wie das geht, erfahren Sie in den Stichpunkten weiter unten. Vielleicht üben Sie diese Technik ja mit jemandem, der darin gut ist und Ihnen Feedback geben kann. Sie werden erstaunt sein, wie weit Sie da vom Weg abkommen können. Sie müssen nicht immer alle Punkte berücksichtigen, aber je mehr Sie mit in Ihr Gespräch aufnehmen, desto besser werden Sie zuhören können.

Einfühlungsvermögen – Gebote und Verbote

Gebote

- *Spiegeln Sie dem anderen Gefühle wider*, die verbal oder nonverbal ausgedrückt wurden: »Ich verstehe, dass dies für dich ein großer Verlust ist.«
- *Zeigen Sie auch auf nonverbale Weise Interesse*: Sehen Sie Ihren Gesprächspartner an, beugen Sie sich vor. Und wenn etwas wirklich Wichtiges zur Sprache kommt, tun Sie bitte nichts weiter als zuzuhören.
- *Setzen Sie auf Vergleiche*, um zu veranschaulichen, welche Informationen bei Ihnen angekommen sind: »Hört sich an, als würdest du dich wie ein Waisenkind fühlen.« Sprachliche Bilder fangen ein Gefühl oft besser ein als bloße Beschreibungen.
- *Wenn Sie falschliegen, nehmen Sie's locker*. Vielleicht antwortet Ihr Gegenüber auf Ihr sprachliches Bild ja so: »Nein, nicht wie ein Waisenkind. Eher so, als wäre ich tot.« Greifen Sie das vom anderen verwendete Bild auf. So signalisieren Sie Ihre Hilfsbereitschaft und dass Sie nicht einfach nur Recht haben wollen.
- *Wenn Sie das Gefühl haben, dass Ihr Partner Ihnen nicht alles gesagt hat, haken Sie nach*: »Ist da noch etwas?« Vor allem Männer trauen sich oft nicht, ihre Verwundbarkeit auszudrücken. Sie sollten durch Ihre Körpersprache zeigen, dass er hier sicher ist: Beugen Sie sich vor. Lächeln Sie. Zeigen Sie sich sanftmütig. Manche Menschen wissen einfach selbst nicht, was sie empfinden, und brauchen mehr Zeit als eine hochsensible Persönlichkeit, um das herauszufinden.

Verbote

- *Beschränken Sie Fragen auf ein Minimum.* (Von »Ist da noch etwas?« mal abgesehen.) Stellen Sie Fragen nur, wenn etwas Wichtiges weggelassen wurde und Sie deshalb nicht folgen können. Selbst Fragen über die Gefühle des Gesprächspartners (»Wie hast du dich dabei gefühlt?«) sind weniger hilfreich als Rückmeldungen, mit denen Sie bestätigen, was vom Gesagten bei Ihnen angekommen ist. Fragen können ablenken oder den Eindruck erwecken, Sie wüssten, was der andere fühlen sollte. In einem anderen Kontext können Fragen hilfreich sein, nicht aber beim aktiven Zuhören.
- *Versuchen Sie nicht, dem anderen seine Gefühle auszureden.* Zum Beispiel so: »Du solltest dich nicht schuldig fühlen.«
- *Lassen Sie Ihre Erfahrungen außen vor.* Sagen Sie nicht etwas wie: »Mit mir hat sie dasselbe gemacht. Da habe ich gemerkt, dass es wenig Sinn hatte, sich da schuldig zu fühlen.«
- *Halten Sie sich mit Ihrer emotionalen Rückmeldung zurück.* Selbst ein »Es tut mir leid, das zu hören.« kann warten. So etwas kann das Gespräch in eine ganz andere Richtung lenken. Ihr Gegenüber spürt Ihr Mitgefühl und Ihre Anteilnahme schon daran, dass Sie dasitzen und zuhören.
- *Geben Sie keine Ratschläge.* Zumindest nicht, bis Sie die ganze Situation erfasst haben und Ihr Gegenüber dazu Ihre Meinung hören möchte.
- *Geben Sie keine intellektuellen Gemeinplätze zum Besten.* Zum Beispiel: »Ja, die Scheidung der Eltern kann massiven Einfluss auf das eigene Leben entfalten.«
- *Vermeiden Sie Klischees.* Wie: »Die Zeit heilt alle Wunden.« Oder: »Das Leben ist hart.«

Seien Sie ganz vorsichtig mit Ihren »guten« Ideen. Der größte Stolperstein für HS-Eltern besteht darin, dass wir immer denken, wir wüssten die Antwort schon. Oder wir könnten sie zumindest herausfinden, wenn wir nur die richtigen Fragen stellten. Lassen Sie Ihrer Intuition einmal nicht freien Lauf. Setzen Sie lieber auf Ihr ungeteiltes Einfühlungsvermögen, bis Sie wirklich verstehen, was der andere denkt und fühlt. Wenn Sie Ihre »gute« Idee präsentieren, ohne das Gesamtbild zu kennen, stimmt Ihnen der andere vielleicht zu schnell zu. Oder er wirft das Handtuch, weil Sie ihn nicht wirklich verstanden haben. Nur uneingeschränktes Zuhören öffnet Ihnen den Zugang selbst zu komplexesten Fragen. Selbst wenn Sie mehr zu wissen glauben, zeigt Ihr Zuhören, wie sehr Ihr Gegenüber Ihre ernsthafte und umfassende Aufmerksamkeit verdient. Warten Sie also mit Ihren Lösungsvorschlägen. Und setzen Sie auf das Zauberwörtchen »wir«: Denken Sie das Problem gemeinsam durch, sodass Ideen von beiden Seiten einfließen können.

Sie werden auch so nicht vollkommen sein. Ich denke, dass ich als Therapeutin meine Sache meist recht gut mache. Manchmal aber merke ich, dass ich mir mit meiner hochsensiblen Intuition eher im Weg stehe und hochsensibles Zuhören besser gewesen wäre. Ich nenne das »Multiple Choicing«. Ich lasse mein Gegenüber reden. Eine junge Mutter schaffte es einmal, dass ihr Baby die ganze Nacht durchschlief. Und ich sagte: »Wie geht es Ihnen denn damit? Wahrscheinlich sind Sie total begeistert, weil Sie das endlich hingekriegt haben. Aber vermutlich machen Sie sich jetzt Sorgen, dass sich das nicht wiederholt, oder? Traurig, dass es so lange gedauert hat, nicht wahr?« Ich merkte viel zu spät, dass die Mutter gar keine Gelegenheit hatte, mir *ihre* Gefühle zu schildern. Aktives Zuhören ist das Beste.

Ihr aktives Zuhören – ohne Unterbrechungen – kann vor allem Partnern helfen, die weniger sensibel sind. Wenn ich meinem

Mann zuhöre, lässt er oft ganz nebenbei etwas fallen, von dem ich weiß, dass es wichtig ist. Dann muss ich das nur noch herausstreichen: »Du sagst mir, dass du mit dieser Entscheidung Schwierigkeiten hast.« Dann sagt er vielleicht: »Ja, ich glaube schon. Ich empfinde das ...« Dann wird ihm die Thematik oft erst bewusst, und er erkennt, was ihm daran wichtig ist. Ich aber muss aufpassen, dass ich mit meiner Intuition nicht zu sehr versuche, ihm »auf die Sprünge zu helfen«. Wir sind beide zufriedener, wenn er es ist, der die Schätze seiner Gefühle und Einsichten hebt, die sich in den Tiefen seines Innenlebens verbergen.

Der Umgang mit Konflikten

Manchmal haben wir nicht die geringste Lust, unserem Partner mit Anteilnahme zu begegnen. Wir sind viel zu wütend, aufgebracht oder verbittert. Bevor wir uns also in aktivem Zuhören üben können, müssen wir über unsere Konflikte reden. Sie werden feststellen, dass dies noch mehr Anteilnahme erfordert. Es wird sich nicht jeder Konflikt lösen lassen, aber Ihre Beziehung wird stärker, wenn Sie an dieser Fähigkeit arbeiten. Tipps, wie man Beziehungskonflikte angeht, finden sich im Internet zuhauf. Ich möchte hier nur noch ein paar spezielle Ratschläge für Hochsensible geben.

Wenn Ihr Partner weniger sensibel ist als Sie

Bevor Sie sich an die Lösung eines Konflikts machen, sollten Sie sich vielleicht ins Gedächtnis rufen, welche Vorteile es hat, hochsensibel zu sein. Denn Ihre Hochsensibilität ist nach der Geburt Ihres Kindes zwischen Ihnen und Ihrem Partner eher ein Thema. Schließlich haben wir in unserer Umfrage herausgefunden, dass sich für Hochsensible das Elterndasein schwieriger gestaltet als für die restlichen achtzig Prozent der Bevölkerung. Jetzt, wo Sie ein Kind haben, macht sich der einzige Nachteil Ihres Wesenszuges, nämlich das Problem der Reizüberflutung, stärker bemerkbar. Also sollten Sie sich von vornherein klarmachen, was Sie an Positivem in diese Beziehung einbringen – zum Beispiel Ihre Gewissenhaftigkeit und Ihr Gespür für das, was die Beziehung braucht. Darüber hinaus merken Sie in dieser neuen Situation vielleicht, dass Sie gut auf Ihre Kinder eingehen können, dass Sie sie auf kreative Weise beschäftigen und unterrichten, dass sie von Ihren wohldurchdachten Entscheidungen profitieren und dass sich Einzelentscheidungen in der Kindererziehung letztlich zu einem Lebensstil aufaddieren. Wenn Sie sich dieser Vorzüge nicht bewusst sind, stecken Sie bei einer Auseinandersetzung vielleicht zu schnell zurück. Nutzen Sie Ihre Sensibilität lieber dafür, überzeugende Argumente für Ihren Standpunkt zu finden und gleichzeitig für die Bedürfnisse des Partners offenzubleiben.

Worum es auch immer geht: Sie werden das Problem am Ende doch ansprechen müssen. Ich weiß, es liegt Ihnen nicht, so direkt zu sein. Darauf reagieren Sie wie so oft mit Übererregung. Doch klare Ansagen sind ganz wesentlich, jetzt wo Sie und Ihr Partner Eltern sind. Sie werden viele Dinge absprechen müssen, und Ihr Input als Hochsensible/r sowie Ihr Gespür für Prioritäten sind wichtig. Versuchen Sie also, ruhig zu bleiben, auch wenn sich Übererregung breitzumachen droht. Wenn es hilft, stellen Sie sich Ihren Partner einmal, zumindest für diese Diskussion, als eines Ihrer Kinder vor. Wie Sie mit ihnen umgehen müssen, wissen Sie ja. Oder spielen Sie das Gespräch vorher im Geiste durch. Überlegen Sie sich die Argumente für Ihren Standpunkt, und versuchen Sie, auf mögliche Einwände Ihres Partners eine Antwort zu finden.

Andererseits kommt es auch vor, dass HS-Eltern einem Konflikt nicht aus dem Weg gehen und die volle Konfrontation suchen, weil sie ihre Kinder vor dem schützen wollen, was sie als Fehler ihres weniger sensiblen Partners oder anderer Menschen sehen. Trifft das auf Sie zu, empfehle ich Ihnen nochmals: Bleiben Sie ruhig, und bewahren Sie Haltung. Da Sie die Dinge tiefer verarbeiten als andere und eine Antenne für Details haben, wissen Sie genau, wie Sie Ihren Partner verletzen können, wenn Ihre eigenen Gefühle angegriffen wurden. Doch dabei verlieren Sie letztlich nur sein Vertrauen und am Ende läuft es auf eine Scheidung hinaus. Erkennen Sie an, was in Ihren Augen stimmt: »Ich weiß, dass du viel um die Ohren hast.« Oder: »Ich finde ja auch, dass es ein Problem ist, wie sie ihre Hausaufgaben macht.« Oder so ähnlich. Weichen Sie dabei aber nicht von dem ab, was Sie als wahr empfinden.

Versuchen Sie weitgehend, Du- oder Ich-Aussagen zu vermeiden. Verwenden Sie stattdessen das »Wir«. Das Ziel einer elterlichen Partnerschaft ist Teamwork: »Vielleicht können wir das besser regeln.« So beugen Sie Schamgefühlen vor. Sie grenzen niemanden aus dem Team aus und verteilen auch keine Schuldzuweisungen. Teamwork erfordert ein bisschen Diplomatie: »Im Augenblick bereitet es mir Sorge, dass sie gestern Abend schon wieder nicht pünktlich nach Hause gekommen ist. Aber natürlich sollten wir mit ihr auch über die Hausaufgaben reden. Vielleicht morgen nach dem Abendessen, bevor sie auf ihr Zimmer geht, um Videos zu gucken.« Schweift Ihr Partner ab, fegen Sie das neu angeschnittene Thema nicht einfach vom Tisch. Zeigen Sie sich respektvoll. Das ist fast immer der beste Weg, um selbst respektiert zu werden. Andererseits sollten Sie nicht auf all das verzichten, was Ihnen wichtig ist. Und es direkt ansprechen, auch wenn das für Hochsensible schwierig sein kann. Bringen Sie Ihre Angst vor Kritik und bissigen Bemerkungen unter Kontrolle. Ein Teamplayer hört zu, besteht aber auch auf Maßnahmen, die das Team verbessern.

Manche HS-Eltern kommunizieren mit einem weniger sensiblen Partner lieber per E-Mail oder SMS. So können Sie vorher überlegen, was genau Sie sagen wollen. Das ist auch gut, wenn einer der beiden Partner Probleme mit Auseinandersetzungen unter vier Augen hat. Ein mir bekanntes Paar zeichnete seine Auseinandersetzungen auf Video auf, um sich später ansehen zu können, was da jeweils abgelaufen ist. Auf diese Weise lässt sich die Überreizung, die mit jedem Konflikt für Sie verbunden ist, auf ein Minimum reduzieren. Andererseits sollten solche technischen Kommunikationsformen nicht zum Ersatz für echte Begegnungen werden, bei denen Sie auch die nonverbalen Signale des Partners lesen können. Gerade diese Signale übermitteln ja häufig die wahren Gefühle hinter den Worten.

Vergessen Sie nicht: Ein Paar aus einem hochsensiblen Partner und einem »Normalsensiblen« kann ein tolles Team sein. Jeder von Ihnen bringt wichtige Fähigkeiten in die Beziehung und ins Elternsein ein. Vielleicht sollten Sie sich mal wieder vor Augen führen, welche Vorteile es haben kann, mit einem weniger sensiblen Partner zusammen zu sein. Mehr dazu finden Sie in meinem Buch *Hochsensibilität in der Liebe*.[57] Akzeptieren Sie, dass Sie nun mal verschieden sind. Freuen Sie sich an den Vorzügen, die jeder Partner mitbringt, und betrauern Sie, was Sie gemeinsam nicht machen können. Wenn Sie aufhören können, sich aufgrund Ihrer nicht zu ändernden Temperamentsunterschiede zu streiten, finden Sie auch kreative Lösungen für Ihre Konflikte.

Wenn sich zwei hochsensible Partner finden

Ist auch Ihr Partner hochsensibel, liegen die Vorteile auf der Hand, Konflikte allerdings gestalten sich subtiler. Sie möchten beide großzügig sein, brauchen aber jeder für sich Auszeiten. Und das ist schon die erste Quelle für Konflikte: Wer braucht mehr

Ruhe? Die Person, die draußen in der Welt das Geld verdient, oder die, die mit den Kindern zu Hause bleibt? Und was, wenn beide Partner arbeiten? Vielleicht haben auch beide Partner sehr klare Vorstellungen in Sachen Erziehungsstil. Und unterschiedliche Wahrnehmungen dessen, was im Kind gerade vorgeht.

Wenn Sie immer noch skeptisch sind, was Ihr spezifisches Naturell angeht, vergleichen Sie sich vielleicht und schauen dann auf den Partner herab. Möglicherweise machen Sie sich auch Sorgen, dass Ihr Kind unter den Bedürfnissen von zwei Hochsensiblen leiden könnte, vor allem, wenn Sie beide introvertiert sind. Womöglich gehen Sie ja beide Schulveranstaltungen wie Picknicks, Faschingsfeiern oder Sportfesten lieber aus dem Weg? Sie fürchten unter Umständen, dass andere Eltern Sie merkwürdig finden könnten und dass Ihr Kind darunter zu leiden hat? Oder Sie haben weniger Geld zur Verfügung als andere, weil Hochsensible eine erfüllende Arbeit brauchen, und solche Jobs sind nicht immer gut bezahlt ... All diese Aspekte verdichten sich zu etwas, was man als »geringes familiäres Selbstwertgefühl« bezeichnen könnte.

Haben Sie und Ihr Partner Konflikte bisher eher vermieden, dann haben sich Ressentiments aufgebaut, mit denen Sie sich jetzt als Eltern auseinandersetzen müssen. Dies gilt umso mehr, wenn Sie aus verschiedenen Kulturen kommen, selbst wenn die Unterschiede eigentlich gar nicht so groß sind: zum Beispiel wenn ein Partner aus der unteren und einer aus der oberen Mittelschicht kommt. Fragen der Kindererziehung geben häufig Anlass zu Auseinandersetzungen. Partner, die aus unterschiedlichen Schichten oder Kulturen stammen und bislang mit ihren Differenzen gut zurechtkamen, haben womöglich bei der Kindererziehung mehr Streitpunkte. Das liegt nicht selten an dem Druck vonseiten der jeweiligen Herkunftsfamilien.

Grundlegende Konfliktlösungsstrategien

1. Machen Sie sich eine Regel von John Gottman zu eigen: »Beginnen Sie in sanftem Ton.«[58] Der Psychologe John Gottman hat unzählige Paare untersucht, indem er verschiedene physiologische Daten während eines Gesprächs aufzeichnete. Er stellte fest, dass Männer (und vermutlich auch Hochsensible) sofort schweißnasse Hände bekommen, wenn die Partnerin sagt: »Liebling, wir müssen uns unterhalten.« Erschreckend. Also wählen Sie lieber einen sanften Einstieg, egal, was Sie dann vorzubringen gedenken. Drücken Sie Ihre ehrliche Wertschätzung aus. Aber achten Sie darauf, echte Dankbarkeit zu signalisieren und Ihr Gegenüber nicht manipulieren zu wollen. Schenken Sie dem anderen ein offenes Ohr, indem Sie zugewandte Fragen stellen wie: »Wie geht es dir denn wirklich?« Wenn Sie dann das Thema anschneiden, tun Sie es auf humorvolle Art.

2. Wählen Sie Zeit und Ort so, dass Sie nicht gestört werden. Vor allem, wenn das Gespräch länger dauern sollte. Es ist auch gut, sich draußen, in der freien Natur zu unterhalten. Das hilft, das große Ganze nicht aus dem Blick zu verlieren, und sorgt zudem dafür, dass wir uns »gehalten« fühlen. Das trifft vor allem auf Hochsensible zu.

3. Bleiben Sie standhaft. Wenn Ihr Partner meint, dass es keinen Diskussionsbedarf gibt, dann machen Sie deutlich, dass etwas Sie stark beschäftigt und dass Sie entweder jetzt gleich darüber sprechen oder zumindest einen Zeitpunkt vereinbaren wollen, an dem das Gespräch stattfinden kann. Seien Sie auch entschlossen gegenüber

sich selbst, damit Sie die Sache nicht einfach wieder »vergessen«.

4. Was auch immer Ihr Anliegen ist: Seien Sie genau. Sagen Sie: »Ich möchte mit dir darüber reden, was sich abgespielt hat, als du heute Abend nach Hause gekommen bist. Für dich ist das vielleicht eine Kleinigkeit, aber mir geht das nicht aus dem Kopf.« Werfen Sie nicht mit Verallgemeinerungen um sich wie: »Wir scheinen gar keinen Draht mehr zueinander zu finden.« Und gehen Sie nicht in dieser Weise auf frühere Vorfälle ein: »Das tust du immer.« Sie wollen schließlich die Zukunft verbessern, nicht an der Vergangenheit herumdoktern.

5. Werfen Sie dem anderen keine Beschimpfungen an den Kopf und stellen Sie keine Pseudodiagnosen: »Du bist so ein Zwangscharakter!« Oder: »Du bist einfach ein Chaot.« Und: »Das hast du von deiner Mutter.« Unterlassen Sie selbst Aussagen wie: »Du bist einfach von Natur aus unordentlich.«

6. Vergessen Sie nicht: Pausen sind sinnvoll, wenn einer von Ihnen aufgrund vor Reizüberflutung nicht mehr aufnahmefähig ist. Der Puls schießt über hundert hinaus? Dann brauchen Sie mindestens zwanzig Minuten, um runterzukommen. Aber rennen Sie nicht einfach türenschlagend aus dem Raum. Sprechen Sie mit Ihrem Partner ab, wann die Diskussion wieder aufgenommen werden soll.

Scham versus Bedürfnis

Der sanfte Ton zu Beginn verhindert, dass der andere sich beschämt fühlt. Wissen Sie noch, was ich im letzten Kapitel über Scham geschrieben habe? Jeder von uns wird sein Möglichstes tun, um dieses Gefühl zu vermeiden. Beziehungspartner sind Experten für die Mängel und Misserfolge des anderen. Sie leben ja schließlich damit. Wenn Sie einen Konflikt ansprechen, zieht Ihr Partner sich vielleicht zurück, um nicht mit schmerzlichen Erfahrungen oder Charakterzügen konfrontiert zu werden. Machen Sie also deutlich, dass Sie ihn nicht beschämen wollen: »Wir machen das beide.« Oder: »Vermutlich liegt das in der menschlichen Natur und ist sehr verbreitet. Daher ist es für mich genauso schwierig wie für dich. Trotzdem rege ich mich immer ein wenig auf, wenn du ...« Achten Sie darauf, wann Ihr Partner in die Defensive geht. In diesem Moment sollten Sie sich zurücknehmen, um ihm Sicherheit zu signalisieren.

Mitunter sieht einer der Partner keinen Konflikt und findet die aktuelle Situation, so wie sie ist, in Ordnung. Warum sollte man über eine gleichmäßige Aufteilung der Arbeit sprechen, wenn Sie ja bisher immer den größeren Anteil übernommen haben? Aber selbst in solch einer Situation haben Sie vermutlich mehr Erfolg, wenn Sie das diesem Verhalten zugrunde liegende Bedürfnis identifizieren, statt Ihrem Partner direkt Vorwürfe zu machen. Schneiden Sie das Thema an, indem Sie zuerst über die Bedürfnisse des Partners sprechen. Auch dies gehört zu den Methoden der gewaltfreien Kommunikation, die Marshall Rosenberg entwickelt hat (wie wir in Kapitel 5 gesehen haben).[59] Ich kann Ihnen die Auseinandersetzung mit seinem Werk nur wärmstens ans Herz legen. Jeder von uns hat grundlegende menschliche Bedürfnisse: Sicherheit, Unabhängigkeit, Liebe, Respekt und die Vermeidung von Scham. Egal, wie nervtötend das Verhalten ist, mit dem Sie es zu tun haben: Auch dahinter steckt ein Bedürfnis. Wie aber können Sie dieses Bedürfnis erkennen?

Das erfordert ein wenig Übung, aber ich werde kurz zusammenfassen, worum es geht. Sie sagen: »Wenn du nach Hause kommst und sofort anfängst, deine E-Mails zu checken: Hat das damit zu tun, dass du zuerst mit der Arbeit abschließen willst, bevor du dich mir zuwendest oder mir hilfst?« So signalisieren Sie Ihre Bereitschaft, die Bedürfnisse Ihres Partners verstehen zu wollen. Ihre Frage überrascht Ihren Partner vermutlich. Auch die Tatsache, dass Sie nicht bloß wütend sind. Manchmal sind solche Bedürfnisse einfach schwer in Worte zu fassen. Achten Sie also darauf, dass Sie herausfinden, welches wirkliche Bedürfnis hinter einem speziellen Verhalten steckt. Ein Bedürfnis ist nicht: »Ich wünschte, du würdest endlich aufhören, mir das Texten vorzuwerfen.« Auch nicht: »Das machst du doch auch.« Sie kommen dem Kern schon näher, wenn Ihr Partner antwortet: »Ich muss das einfach fertig machen.« Warum hat Ihr Partner das Gefühl, sich so spät noch um seine E-Mails kümmern zu müssen? Vielleicht fürchtet er, dass Sie sich ärgern, ganz egal, was er tut. Vielleicht hat er Probleme damit, loszulassen und nach der Arbeit auf Feierabend umzuschalten. Ihr Partner braucht wie jeder Mensch Sicherheit in seiner Beziehung. Vielleicht hat er auch Ängste, am Arbeitsplatz keine Anerkennung zu finden. Und Anerkennung braucht schließlich jeder Mensch. Womöglich fürchtet er, bei der Arbeit gerüffelt zu werden, wenn er seine Mails nicht checkt. Wir alle haben Angst, Fehler zu machen und kritisiert zu werden. Vielleicht fühlt Ihr Partner sich aber auch einfach für seinen Anteil an den häuslichen Pflichten nicht ausreichend respektiert. Wir alle wünschen uns Respekt. Forschen Sie sanft nach, was hinter seinem Verhalten steht, und bringen Sie Ihr Mitgefühl zum Ausdruck. Was auch immer es ist: Bringen Sie Verständnis auf für das Bedürfnis, und betrachten Sie es als normal.

Chronische Nichtmitwirkung hat ihre Ursache häufig in dem Streben nach Unabhängigkeit oder als eigenständige Person respektiert zu werden. Ihr Ziel ist ja nicht, Ihren Partner mit Drohungen oder Belohnungen zur Mitwirkung zu bewegen. Sie wünschen sich einen Partner, der tut, was er (sie) *sich wünscht*: seinen (ihren) Teil zu einem liebevollen, warmherzigen, wenn auch mitunter chaotischen Heim beizutragen. Einer Gruppe anzugehören, die das bietet, ist ein grundlegendes menschliches Bedürfnis. Wie es ebenso das Bedürfnis nach Autonomie ist. Niemand wird gerne herumkommandiert, bedroht oder geködert. Jeder Mensch gibt lieber aus freien Stücken, was er zu geben hat.

Sobald Ihr Partner sich von Ihnen verstanden fühlt, können Sie Ihre eigenen Bedürfnisse ausdrücken: »Ich brauche um diese Zeit Hilfe, weil es wirklich zu viel für mich ist, das Abendessen zu machen und dabei gleichzeitig auf die Kinder aufzupassen.« Wohlgemerkt, Sie haben nicht gesagt: »Ich brauche *deine* Hilfe.« Sie haben einfach Ihr Bedürfnis nach Unterstützung geäußert. Wie die Erfüllung dieses Bedürfnisses für Sie und Ihren Partner konkret aussehen könnte, das lässt sich später aushandeln. Vielleicht vereinbaren Sie, dass Ihr Partner nach seiner Heimkehr zehn Minuten für sich hat, um noch ein paar letzte Dinge für die Arbeit zu erledigen. (Sie erklären sich einverstanden, dass ein Timer läuft.) Danach haben Sie seine Hilfe, bis die Kinder ins Bett müssen.

Wollen Sie Konflikte gar nicht erst aufkommen lassen, überlegen Sie doch einmal, was Sie brauchen, um als Vater oder Mutter ein glücklicherer Mensch zu sein. Gehen Sie davon aus, dass Ihr Partner Ihnen diese Dinge gerne zugesteht, wenn er/sie kann, sozusagen als Liebesgabe. Auch hier sollten Sie Ihr Bedürfnis äußern, ohne direkt eine Forderung an den Partner zu richten. Vermeiden Sie also Du-Sätze. Diese klingen häufig nach Vorwurf oder Forderung, und das treibt den Partner meist in die Defensive. Sagen Sie: »Ich brauche wirklich Nähe und Zuwendung, nachdem ich den ganzen Tag hier allein war.« Wenn Sie Ihren Wunsch nicht erfüllt bekommen, fragen Sie nach dem Befinden Ihres Partners und erkunden Sie sich nach seinen Bedürfnissen. Setzen Sie Ihr Mitgefühl ein, statt mit einem lauten »Aber« oder irgendwelchen Drohungen zu reagieren. Denn das würde heißen, dass hinter dem Beharren auf Ihrem Bedürfnis nicht der Wunsch nach Respekt, sondern nach Kontrolle steckt.

Ihr Partner antwortet vielleicht: »Ich möchte ja auch Nähe zu dir erleben, aber ich kann mich nicht entspannen, bevor ich nicht sicher bin, dass bestimmte Dinge erledigt sind.« Nun liegen beider Bedürfnisse offen zutage, und die Partner können entscheiden, wie sie damit umgehen.

Natürlich kann es trotzdem passieren, dass Sie oder Ihr Partner wütend werden oder eine Abwehrhaltung einnehmen, obwohl Sie versucht haben, genau das zu vermeiden. Ihr Partner fühlt sich vielleicht wie vom Schamball getroffen und versucht, den Ball an Sie zurückzugeben, bevor er in seiner Hälfte liegen bleibt. Sie müssen darauf nicht einsteigen. Legen Sie diesen Ball ab, und sagen Sie: »Ja, genau das mache ich auch manchmal.« Wenn die Schuld für dieses Mal bei Ihnen lag, übernehmen Sie die Verantwortung: »Vielleicht hätte ich mehr Geduld haben sollen.« Eine Teilschuld zu übernehmen ist in Ordnung, solange Sie ansonsten bei Ihrer Wahrheit bleiben. Stimmt Ihr Partner Ihnen zu, ohne sein Versäumnis einzugestehen, dann hat er den Schamball zurückkatapultiert.

Das Ziel ist eine Übereinkunft darüber, was Sie beide tun werden, um die Situation zu verbessern. Treffen Sie verbindliche Absprachen, solange Ihr Partner noch zuhört. Tut er das nicht, sollten Sie darauf drängen. Das Fazit sollte ungefähr so aussehen: »Für mich ist es okay, wenn du mich darauf ansprichst, dass ich dich nicht liebevoll begrüßt habe, wenn du heimkommst. Ist es auch für dich okay, wenn ich dich erinnere, falls du das nicht machst? Ich weiß, das scheint eine Kleinigkeit zu sein, aber ich finde, das beeinflusst den Verlauf des ganzen Abends. Ich weiß ja, dass du vom Stress im Büro und im Verkehr erst ein paar Gänge runterschalten musst, wenn du nach Hause kommst. Ich aber bin gestresst, weil ich zu Hause alles managen muss, und das ist manchmal echt eine Plackerei. Hin und wieder beneide ich dich, dass du raus in die Welt gehen kannst. Ich mag dieses Neidgefühl bei mir selbst nicht. Vielleicht magst du es ja auch nicht immer, wenn du abends heimkommst und dich mit dem auseinandersetzen musst, was hier los ist.« Und dann zur gegenseitigen Verpflichtung: »Stimmst du mir zu, dass es die Lage verbessern würde, wenn wir an diesem Problem arbeiten? Vielleicht sollten wir uns verpflichten, dass wir ein bisschen was anders machen. Sieht so aus, als wäre dies der einzige Weg, wirklich etwas zu verändern.«

Wenn Ihr Partner Ihnen hier nicht zustimmt oder andere Verpflichtungen früher schon gebrochen hat, fragen Sie, ob das zu viel verlangt ist. Wenn gegenseitige Verpflichtungen immer wieder gebrochen werden, ist das ein Problem, das angesprochen werden muss. Sie sollten es nicht unter den Teppich kehren, aber möglicherweise auf ein anderes Gespräch warten. Wenn Sie das Thema ansprechen, beginnen Sie mit einer Ich-Aussage: »Wenn du sagst, dass du etwas machst, und es dann nicht tust, bin ich tief enttäuscht von dir. Ich verliere das Vertrauen und vermutlich auch den Respekt vor dir.« Sagen Sie *nicht*: »Du hältst deine Verpflichtungen nicht ein.«

Waren dagegen immer Sie die Person, die sich nicht an solche Verpflichtungen gehalten hat, dann seien Sie ehrlich, wenn Sie glauben, nicht leisten zu können, was Ihr Gegenüber von Ihnen möchte, oder zumindest nicht in der angesprochenen Form: »Ich bin manchmal so grummelig, weil ich eben müde bin. Ich weiß nicht, ob ich ständig nett sein kann. Aber ich will zumindest versuchen, mich zu bessern.«

Blockt Ihr Partner ab, können Sie ganz direkt sagen: »Ich sage ja nicht, dass du dich schuldig fühlen sollst, weil du nicht freundlich Hallo sagst, wenn du abends nach Hause kommst. Aber wie du selbst gesagt hast, möchtest du an unserer Beziehung arbeiten. Und wie wir uns am Abend begrüßen, ist möglicherweise ein Weg, um das anzugehen. Vielleicht sollten wir kurz innehalten, wenn ich dich an der Tür höre und du die Treppe heraufkommst, und überlegen, was jetzt eigentlich passiert: Wir kommen wieder zusammen.«

Auch hier sollten Sie nicht die ganze Schuld übernehmen und sich so zum Unterlegenen machen. *Sagen Sie die Wahrheit*, wie sie sich konkret für Sie darstellt, auch wenn Sie mit der Zeit Ihre Meinung ändern. Sich verletzlich zu zeigen, indem man die eigenen Emotionen, Sorgen und Zweifel offenlegt, macht einen im Gespräch eher zum »Gewinner« als zum »Verlierer«, wenn diese Begriffe hier überhaupt angebracht sind. Denn »gewinnen« kann in diesem Fall heißen, dass Sie wieder die gewünschte Nähe zum Partner bekommen, statt gegen Scham- oder Schuldgefühle ankämpfen zu müssen. Wenn ein Konflikt tiefer geht und unlösbar erscheint, wirkt das stille Zuhören wie ein Zauberstab. Gewöhnlich sind auch die Partner dazu bereit, weil sie es als Chance begreifen, endlich Gehör zu finden. Vermutlich trifft das auch auf Sie zu.

Stilles Zuhören

1. Einer von Ihnen spricht, sagen wir mal fünf Minuten lang. Der andere hört ihm zu, ohne den anderen zu unterbrechen, auch wenn er mit dem Gesagten ganz und gar nicht einverstanden ist. Das ist das Herzstück des stillen Zuhörens. Sie beißen sich auf die Zunge und schweigen.

2. Derjenige, der zuhört, kann sich gerne Notizen machen, um nichts zu vergessen, worauf er eingehen möchte, wenn er mit Reden dran ist. Und dazu bekommt er ebenso viel Zeit wie Sie. Sie hören etwas zum ersten Mal? Sie sind mit etwas absolut nicht einverstanden? Machen Sie eine – kurze! – Notiz. Ansonsten hören Sie zu. Wenn nötig, signalisieren Sie, dass Sie eine Pause brauchen, um sich alles zu notieren.

3. Wenn das Schweigegebot gebrochen wird, erkennen Sie die Tatsache an, dass diese Übung schwierig, aber nichtsdestotrotz der Mühe wert ist. Lassen Sie es damit bewenden und fahren Sie fort.

4. Jetzt *tauschen Sie die Rollen*. Schweigen Sie beide zuvor eine Minute lang, um zu verarbeiten, was gerade passiert ist. Dann ist der Zuhörer dran mit Reden, und derjenige, der zuvor das Wort hatte, schweigt.

5. Hatten beide Partner die vereinbarte Redezeit, geben sie einander Antwort auf das, was der andere gesagt hat. Auch diesmal hört der eine schweigend zu, während der andere spricht. Dieser Teil ist auf zwei Minuten pro Person begrenzt.

6. Danach wird nichts mehr geredet. Verlassen Sie getrennt den Raum, um über das Gesagte nachzudenken. Nach einer halben Stunde kommen Sie beide zurück und sprechen sich kurz ab. Ist der Konflikt damit nicht gelöst, dann ist das *in Ordnung*. Aber Sie vereinbaren auf der Stelle einen Ort und einen Termin, um diese Übung zu wiederholen.

7. Wenn Sie glauben, dass Ihr Partner nicht alles offenlegt, können Sie fragen: »Ist da noch etwas?« Manchmal hat der Sprecher Angst, dass etwas für Sie als Hochsensible/r zu viel ist. Zeigen Sie, dass Sie das schon verkraften. Keine Tränen. Und wenn Sie doch weinen müssen, sagen Sie: »Alles gut. Bitte mach weiter.«

Diese Übung funktioniert, sofern Sie sich an die Regel halten können, dass der Zuhörer *still* bleibt. Dem anderen mit ungebrochener Aufmerksamkeit zu lauschen, um all seine Gedanken und Gefühle aufzunehmen und darüber nachzudenken, kann die eigene Einstellung vollkommen verändern. Möglicherweise müssen Sie diese Übung wiederholen. Mein Mann und ich hatten mal einen unlösbar scheinenden Konflikt, aber wir haben diese Übung insgesamt fünfmal gemacht, und dann war alles geklärt.

Aktives oder stilles Zuhören sind großartige Übungen, aber wenn Sie dabei nicht sagen, was Sie wirklich denken, kann der Schuss auch nach hinten losgehen. Der Zuhörer glaubt, Sie verstanden zu haben, und trifft auf dieser Basis seine Entscheidungen. Sie aber werden sich noch weiter zurückziehen und schließlich in Hoffnungslosigkeit versinken. Das ist für eine Beziehung *nicht gut*. Wenn Sie nicht offen sagen können, was Sie denken, obwohl Ihr Partner Ihnen bereitwillig zuhört, ist das erste Thema, dem Sie sich zuwenden sollten: »Warum kann ich nicht sagen, was ich tatsächlich denke?« Oder Sie müssen diese Übung in Gegenwart eines Therapeuten oder Eheberaters wiederholen. Ein guter Paartherapeut kann einer Beziehung einen sicheren Rahmen geben, selbst wenn die Partner sich Dinge sagen, die gewöhnlich als unverzeihlich oder unerträglich gelten und ihnen Angst machen.

Komplexe, die Ihnen im Weg stehen können

Jeder, der Vater oder Mutter wird, bringt seine Kindheit ins Elterndasein mit. Weil er etwas hat, was wir heute »Komplexe« nennen. Ein Komplex ist ein Bündel von Gedanken, Gefühlen, Ängsten, Instinkten, Träumen und allem, was der Mensch sonst empfindet. Und all das gruppiert sich um ein bestimmtes Thema im Leben. Jeder Mensch hat Komplexe, die sich um Geld drehen können, um Autorität, um soziale Ausgrenzung, Nahrung und die Art, wie sie verzehrt wird, um Ihr Geschlecht und das jeweils andere Geschlecht. Manchmal sind Komplexe spezifisch: zum Beispiel starke Eifersucht, weil man betrogen wurde, oder ein Opferkomplex, weil die Rolle des Opfers alles war, was Ihnen in der Kindheit zur Verfügung stand.

Komplexe sind die Bausteine unserer Persönlichkeit. Sie entstehen aus unserem angeborenen Temperament im Zusammenspiel mit unserer Lebensgeschichte. Mehr dazu finden Sie in meinen Büchern *Sind Sie hochsensibel?*[60] und *Die Kraft der Bindung*[61]. Ein Komplex führt nicht automatisch in die Katastrophe. Sie können trotzdem Ihre Familie wunderbar versorgen, Ihrem Partner treu sein, ordentlich Geld sparen oder für die Schwachen eintreten. Aber in gewissem Sinn tun Sie dies nicht aus freien Stücken. Sie sind vielmehr ein Getriebener.

Das Elterndasein lässt Komplexe aus unserer Kindheit aufbrechen, die vorher so noch nie zutage getreten sind. So hat jeder Mensch eine »Bindungsgeschichte« mit seiner wichtigsten Bezugsperson. Wenn Sie daran nicht arbeiten, beeinflusst diese Sie Ihr Leben lang. Es gibt drei wesentliche Bindungsstile. Man könnte diese als Erwartungen beschreiben, die wir als Erwachsene hegen. Sie spiegeln wider, was wir als Kinder erlebt haben. Da ist zum einen der sichere Bindungsstil. Daneben gibt es noch zwei unsichere Stile: die unsicher-vermeidende und die unsicher-ängstliche Bindung. Der ängstliche Stil entsteht aus einer wenig verlässlichen Liebe in der Kindheit. Solche Kinder lernen, Angst davor zu haben, verlassen oder betrogen zu werden, und behalten diese Angst im Erwachsenenalter bei. Der vermeidende Stil ist das Resultat von Vernachlässigung oder sogar Missbrauch. Er führt zu einer extremen Furcht vor Abhängigkeit, die mit Verletzlichkeit gleichgesetzt wird. Menschen mit diesem Bindungsstil wollen unabhängig sein. Sie kommen spät nach Hause oder geben den »starken, schweigenden Typ«. Tief drin aber sind sie unsicher und halten die Bindung auf versteckte Weise aufrecht. Bei unseren Untersuchungen ergaben sich keine klaren Belege dafür, dass Hochsensible eher die unsicheren Formen von Bindungsstilen pflegen. Aber wenn sie das tun, dann sind sie von ihren Bindungserfahrungen stärker beeinflusst als andere. Andererseits könnten sie in der richtigen Beziehung leichter zu einem sicheren Bindungsstil finden. Erkenntnisse hierzu haben wir bislang jedoch nicht.

Unsichere Bindungsstile spielen herein, wenn es um Antworten auf Fragen geht wie: Wie lange lassen Sie Ihr Kind weinen, wenn Sie möchten, dass es lernt, allein zu schlafen? Wann vertrauen Sie Ihr Kind einer Tagesmutter oder einer Kinderkrippe an? (Ängstliche Bindungstypen ertragen das Weinen nicht. Vermeidende Typen sagen: »Lass es einfach schreien.«)

Wenn Sie vermuten, dass Sie oder Ihr Partner Bindungsprobleme haben, die sich auf Ihre Beziehung oder Ihre Elternschaft auswirken, sollten Sie sich nach einer emotionsfokussierten Psychotherapie oder einer Paartherapie umsehen, d. h. nach jemandem, der eine Therapie auf der Grundlage von Bindungsstilen anbietet. Sie können sich auch selbst in die Thematik einlesen, zum Beispiel mit einem Buch von Sue Johnson: *Halt mich fest.*[62]

Aber auch andere Kindheitserfahrungen können zur Entstehung von Komplexen führen, die unser Elternsein beeinflussen, zum Beispiel Traumata, die fast immer in Komplexen enden. So mag Ihr Partner finden, dass es einem Kind nicht schadet, wenn es lernt, dass das Leben kein Zuckerschlecken ist, zum Beispiel, wenn das Geld knapp ist und Geschenke daher nicht besonders großzügig ausfallen. Oder wenn es Hausarbeiten übernehmen muss, weil ein Elternteil krank ist. Sind Sie aber in extremer Armut aufgewachsen und mussten ständig mithelfen, dann sind Sie vermutlich fest entschlossen, Ihren Kindern so etwas zu ersparen. Manchmal greifen Komplexe auch ineinander. Zum Beispiel bei der Frage, wie sehr man ein Kind zu guten Schulleistungen anhalten sollte. Ihr Partner hofft nicht nur, dass Ihr Kind zum Überflieger wird, er braucht das förmlich. Ihr Kind aber leidet unter einer Lernstörung. Sie hingegen wurden immer angetrieben, gute Noten heimzubringen, und wollen Ihr Kind unbedingt vor diesem Druck schützen.

Wie Sie erkennen, ob ein Komplex im Spiel ist

- Die emotionale Beteiligung ist groß und man greift zu überrationalisierten Argumenten, um sich durchzusetzen. Zum Beispiel: »Das ist völlig unvernünftig, und ich kann das beweisen.«
- Man trifft nur Aussagen mit Absolutheitsanspruch wie: »Ich weiß genau, dass du geflirtet hast. Hör auf, es zu leugnen. Ich habe dich doch beobachtet.«
- Man droht mit extremen Konsequenzen: »Du gibst all unser Geld aus. Schau dir nur diese Rechnungen an. Wenn du so weitermachst, müssen wir das Haus verkaufen.«
- Es kommt zu absurden Vorwürfen: »Wie kannst du von mir nur erwarten, dass ich ihn einfach so schreien lasse? Damit ich mit dir ausgehe? Was bist du nur für ein Vater?«
- Sie fühlen sich, als seien Sie Darsteller in einer Tragödie, in der es nur einen Part für Sie gibt: Sie sind der Betrüger;

der, den alles kalt lässt; der, der die Familie ins Verderben stürzt.

Was Sie tun können, wenn Sie einen Komplex bei Ihrem Partner vermuten

- Streiten Sie nicht, und lassen Sie sich nicht in diese Problematik hineinziehen. Versuchen Sie mit einem Teil Ihrer selbst, einfach nur zu beobachten. Stimmen Sie zu, dass es da möglicherweise etwas zu besprechen gibt, aber vielleicht nicht jetzt sofort.
- Stimmen Sie keiner Aussage zu, die offensichtlich unwahr ist. Schon gar nicht, wenn Ihr Partner Selbsthass äußert: »Ich bin ja so blöd.« Sagen Sie stattdessen: »Ich höre, was du sagen willst, aber ich kann dir da nicht beistimmen.« Wenn der andere absolut von seiner negativen Sicht überzeugt ist, gibt es darüber vielleicht noch mehr Auseinandersetzungen, aber hier sollten Sie standhaft bleiben, auch wenn Sie weiterhin aufmerksam zuhören.
- Schweigen Sie sich zu diesem Problem nicht aus. Das würde Ihr Partner als Zustimmung oder Ablehnung deuten. Mit ein paar Fragen können Sie den anderen zum Nachdenken anregen: »Was ist denn damals genau passiert?«
- Rufen Sie sich ins Gedächtnis, was Sie an Ihrem Partner lieben. Ihr Gegenüber ist mehr als nur dieser eine Komplex, auch wenn es im Moment anders aussieht oder Szenen wie diese relativ häufig passieren. Sie können später zu zweit daran arbeiten. Für den Moment sind Sie mit einem höchst verwundbaren Persönlichkeitsanteil Ihres Partners konfrontiert.
- Fühlen Sie sich behutsam in den Persönlichkeitsanteil Ihres Partners ein, der sich für seinen Komplex schämt oder

für Dinge, zu denen er geführt hat: in sein Verlassenheitsgefühl; in das Gefühl, betrogen worden zu sein, in tiefer Armut gelebt zu haben; in das Gefühl, wenn ein Bruder oder eine Schwester Selbstmord begangen hat und Ihr Gegenüber glaubt, das sei nur passiert, weil die Eltern ihm oder ihr alles durchgehen ließen.

- Gehen Sie mit seiner Abwehrhaltung geschickt um. Vermeiden Sie es, den Schamball in sein Feld zurückzuwerfen. Sagen Sie lieber etwas wie: »Ich weiß, dass du mir jetzt die Schuld geben möchtest. Es sieht so aus, als habe einer von uns hier Unrecht gehabt.« Vielleicht fügen Sie noch hinzu: »Vielleicht sollten wir jetzt keine Entscheidung darüber treffen, wer die Verantwortung trägt, sondern uns überlegen, wie wir solche Dinge in Zukunft vermeiden können.«
- Der Knackpunkt ist: Reden Sie später über die Angelegenheit, wenn Sie beide sich beruhigt haben und Ihre innere Verbundenheit wieder spüren. Das ist wichtig, weil Sie später besser an dem Komplex arbeiten können. Kehren Sie diesen nicht unter den Teppich, aber beginnen Sie mit einer liebevollen Aussage. Dann können Sie in besorgtem – nicht vorwurfsvollem – Ton anfügen: »Gestern hatten wir ganz schön was zu knabbern, findest du nicht auch?«
- Erforschen Sie gemeinsam, woran der Vorfall den anderen erinnert: »Ich frage mich, wann du dich wohl zum ersten Mal in deinem Leben so gefühlt hast?« So gelangen Sie schnell an die Wurzel des Komplexes: »Dein Vater war sehr streng, nicht wahr? Kein Wunder, dass du dich aufregst, wenn ich Peter stärker bestrafen möchte als du.« Hier können Sie nun wirklich aktives Zuhören üben.

- Sprechen Sie darüber, welche Auslöser es für diese Komplexreaktionen gibt und wie sie sich umgehen lassen.
- Geben Sie dem Komplex einen Namen, aber erst dann, wenn Sie wirklich ausführlich zugehört haben. Wenn der grausame Vater Harold hieß, können Sie beim nächsten Komplexstreit einfach sagen: »Was hat uns jetzt wohl in Harolds Reich verschlagen?« Das erinnert Ihren Partner daran, was diesem Verhalten zugrunde liegt.
- Erzählen Sie von Ihren eigenen Komplexen. Schließlich haben wir ja alle mit »tief sitzenden Themen« zu kämpfen. So könnten Sie beispielsweise Ihrem Partner erklären: »Du weißt, dass ich mir Sorgen mache, weil Peter nicht so viele Freunde zum Spielen hat. Das hat bei mir mit dem Thema »arme Sally in der sechsten Klasse, die keine Freunde hat« zu tun.«

Manchmal hängt die Entstehung von Komplexen auch direkt mit dem Elternsein zusammen. Zum Beispiel, wenn einer von Ihnen den anderen tief enttäuscht oder wenn einer der Partner einen Opferkomplex entwickelt, weil er die Arbeitsaufteilung unfair findet, der andere dies aber nicht akzeptiert. Meist aber ist ein derartiger Opferkomplex schon gegeben und wird durch die ungewohnte Situation nur neu befeuert. Dann kann der überlastete Partner nicht für sich selbst eintreten. Behalten Sie im Hinterkopf, unter welchen Komplexen Sie bzw. Ihr Partner leiden, wenn Sie das folgende Kapitel durchgehen. Dort werden wir versuchen, die im zweiten Teil dieses Kapitels vorgestellten Strategien auf die im ersten Teil geschilderten fünf großen Probleme anzuwenden.

8
Mehr über hochsensible Eltern und ihre Partner

Wie Sie spezifischen Problemen erfolgreich zu Leibe rücken

Kehren wir also zurück zu den fünf großen Problemen, mit denen die Elternschaft Ihre Paarbeziehung belastet, bevor wir darüber sprechen, wie Sie mit Einfühlungsvermögen Komplexe anpacken und Konflikte managen können.

Die Schärfe im Ton verringern

Wenn Sie und Ihr Partner sich gegenseitig anfauchen oder grob werden, dann gibt es dafür mindestens drei Gründe: Müdigkeit, Erziehung oder versteckter Groll.

Was die Müdigkeit angeht, brauche ich Ihnen darüber nichts zu erzählen. Wenn Sie völlig überreizt und erschöpft sind, rasten Sie aus. Diese Reizbarkeit ist bei Ihnen nicht der Normalzustand, und das wissen sowohl Sie als auch Ihr Partner. Er erkennt hoffentlich die entsprechenden Signale und weiß, dass Sie nicht dagegen ankönnen, und tut daher alles, um Ihnen zu ein wenig Ruhe zu verhelfen.

Ist Ihre Reizbarkeit das Produkt Ihrer Erziehung, so ist es schon schwieriger, ihr beizukommen. Waren in Ihrer Familie Streit und ein autoritärer, grober Ton an der Tagesordnung, dann müssen Sie mit einer tief sitzenden Gewohnheit brechen. Sind Sie beide so aufgewachsen oder hat dieses Verhaltensmuster auf den anderen abgefärbt, wird es noch komplizierter, weil dann keiner von Ihnen dem anderen als Vorbild dienen kann. Aber Sie müssen lernen, dieses Verhalten in den Griff zu bekommen, weil Ihre

Kinder sich sonst zu aggressiven, rüden Menschen entwickeln werden, die ihre Emotionen ebenso wenig im Griff haben wie Sie.

Um mit einer Gewohnheit zu brechen, die Sie schon als Kind erlernt haben, müssen Sie fest dazu entschlossen sein. Dazu gibt es einen Ansatz, den man »motivierende Gesprächsführung« nennt. Zentral sind die folgenden vier Überlegungen: Was sind die negativen Folgen, wenn Sie Ihr Verhalten nicht ablegen? In diesem Fall wäre es eine belastende häusliche Situation. Was sind die positiven Konsequenzen, wenn Sie Ihr Verhalten nicht ablegen? Sie müssen Ihre Gewohnheit nicht ändern und setzen sich so vielleicht eher durch. Was sind die negativen Konsequenzen, wenn Sie Ihr Verhalten ablegen? Allzu viele dürften es wohl nicht sein. Und was sind die positiven Folgen, wenn Sie Ihr Verhalten ablegen? Mehr Wärme und Nähe, ein glücklicheres Zuhause und höfliche Kinder. Sie müssen nicht unbedingt gleich eine Beratung in Anspruch nehmen, um mithilfe der motivierenden Gesprächsführung an hinderlichen Gewohnheiten zu arbeiten. Sie wissen ungefähr, worum es bei dieser Methode geht. Setzen Sie sich mit allen vier Punkten auseinander, denn andernfalls sind Veränderungen unmöglich zu bewerkstelligen.

Sobald Sie sich ausreichend motiviert haben, unterstützen Sie sich gegenseitig, das fragliche Gewohnheitsmuster abzulegen. Gewohnheiten zu ändern ist nicht leicht. Ist nur einer der beiden Partner für gewöhnlich reizbar, sollte der andere eine andere Gewohnheit wählen, die er seinerseits ablegen will. Sie können sich dabei unterstützen, indem Sie sich wechselseitig an Ihr Vorhaben erinnern. Für Hochsensible reicht das gewöhnlich als Anstoß aus.

Eine andere Möglichkeit sind Belohnung und Strafe, ganz wie bei Laborratten. Das funktioniert tatsächlich. Stecken Sie den Teil Ihres Haushaltsgeldes, den Sie für »Spiel und Spaß«

reserviert haben, in einen Extraumschlag. Stellen Sie sodann in der Küche einen Topf auf, in den Sie jedes Mal, wenn Sie gegen Ihre neuen Regeln verstoßen, eine gewisse Geldsumme aus dem »Spiel und Spaß«-Umschlag legen. Dieses Geld wird gespendet oder gespart. Vielleicht haben Sie sich aber auch schon früher negative Gewohnheiten »abtrainiert« und wissen daher, welche Methode bei Ihnen am besten funktioniert.

Ihr Ziel sollte es sein, dass alle, die gemeinsam unter einem Dach zusammenleben, sich so verhalten, als stünden sie auf einer Bühne. Als wären Sie zu Gast bei Freunden. Bedanken Sie sich für alles, was der andere für Sie tut, auch wenn das ganz normale Verrichtungen sind wie zum Beispiel, die Spülmaschine auszuräumen. Entschuldigen Sie sich, wenn Sie etwas falsch machen oder Ihrem Partner ein Problem verursachen, zum Beispiel, wenn Sie ihm die Tür vor der Nase zumachen, auch wenn das unabsichtlich passiert ist. Speziell bestimmte Körpergeräusche oder Unordnung sind nicht jedermanns Sache. Seien Sie einfach nett zueinander.

Der dritte Grund, warum sich der Ton zwischen Partnern nach der Geburt eines Kindes manchmal verschärft, ist versteckter Groll. Doch damit beschäftigen wir uns im nächsten Abschnitt.

Enttäuschungen und versteckte Ressentiments

Wenn Sie und Ihr Partner einander schwer enttäuscht haben, müssen Sie an diesem Thema arbeiten. Machen Sie sich bewusst, dass auch Sie Ihren Partner enttäuscht haben könnten. Hinter Enttäuschungen und Ressentiments stehen häufig ein gebrochenes Versprechen oder eine fehlende Selbstverpflichtung. Mit solchen Dingen müssen Sie sich auseinandersetzen. Außerdem verlieren Sie in den Augen des Partners an Respekt, wenn Sie nicht in der Lage sind, gegebene Versprechen einzuhalten. Und ich glaube nicht, dass Liebe ohne Respekt möglich ist. Früher hätte so etwas ohnehin als unfair und als Charakterfehler gegolten. Maximal lässt es sich als Missverständnis einstufen, auch wenn das im Grunde nicht der Fall war. Worauf es ankommt, ist, dass Sie einander helfen können, sich in Zukunft respektvoll zu verhalten.

Zunächst einmal müssen Sie beide übereinstimmen, dass es da mal eine gegenseitige Verpflichtung gegeben hat oder dass es sich bei dem Vorfall um ein Missverständnis handelt. Wenn einer der beiden Partner davon ausgeht, dass kein Versprechen abgegeben wurde, können Sie daran arbeiten, beim nächsten Mal klarer zu formulieren, was Sie beide Ihrer Ansicht nach zugesagt haben.

Inwiefern können Sie Ihren Partner enttäuscht haben? Ihre Hochsensibilität macht Sie anfälliger für Stress als immerhin achtzig Prozent der Eltern. Das kann enttäuschend sein. Wenn Sie mit Ihrem Kind zu Hause bleiben, brauchen Sie vielleicht mehr Hilfe als andere, und das kann dann ins Geld gehen. Wenn Sie wieder angefangen haben, zu arbeiten, können Sie nicht so viel Hausarbeit erledigen, wie Ihr Partner sich das vorstellt.

Vielleicht sind Sie Verpflichtungen eingegangen und haben Dinge versprochen, die Sie jetzt nicht halten können. Ihr Partner fühlt sich von Ihrer Sensibilität derart überfordert, dass er sie mittlerweile als »Störung« empfindet. Und tatsächlich kann Hochsensibilität das auch werden, dann nämlich, wenn sie eine bestehende Depression oder ein Angstsyndrom verstärkt. Sie haben längst den Verdacht, dass Ihr Partner denkt, die falsche Person geheiratet zu haben. Und Sie sind enttäuscht oder wütend, weil er Sie nicht akzeptiert.

Neben der klassischen Reizbarkeit kommt es auch dann zu verstecktem Groll, wenn kleinere Auseinandersetzungen sich zu großen auswachsen, wenn einer der Partner passiv aggressiv reagiert (zum Beispiel, indem er vergisst, etwas Versprochenes zu tun), kein Interesse an Sex mehr zeigt oder an anderen beziehungsrelevanten Dingen wie der Feier eines gemeinsamen Jahrestages.

Wenn Sie beide der Meinung sind, dass etwas nicht stimmt, aber nicht recht wissen, was das sein könnte, sollten Sie sich zusammensetzen und reden. Probieren Sie doch mal das aktive (reflektive) oder schweigende Zuhören aus. Beide Techniken habe ich in Kapitel 7 beschrieben. Sie müssen dem Problem auf den Grund gehen, damit kein weiterer Schaden entsteht. Bedauerlicherweise müssen Sie das zusätzlich zu den vielen Anforderungen fertigbringen, die das Elternsein nun einmal an Sie stellt. Daher möchte ich Ihnen hier noch ein paar Ratschläge geben, wie Sie solche Gespräche effektiver gestalten können. Sie können auch die ganze Liste Frage für Frage durchgehen. Einer der Partner antwortet, während der andere zuhört – entweder im aktiven oder im stillen Modus. Danach beantwortet der andere Partner die Frage.

- Wie haben Sie sich das Kinderhaben vorgestellt? Und was ist nun mit jedem Einzelnen von Ihnen passiert?
- Was ist die Ursache dafür, dass es jetzt nicht mehr läuft? Beantworten Sie diese Frage bitte ohne Schuldzuweisungen: Nennen Sie nur die Fakten oder machen Sie nur Ich-Aussagen. (»Wenn …, dann fühle ich mich …«) Zum Beispiel: »Wenn die Kinder streiten, bin ich total frustriert und fühle mich inkompetent. Und die Kleine tut mir leid.«
- Was gefällt Ihnen an Ihrem Leben oder Ihrem Partner nicht?
- Wie wurde Ihr Partner bzw. Ihr Leben zur Enttäuschung für Sie?
- Was haben Sie dazu beigetragen, Ihrem Partner die Dinge zu erschweren? Zum Beispiel: sich keine Zeit zum Zuhö-

ren nehmen; bewusst Dinge tun, von denen Ihr Partner bereits gesagt hat, dass sie für ihn nicht funktionieren.

- Haben Sie vielleicht die Beweggründe Ihres Partners falsch interpretiert? Ihn als faul oder nutzlos bezeichnet? Weiß er vielleicht nicht, wie er etwas Bestimmtes anpacken soll, und will nicht inkompetent wirken? Kann er wirklich nicht zuhören oder fühlt er sich von Ihrer Kritik beschämt?
- Könnten Ihrer beider Kindheitserfahrungen die Dinge verschlimmert haben?
- Was haben Sie getan, um die Lage zu verbessern? Was schien zu funktionieren? Sind Sie dabeigeblieben oder haben Sie damit aufgehört? Aus Zeitmangel? Oder aus anderen Gründen? Fühlen Sie sich vielleicht zu verwundbar? Zu wütend? Wie könnten Sie gemeinsam die Lage entschärfen?
- Würden Sie eine Paartherapie machen? Wenn nicht, warum?
- Welche verborgenen Vorteile haben Sie davon, das Problem nicht zu lösen? Fühlt es sich für Sie gut an, zu vergessen, was ursprünglich einmal in Ihrer Verantwortung lag? Wollen Sie ohnehin lieber die Trennung bzw. Scheidung? Freuen Sie sich vielleicht sogar darauf?
- Was war wirklich Ihr Fehler? Bitte achten Sie darauf, nicht mehr Verantwortung zu übernehmen, als gerechtfertigt ist.
- Können Sie sich entschuldigen und um Verzeihung bitten? Wenn nicht, warum? (Waren Entschuldigungen in Ihrer Familie vielleicht nicht üblich?)
- Gab es in Ihrer Familie vielleicht lebenslange Ressentiments oder Familienfehden? Wurde jemand ausgestoßen, weil er sich falsch verhalten hat? Wie schlimm war das

Fehlverhalten? Wie wäre es mit Mitgefühl oder einer zweiten Chance? Beeinflusst Ihre familiäre Prägung möglicherweise die Art, wie Sie mit Ressentiments umgehen? Wollen Sie tatsächlich so weitermachen? Oder würden Sie es auch einmal mit Verzeihen versuchen?

Wenn Sie diese Fragen durchgegangen sind, kann jeder von Ihnen alles, was Sie bei sich an Ressentiments und Enttäuschungen entdeckt haben, auflisten. Sehen Sie sich dann die Liste des Partners an, und nehmen Sie es als Faktum, dass dies die Wirklichkeit ist, die der andere erlebt. Die Gefühle eines Menschen sind wie das Wetter – Realität. Aber wie das Wetter, so können sich auch Gefühle ändern – vielleicht nach einer Runde stillen Zuhörens.

Achten Sie darauf, ob sich irgendwo Hinweise auf tief sitzende Komplexe zeigen. Nutzen Sie die in Kapitel 7 beschriebenen Methoden, um damit umzugehen. Vergessen Sie nicht: Streiten Sie nicht mit jemandem, dessen Verhalten gerade ganz von seinen Komplexen bestimmt wird. (Aber geben Sie auch nicht Ihre Zustimmung dazu.) Lassen Sie das komplexhafte Verhalten einfach geschehen und reden Sie später darüber.

Haben sich die Wolken dann wieder verzogen, können Sie ehrlich und ohne weitere Streitigkeiten oder Schuldzuweisungen sagen, wie weit jeder von Ihnen diese Ressentiments nun überwunden hat – vielleicht auf einer Skala von eins bis zehn. Gestehen Sie bitte frank und frei ein, wenn Sie nicht so weit sind, wie Sie sich das gewünscht hätten. Nehmen Sie sich diese Einschätzung in einem Monat nochmals vor. Haben Sie beide Ihre Ressentiments in der Zwischenzeit weitgehend überwunden, können Sie die Liste gerne zerreißen oder verbrennen.

Acht Möglichkeiten, wie Sie auf Ihr Beziehungskonto einzahlen können

Wenn Sie die oben angegebenen Übungen gemacht haben, können Sie sich der Zukunft zuwenden. Lesen Sie sich folgende Zeilen gegenseitig vor:

Selbst wenn beide Partner denken, dass sie den anderen nie wieder lieben können, ändert sich das häufig. Verliert nicht den Mut. Wenn ihr beide wirklich daran arbeiten wollt, dann werdet ihr auch Erfolg haben.

Stellen Sie sich Ihre Beziehung vor wie ein Bankkonto, das Folgendes enthält: die Liebe, mit der Sie beide begannen, die Energie und Freude, die Sie aus Ihrem Zusammensein gezogen haben, und die Resultate all Ihrer Bemühungen, die verlorene Liebe zurückzugewinnen. Das waren Ihre Einzahlungen. Die Abhebungen bestanden aus: Stress, Streit, Ressentiments, Enttäuschungen und der Unlust, etwas dagegen zu unternehmen. Wenn das Elternsein Sie nun in die roten Zahlen treibt, dann müssen Sie das Konto wieder ausgleichen. Wie könnten denn Ihre Einzahlungen aussehen?

1. Regelmäßige Einzahlungen: Beschließen Sie, dass es Ihnen wichtig ist, sich um Ihre Beziehung zu kümmern. Wenn Sie dies bisher vernachlässigt haben, sollte dieser Punkt auf Ihrer To-do-Liste ganz nach oben rücken.

2. Machen Sie sich Gedanken, wie Sie das Konto wieder in die schwarzen Zahlen bringen. Stellen Sie einfach gemeinsam eine Liste von Ideen auf, ohne sie gleich zu beurteilen. Zum Beispiel: »Mal wieder gemeinsam ausgehen.« Oder:

»Ein Schlaftraining fürs Baby machen, damit wir selbst mehr Schlaf bekommen.« Und: »Keine Arbeit mit nach Hause nehmen.« – »Digital Detox – mal nicht mit Computer oder Handy beschäftigt sein.« Wenn Sie diese Liste gemeinsam aufstellen, heißt das, dass Sie beide daran arbeiten wollen. Das ist an sich schon eine Einzahlung.

3. Planen Sie, wie Sie sich Momente ohne Kinder freischaufeln können. Sie können Ihr Kind einen Abend oder einen Nachmittag lang bei einem Babysitter lassen. Sie wissen ja, dass Sie jederzeit telefonisch erreichbar sind, wenn etwas schiefgehen sollte. Die nächste Stufe ist dann, auch mal über Nacht wegzubleiben. Sind Ihre Kinder jünger als drei Jahre, sollte es nicht mehr als eine Nacht sein. Wenn sie jünger als fünf Jahre sind, können Sie es mit zwei bis drei Nächten versuchen. Nur wenn Ihre Kinder an die Aufsichtspersonen gewöhnt sind (zum Beispiel im Falle der Großeltern), können Sie auch mal länger wegbleiben.

4. Unternehmen Sie gemeinsam etwas »Neues und Spannendes«. Es muss nicht der ultimative Nervenkitzel sein, nur einfach neu. Sie sollten beide der Meinung sein, dass es spannend wäre, es zumindest mal auszuprobieren: etwas Neues lernen (eine Sportart, eine Sprache, Paarmassage), eine neue Form von Unterhaltung (Oper, Rockkonzert, Baseballspiel) oder einen neuen Ort besuchen, und sei es nur für einen Tag (zum Beispiel einen unbekannten Wanderweg zu nehmen). Die Forschungsarbeiten meines Mannes[63] haben gezeigt, dass das sogar bessere Ergebnisse erzielt, als einen Abend zusammen auszugehen oder ein Kinobesuch. Auf diese Weise nämlich machen Sie Ihre Beziehung zu etwas, was Sie wachsen lässt.[64]

Gerade HS-Eltern profitieren davon besonders, weil sie ihre Beziehung dadurch in einen sicheren Hafen verwandeln, während die Wachstumsimpulse von außerhalb kommen.

5. Stellen Sie sich jeden Tag drei bedeutsame Fragen. (Also nicht nur: »Wie war dein Tag?«, wenn dieses Ritual ohnehin keine Zuhörer findet.) Beispielsweise: »Wie ist es denn heute wirklich gelaufen?« Oder: »Worauf freust du dich eigentlich?« Wenn Ihr Partner Ihnen von einem Erlebnis erzählt, können Sie nachhaken: »Wie ging es dir damit?« Oder: »Wie schätzt du das jetzt ein?« Dann können Sie sich erneut im aktiven Zuhören üben.

6. Feiern Sie die Erfolge Ihres Partners. Forschungsarbeiten zeigen, dass dies mehr für die Beziehung tut, als würden Sie Ihrem Partner nur durch eine schwierige Zeit helfen.[65] Zum Beispiel so: »Es ist toll, dass du das Problem gelöst hast/die verdiente Beförderung bekommen hast/du sie dazu gebracht hast, die ganze Nacht durchzuschlafen.«

7. Schauen Sie gemeinsam »Paarfilme«. Auch dies bewirkt für ein Paar im Durchschnitt mehr als ein gemeinsam absolviertes Kommunikationstraining. Zusammen einen Film zu gucken reißt Sie heraus aus dem Scham- und Vorwurfsspiel. Suchen Sie sich etwas aus, das mit Beziehungen zu tun hat. Und reden Sie hinterher darüber.[66]

8. Sagen Sie sich häufiger, dass Sie sich lieben. Noch wichtiger: Sagen Sie sich auch warum. Mein Mann und ich machen das manchmal auf langen Auto- oder Zugfahrten. Wir sagen uns fünf oder zehn Dinge, die wir am anderen besonders schätzen.

Wie Sie sich über die Kindererziehung einig werden

Um eine Einigung über die Prinzipien der Kindererziehung zu erzielen, ist es wohl das Beste, Sie setzen sich zusammen und klären, welche Eigenschaften für Sie am wichtigsten sind. Zum Beispiel, dass Ihre Kinder einen guten Charakter haben, dass sie Leistung bringen, Resilienz entwickeln, beruflich oder finanziell Erfolg haben, glücklich und sorglos sind, ihre wahres Selbst entdecken, Ihre spirituelle Tradition weiterführen. Hier keine Wahl zu treffen ist auch eine Wahl: Sie lassen die Gesellschaft entscheiden, vielmehr die Gesellschaft, wie sie sich in Medien und Schule präsentiert.

Wenn Sie sich in dieser Frage noch nicht einig geworden sind, dann hat Ihr Partner vermutlich andere Ansichten als Sie. Oder er hat sich damit noch nicht auseinandergesetzt, weil er möchte, dass Sie das erledigen. Trotzdem übt er durch die Art und Weise seines Handelns Einfluss aus. Was können Sie in diesem Fall tun?

Echte Konflikte über den Erziehungsstil

Wenn Sie und Ihr Partner dazu ganz unterschiedliche Ansichten haben, sollten Sie mit aktivem und stillem Zuhören arbeiten, wie ich es in Kapitel 7 vorgestellt habe. Konzentrieren Sie sich auf Ihre grundlegenden menschlichen Bedürfnisse und auf die Ihres Partners. Als da wären: das Bedürfnis, stolz sein zu können auf das, was Sie dank Ihrer elterlichen Bemühungen zustande gebracht haben; der Wunsch, als Elternteil respektiert zu werden; der Drang, von der eigenen Familie akzeptiert zu werden und die eigene Kultur weiterzugeben, indem man ein Kind erzieht. Manchmal geht es auch nur um das Bedürfnis, unabhängig und kompetent zu entscheiden und nicht herumkommandiert zu werden.

Auch hier sollten Sie darauf achten, ob irgendwelche Komplexe hereinspielen. Das kann auch ein kultureller Komplex sein, zum Beispiel das starke Bedürfnis, eine bestimmte kulturelle Identität oder Tradition weiterzugeben. Oder die fixe Vorstellung, von der vorherrschenden Kultur zum Opfer gemacht zu werden, selbst von Mitgliedern der eigenen Gruppe. Jetzt, wo Sie ein Kind haben, übt vielleicht auch die Familie mehr Druck auf Sie aus als früher. Natürlich wollen Sie Ihre lieben Verwandten nicht vor den Kopf stoßen, aber Sie müssen sich entscheiden, was Ihnen wichtiger ist. Schließlich sind Sie und Ihr Partner es, die entscheiden müssen, wie Ihr Kind erzogen werden soll. Andere müssen damit nicht unbedingt einverstanden sein.

Wenn der Partner sich nicht für Erziehungsgrundsätze interessiert

Wenn Ihr Partner gar kein Interesse für Fragen aufzubringen scheint, die in Ihren Augen Einfluss auf Ihren gesamten Erziehungsstil haben, dann sollten Sie bei dem ansetzen, was unmittelbar ins Auge springt: beim Alltagsverhalten. Von dort aus können Sie sich dann weiter vortasten, zu den tieferen Werten, auf denen es beruht. Vielleicht so?

»Du willst kein Kind, das viel schreit, hast du, glaube ich, gesagt. Wie das eine, das dich vorgestern im Restaurant so genervt hat.«

Ihr Partner stimmt zu.

Nächster Schritt: »Du möchtest vermutlich ein ruhiges Kind. In meinen Augen heißt das, dass wir selbst auch ruhig sein müssen. Kinder lernen ja meist durch Nachahmung.« Geben Sie ein Beispiel, wie Ihr Kind Ihren Partner nachahmt.

Sie können auch fragen, was für ein Mensch Ihrer beider Kind sein soll, wenn es einmal erwachsen ist. Dann können Sie über die Erziehungsmethoden sprechen, die ihn zu diesem Menschen machen würden. Oder Sie sprechen über die Erziehungsstile anderer Eltern, die Sie beide beobachtet haben. Das könnten sogar Charaktere aus dem Fernsehen sein. Haken Sie nach, wie Ihr Partner jeweils darüber denkt. Vergessen Sie nicht: Sie möchten Ihren Partner dazu bewegen, dass er sich Gedanken macht, welche Werte ihm wichtig sind. Erst dann kann es darum gehen, ob Sie beide einer Meinung sind. Wenn es einen Punkt gibt, mit dem Sie nicht einverstanden sind, gehen Sie im Moment nicht darauf ein. Fragen Sie lieber nach, was dahintersteckt. Vielleicht können Sie da ja zustimmen. Wie in folgendem Beispiel: »Ein Kind, das uns gehorcht. Hört sich gut an. Gibt es bestimmte Bereiche, in denen unser Kind uns auf jeden Fall gehorchen sollte? Oder Situationen?«

Vielleicht wäre Ihr Partner interessiert, wenn Sie ihm erzählen: »Ich habe heute einen guten Artikel darüber gelesen, wie man mit Wutanfällen bei Kleinkindern umgeht ...« Oder: »Die Sache mit dem Essen? Ich habe gelesen, dass manche Leute ein Regal mit gesunden Snacks füllen, aus denen das Kind sich dann etwas aussuchen darf. Manchmal isst ein Kind ja den ganzen Tag nur Stärkeprodukte, am nächsten Tag dann nur Obst. Glaubst du, das würde bei Ella funktionieren?«

Wenn sich das schwierig anhört, dann denken Sie daran: Sie sind hochsensibel. Sie finden einen Weg!

Flexibel sein

Wenn es um die Bewältigung des Alltags geht, müssen Sie wohl beide im Hinterkopf behalten, dass es meist mehr als einen Weg gibt, ein Kind richtig zu erziehen. Selbst wenn Sie sicher sind, wie Sie etwas anpacken wollen, so hat Ihr Partner doch auch ein Recht, dass seine Wünsche berücksichtigt werden, und dazu gehört auch das Recht, Fehler zu machen oder sich widersprüchlich zu verhalten. Eltern sein ist schwer! Es ist auch okay, wenn Sie und Ihr Partner in Detailfragen unterschiedliche Ansichten haben, zum Beispiel, wenn sich einer der Partner noch in ein längeres Gespräch verwickeln lässt, wenn er das Kind ins Bett bringt, oder ihm noch eine Geschichte vorliest, wenn es das einfordert. Die Kinder merken so was und arrangieren sich damit.

Was hingegen entscheidenden Einfluss auf Ihre Kinder hat, ist, wie viel Sie vor ihnen streiten und ob Sie in wichtigen Fragen überfordert sind. Als HS-Vater oder -Mutter möchten Sie natürlich, dass Ihre Erziehungsphilosophie und das entsprechende Verhalten absolut perfekt sind. Aber Sie sind nun mal nicht vollkommen und Ihr Partner auch nicht. Ihre Liebe am Leben zu erhalten ist für Sie und Ihre Kinder vermutlich besser, als unrealistische Maßstäbe einzuführen. Wie schädlich kann denn sein, was Ihr Partner gerne tun würde? Sind ein paar Wochenstunden mehr fernzusehen wirklich so schlimm? Wenn Sie sich nicht einigen können, ob Ihr Kind Spielzeugwaffen bekommen soll, mag der eine Partner wohl die höheren moralischen Werte vertreten, aber der andere verschafft seinem Kind Anerkennung seitens seiner Schulkameraden. So hat also jeder Standpunkt etwas Positives für das Kind.

Versuchen Sie, mithilfe der weiter oben aufgeführten Ratschläge zu einem Kompromiss zu kommen. Glauben Sie nicht, dass Ihre jeweiligen Positionen völlig unvereinbar sind. Vielleicht können Sie sich ja darauf einigen, dass keiner von Ihnen will, dass Ihr Kind mal mit echten Waffen herummacht oder das Töten auf die leichte Schulter nimmt! Und vermutlich weiß keiner von Ihnen mit Sicherheit, wie sich das am besten bewerkstelligen lässt.

Ist einer der Partner fest entschlossen, es so zu machen, wie er sich das vorstellt (obwohl Sie das für einen Fehler halten), dann können Sie – gerade wenn es sich um eine kleinere oder kurzfristige Angelegenheit handelt – Ihrem Partner mal den Raum zum

Experimentieren und Lernen geben. Wenn sich dann herausstellt, dass Sie Recht hatten, dann hüten Sie sich vor dem allfälligen »Ich hab's dir ja gleich gesagt«. Wenn sich zeigt, dass die Methode Ihres Partners besser war, dann finden Sie bitte dafür auch anerkennende Worte. Sehen Sie sich einer wirklich schwierigen Situation gegenüber, klären Sie zuerst die Sachlage. Häufig ist diese ja das Produkt längerer Auseinandersetzungen. Wie gut hätten Sie das unter den herrschenden Umständen gemacht?

Die richtige Arbeitsteilung finden

Eine HS-Mutter berichtet:

Mein Mann akzeptiert meine Hochsensibilität und unterstützt mich auf vielfältige Weise. Er drängt mich, mir mehr Ruhe zu gönnen. Er sucht nach Möglichkeiten, mir Arbeit abzunehmen, und redet mir gut zu, ich solle mich nicht so antreiben, um perfekt zu sein. Er ist auch ein sehr ruhiger Mensch. Lärm macht ihm nichts aus. Er kann die Arbeit übernehmen, wenn ich mit meinem Latein am Ende bin. Doch angesichts einiger jüngerer Auseinandersetzungen würde ich allen Hochsensiblen, die Eltern werden wollen, raten, sich klarzumachen, wie wichtig es für sie ist, sich mit dem Partner über Erwartungen im Hinblick auf Familie und Hausarbeit einig zu werden.

Wenn Sie über die Aufteilung der Hausarbeit zu einer Einigung gelangen wollen, brauchen Sie alle Fähigkeiten, die wir bisher in diesem Kapitel aufgeführt haben. Aber es gibt auch hier Möglichkeiten, sich die Aufgabe zu erleichtern.

Erstellen Sie eine vollständige Liste aller Aufgaben

Und lassen Sie viel Platz daneben.

Setzen Sie sich zusammen und erstellen Sie diese Liste gemeinsam. Dazu gehören zum Beispiel: die Versorgung des Kindes zu verschiedenen Zeiten (Mahlzeiten, Schlafenszeit und so weiter), Haushaltspflichten (Saubermachen, Wäsche, Reparaturen, den Hof fegen, Gartenarbeit, die Versorgung der Haustiere und so weiter), Besorgungen machen (Lebensmittel, Kleidung, Benzin fürs Auto und so weiter), Instandhaltung des Autos. Hinzu kommt noch: Führung des Familien-Terminkalenders, die Mitteilungen, wann wer wo zu sein hat, die Verabredungen mit Kindern oder anderen Eltern oder Angehörigen, Feiern, Arztbesuche inkl. der Wege dorthin, die Auswahl der Schule, Gespräche mit den Lehrern, Hausaufgabenüberwachung, finanzielle Fragen (natürlich: Geldverdienen, aber auch Rechnungen begleichen, Budgetplanung machen, Investitionen für die Zukunft tätigen). Und übersehen Sie nicht die Zeit, die Sie brauchen, um dafür zu sorgen, dass all diese Dinge erledigt werden, die Zeit für endgültige Entscheidungen und natürlich fürs Sorgenmachen.

Nun schreiben Sie erst einmal neben jede Aufgabe den Namen der Person, die sich üblicherweise darum kümmert, und wie viel Prozent ihrer Zeit diese Aufgabe in Anspruch nimmt. Wenn Sie sich hier nicht einigen können, dann führen Sie einen Tag, eine Woche, einen Monat lang Tagebuch, um zu sehen, wer wirklich was macht. (Vielleicht genügt auch schon eine Stunde, wenn beide zu Hause sind.) Wenn einer der Partner keine Liste aufstellen will (vermutlich weil diese Person weniger Aufgaben erledigt und nicht möchte, dass dies offenkundig wird), dann muss einer die Dokumentation übernehmen. Erlauben Sie dem anderen, Korrekturen anzubringen. Die Liste ist nicht nur ein wertvolles Instrument zur fairen Verteilung von Arbeit, sie sorgt an sich schon häufig dafür, dass sich das Verhalten ändert.

Wie Sie die Konflikte rund um die Arbeitsbelastung lösen

Manche Konflikte lassen sich leicht lösen. Möglicherweise hat einer der Partner gar kein Problem mit einer bestimmten Aufgabe, die der andere als ermüdend und langweilig empfindet. Andererseits wissen gerade Hochsensible langweilige Aufgaben manchmal zu schätzen. So kann das abendliche Schlafritual für Sie hochgradig anstrengend sein, während Ihr Partner es liebt, die Kinder zu Bett zu bringen. Im Allgemeinen ziehen Hochsensible die ruhigeren Aufgaben vor, zum Beispiel das Vorlesen. Auch ziehen HS-Eltern morgendliche Tätigkeiten meist vor, weil sie am Abend gewöhnlich erschöpft sind. Machen Sie zumindest deutlich, welche Art von Tätigkeiten Ihren Wünschen entspricht.

Es wäre auch fair, die eher lästigen Aufgaben abwechselnd zu übernehmen. (Mein Mann und ich haben uns darin abgewechselt, morgens aufzustehen, um unserem Sohn Frühstück zu machen und ihn zur Schule zu bringen.) Wenn jemand allerdings eine ganz bestimmte Aufgabe übernehmen möchte, dann lassen Sie ihn oder sie darin ruhig zum Experten werden und vermeiden Sie übertrieben genaue Vorgaben.

Wenn es nach den ersten Gesprächen immer noch ungelöste Konflikte gibt, versuchen Sie mit der Methode des stillen Zuhörens etwaigen verborgenen Komplexen auf die Spur zu kommen. (»In meiner Kultur übernehmen die Frauen diese Arbeit.« Oder: »Das ist ganz einfach Sexismus.«) Einmal mehr achten Sie beide besser auf Ihre jeweils zugrunde liegenden Bedürfnisse. (»Ich finde es erniedrigend, Windeln zu wechseln.« Oder: »Ich könnte mich selbst nicht mehr respektieren, wenn mein Ehemann mir nicht zur Hand geht, wenn ich das brauche.«) Möglicherweise müssen Sie sich bei der Lösung einer solchen Frage an den Bedürfnissen des Kindes orientieren. (»Manchmal muss seine Windel gewechselt werden, und außer dir ist niemand da. Wie sollen wir damit umgehen?«)

Wie Sie sich Ihre Nähe bewahren können

Partnerschaftliche Nähe aufrechtzuerhalten, während man Kinder aufzieht, ist manchmal, als müsse man gegen den Strom schwimmen. Gerade wenn die Kinder noch klein sind, muss es mitunter genügen, wenn Sie als Familie zusammen sind. Da wirkt ein liebevoller Blick zwischendurch Wunder. Genießen Sie es, wenn Sie abends zusammen schlafen gehen können. Die Dinge werden wieder einfacher, wenn das kleinste Kind fünf oder sechs wird. Sind solche Gesten für Sie ein Problem, sollten Sie versuchen, die Ursache zu ergründen.

Versuchen Sie vielleicht, sich aus dem Weg zu gehen? Wenn ja, blättern Sie zurück zum Abschnitt über versteckten Groll und Enttäuschungen. Es kommt vergleichsweise häufig vor, dass Arbeit oder Kindererziehung einen der Partner emotional so erschöpfen, dass er es dem anderen übel nimmt, wenn der auch noch etwas von ihm will. Hier kann eine regelmäßige Auszeit helfen, selbst wenn sie kurz ist. Sie versetzt Sie in die Stimmung, dem anderen wieder etwas geben zu wollen. Unter Umständen fürchtet einer von Ihnen, dass es zum Streit kommen könnte. Bringen Sie das Thema zur Sprache, vielleicht so: »Ich frage mich, warum wir so wenig Zeit miteinander verbringen.« Blitzt in der Antwort vielleicht irgendwie Vermeidungsverhalten auf? Zum Beispiel: »Ich habe den Eindruck, dass du zum Handy greifst, kaum drehe ich dir den Rücken zu.« Antwort: »Ich habe das Gefühl, dass du nicht mehr für mich da bist. Daher rufe ich lieber meine Freunde an.« Vielleicht gehen Sie sich aber auch aus dem Weg, weil Sie sich langweilen. Holen Sie die Liste Ihrer Einzahlungen auf das Beziehungskonto hervor, und sehen Sie nach, was Sie tun können. Haben Sie diese Übung übersprungen, sollten Sie sie schleunigst nachholen.

Stress durch Arbeitsdruck?

- Zeigen Sie sich mitfühlend bzw. nehmen Sie die mitfühlenden Worte des Partners an. Lesen Sie in den ersten Kapiteln dieses Buches nach. Dies allein kann Ihnen schon die ersehnte Nähe zurückbringen.
- Machen Sie sich Ihre Prioritäten klar. Die Zeit der Elternschaft geht erstaunlich schnell vorbei. Das Frustrierende daran ist, dass sie mit genau der Zeit zusammenfällt, in der die meisten Leute Karriere machen. Wenn Sie sich nicht entscheiden können, was Ihnen wichtiger ist – Beruf oder Familie –, dann machen Sie lieber Abstriche bei anderen Dingen wie Freundschaften oder Hobbys. Neben Familie und Beruf noch andere Kontakte intensiv zu pflegen, ist meist nicht möglich. Das haben mir viele Eltern immer wieder berichtet.
- Wenn Sie zu Hause sind, seien Sie ganz zu Hause, selbst wenn es nur für kurze Zeit ist. Seien Sie für Ihre Familie da. Schreiben Sie keine SMS, beantworten Sie keine E-Mails, telefonieren Sie nicht, während der Rest der Familie darauf wartet, dass Sie ihm Ihre Aufmerksamkeit zuwenden. Müssen Sie wirklich unbedingt telefonieren (bzw. Mails oder SMS schreiben), dann gehen Sie dazu aus dem Zimmer. Das hilft Ihnen, solche Dinge einzuschränken.
- Digital Detox: Lassen Sie mal die Finger von Handy, Tablet oder Computer. Das gilt auch für Ihre Kinder. Gehen

Sie mit gutem Beispiel voran. Forschungsarbeiten zeigen, dass die digitale Welt massiv in unsere Beziehungen eingreift.[67] Selbst das Handy nur eingeschaltet neben sich zu legen, lässt das Gespräch verflachen.[68]

- Achten Sie darauf, bewusst die Arbeit hinter sich zu lassen und nach Hause zu kommen. Büros sind das Reich der Erwachsenen. Dort geht es hektisch zu und Produktivität ist oberstes Gebot. Das ist eine Kultur, in der Wettbewerb mehr zählt als Kooperation, Stärke mehr als Verwundbarkeit und wo die Beschäftigung mit den eigenen Gefühlen nun einmal keine Wertschätzung erfährt. Nutzen Sie den Heimweg zum Nachdenken – zuerst über die Arbeit, dann über Ihre Familie. Stellen Sie sich vor, was Sie erwartet, wenn Sie die Tür öffnen. Vielleicht rufen Sie kurz zu Hause an und fragen, ob Ihr Partner Hilfe braucht oder ob Sie ein wenig Zeit für sich haben können. Zu Hause können Sie zunächst meditieren, duschen oder sich in gemütliche Klamotten werfen. Auch dies signalisiert Ihnen, dass Sie die Arbeitswelt nun verlassen haben und sich anderen Prioritäten zuwenden.

Wenn Ihr Partner von der Arbeit gestresst ist

- Sagen Sie Ihrem Partner, wie dankbar Sie sind, dass er/sie so gut umschalten kann. Bei solch einem Gespräch können Sie Ihr Gegenüber auf die Unterschiede hinweisen, die die Arbeitswelt von Ihrem Zuhause trennen. Dabei vermeiden Sie besser die Andeutung, dass der Arbeitsplatz »schlecht« wäre. Es herrscht dort einfach nur eine andere Kultur.
- Lassen Sie Ihrem Partner eine gewisse Zeit zum Umschalten, statt vom ihm zu verlangen, sofort zu Hause präsent

zu sein. Dann kennen Sie beide das Zeitlimit und halten sich eher daran.

- Lernen Sie die Züge an Ihrem Partner schätzen, die ihn am Arbeitsplatz erfolgreich machen. Diese Stärke und Effizienz bringt Ihnen ja vielleicht die finanzielle Stabilität, die Sie als Hochsensible/r brauchen. Aber natürlich ist es anstrengend, ständig stark und effizient zu sein. Bieten Sie ein Gegenmodell – die Freude am Familienleben, die Ihr Partner sich verdient hat –, statt spontane Begeisterung einzufordern.

Eine wichtige Form der Nähe ist die Sexualität. Auch dieser Lebensbereich ändert sich massiv, wenn ein Kind da ist. Unmittelbar nach der Geburt funktionieren die Geschlechtsorgane der Mutter noch anders, selbst wenn sie einen Kaiserschnitt hatte. Ihre Hormone sind im Moment gerade nicht die, die sexuelles Verlangen erwecken. Das hat entwicklungsgeschichtliche Gründe.

Offensichtlich ist es für Frauen und Kinder besser, wenn der Körper der Frau sich erholen und sie ihr Kind stillen kann, ohne dass schon das nächste im Mutterleib nachwächst. Im ersten Lebensjahr des Kindes ist der Elternteil, der sich um das Baby kümmert, normalerweise emotional und körperlich ausgelaugt. Da ist Sex das Letzte, das einem in den Sinn kommt. Mitunter ist auch der andere Partner erschöpft, weil er Mutter und Kind hilft, mehr Hausarbeit erledigt und im Beruf vielleicht beweisen muss, dass das Kind seine/ihre Produktivität nicht beeinträchtigt. Das alles sollte man im Hinterkopf behalten, denn es kann sich ziemlich mies anfühlen, wenn man das Gefühl entwickelt, nicht mehr sexy zu sein.

Nach dem ersten Jahr wünschen Sie sich vermutlich jene Sexualität zurück, die Sie mit Ihrem Partner vorher hatten. Und es ist gut, sich darum zu kümmern, denn das wird Ihrer Familie in allen Lebensbereichen zugutekommen.

Natürlich ist jetzt einiges anders, wo Sie Kinder haben. Doch andere Aspekte der Sexualität ändern sich kein bisschen. Wenn Sie vorher sexuelle Probleme hatten, sind diese jetzt natürlich nicht verschwunden. In meinem Buch *Hochsensibilität in der Liebe*[69] habe ich auf eine Studie zurückgegriffen, die die Sexualität von Hochsensiblen mit der anderer Menschen vergleicht.[70] Ich werde die Resultate hier nicht nochmals besprechen. Nur so viel: Temperamentsunterschiede wie die genannten beeinflussen die sexuellen Vorlieben und Erfahrungen. Hochsensible haben andere Bedürfnisse und reagieren auf Kleinigkeiten manchmal mit Rückzug. Was die Reizschwelle betrifft, so ist weniger mehr und das Subtile interessanter als das Heftige. Ein Zuviel an Stimulation hingegen kann das sexuelle Verlangen von einer Sekunde zur anderen ausschalten.

Ihr Partner sollte sich freuen, wenn Sie ihm sagen, was Sie mögen und was nicht. Also nehmen Sie ruhig Ihren Mut zusammen. Schließlich wollen Sie ja nicht, dass sich in Ihnen immer mehr Ressentiments aufstauen, nur weil Ihr Sexualleben nicht Ihren Bedürfnissen entspricht.

Ein Aspekt Ihres Sexuallebens, der sich vermutlich nicht verändert hat, ist die Tatsache, dass einer von Ihnen mehr Sex möchte als der andere. Als Sie sich kennengelernt haben, hatten Sie vermutlich viel Lust aufeinander, erstens weil Sie noch jünger waren und zweitens weil Sie aneinander interessiert waren. Später wollte vermutlich einer von Ihnen weniger Sex als der andere. Bei heterosexuellen Paaren ist dies häufig die Frau, daher werde ich mich in meinen Ausführungen darauf beschränken. Es ist wichtig, zu begreifen, dass dies kein individueller Zug ist. Gerade HS-Frauen glauben nämlich häufig, dass sie ihren Partner enttäuschen oder keine »richtige Frau« sind, wenn sie nicht ständig sexuell verfügbar sind. Es liegt nicht zuletzt an den Medien, wenn Frauen es merkwürdig finden, dass sie nicht jeden Tag Sex wollen. Forschungsarbeiten aber zeigen, dass es in guten Beziehungen ungefähr einmal die Woche zum Sex kommt. Womöglich wünscht sich der Mann mehr, kann aber mit »einmal die Woche« leben. Die Frau wünscht sich vielleicht weniger, aber ihr Körper reagiert nach einer Woche wieder, wenn sie sich für diese Empfindungen offen zeigt. Der erste Schritt zu einer glücklichen sexuellen Beziehung ist, diese Unterschiede im Verlangen und Temperament als normal zu akzeptieren und kreative Lösungen zu finden. Da ist zum Beispiel immer die Möglichkeit, dass der Partner, der mehr Sex möchte, seine Lust auch ohne den Partner leben kann.

Der Partner, der weniger Sex möchte, sollte zumindest seinen Hormonspiegel prüfen lassen und allgemein einen Gesundheitscheck machen. Auch hier sind Bewegung und Ruhe wichtig. Möglicherweise nehmen Sie auch Medikamente, die Ihren Sexualtrieb beeinflussen. Das gilt zum Beispiel für Antidepressiva, aber auch für unbehandelte Depressionen. Es gibt aber auch Antidepressiva, die sich nicht negativ auf die Sexualität auswirken. Manche steigern sogar das sexuelle Interesse. Bitten Sie diesbezüglich einen erfahrenen Psychiater um Rat.

Überlegen Sie, was Sie auf Touren bringt. Frauen werden von einer größeren Bandbreite an Bildern erregt als Männer. Erotische Szenen in guten Filmen sind da hilfreich, aber auch andere Dinge, die Sie antörnen können.

Aber natürlich müssen Sie Ihre sexuellen Empfindungen dann auch in Handlungen umsetzen. Wurden Sie so erzogen, dass sexuelle Impulse irgendwie als falsch galten, dann haben Sie vielleicht Probleme, sie überhaupt zu spüren oder umzusetzen. Das sollten Sie überwinden, was mitunter lange dauern kann. Sie können sich »desensibilisieren«, also eine gewisse Empfänglichkeit für sexuelle Impulse entwickeln, wenn Sie sich mit Inhalten auseinandersetzen, die Sie als nicht abstoßend empfinden. Zuerst aber müssen Sie den Entschluss fassen, dies auch wirklich zu wollen.

Wenn Sie als Kind mit sexuellem Missbrauch zu kämpfen hatten, beeinträchtigt dies Ihre Sexualität ein ganzes Leben lang. Arbeiten Sie an diesem Thema so viel wie möglich. Achten Sie darauf, dass Ihr Partner Verständnis für diesen Teil Ihres Lebens hat. Sein Verständnis heilt viele Wunden. Vor allem müssen Sie sich darauf verlassen können, dass Ihr Partner Sie trotz Ihrer Schwierigkeiten liebt, für die Sie ja nicht verantwortlich sind. Wenn Sie sich dessen nicht sicher sind, bitten Sie um Bestätigung.

Das Beziehungsaus – Trennung oder Scheidung

Ich weiß, dass man meine Leser im Großen und Ganzen in zwei Gruppen einteilen kann. Hoffentlich die Mehrheit lebt in einer grundsätzlich belastungsfähigen, liebevollen Partnerschaft, in der die Geburt der Kinder zwar Probleme verursacht hat, an denen jedoch beide Partner arbeiten wollen. Andere HS-Eltern aber sind in einer Beziehung mit einem Menschen, mit dem sich Partnerprobleme einfach nicht klären lassen. Vielleicht waren diese Probleme vor dem Kind auch nicht so offensichtlich. Der Stress der neuen Rolle aber hat sie in aller Deutlichkeit zutage treten lassen, sodass sie nicht länger ignoriert werden können, vor allem, weil sie auch die Kinder in Mitleidenschaft ziehen.

Was können Sie in einer derartigen Situation tun? In erster Linie müssen Sie sich klarmachen, dass Sie nur sich selbst ändern können. Sie können durch Ihr Beispiel einen Wandel herbeiführen oder Ihren Partner bitten, mit Ihnen eine Paartherapie zu machen. Aber letztlich muss auch Ihr Partner die Veränderung wollen.

Es sind immer zwei nötig, um ein Beziehungsproblem zu schaffen. Für Sie heißt das, dass Sie an Ihrem Anteil arbeiten können. Selbst wenn Ihr Partner gewalttätig oder herrschsüchtig ist, haben Sie Ihren Teil zu der aktuellen Situation beigetragen, einfach dadurch, dass Sie die Beziehung nicht beendet haben. Schließlich war alles noch ganz anders, als Sie beide sich kennenlernten und ineinander verliebten. Wenn Ihr Partner aber damals schon so war, dann haben Sie das schließlich akzeptiert und ihn trotzdem geliebt. Nehmen Sie Ihre Rolle in der Beziehung genau unter die Lupe. Selbst wenn Sie den anderen nicht ändern können und auch an sich selbst im Wesentlichen nichts verändern, kann es ihnen helfen, sich die problematischen Bereiche bewusst zu machen, etwa wenn Sie eine neue Beziehung eingehen. Wollen Sie sich verändern, betrifft das auch Ihre Kinder, selbst wenn sie längst das Haus verlassen haben. Jeder Therapeut kennt solche Situationen.

Ist Ihr Partner nicht zu einer Veränderung bereit, können Sie ihn trotzdem voller Liebe in Ihrem Herzen halten. Nicht als Partner, nicht als innige Liebe, sondern als einen Menschen, der – ob ihm das nun bewusst ist oder nicht – ein massives Problem hat. Dieses Problem hat seine Wurzeln möglicherweise in seiner Vergangenheit, aber es kann auch sein, dass die Genetik dabei eine Rolle spielt. Doch wir alle sind zur Liebe geboren, selbst wenn sich uns dabei vieles in den Weg stellen mag. Sie kennen die Blockaden Ihres Partners vermutlich besser als irgendjemand sonst. Womöglich lassen sie sich bewegen, wenn Sie sie aus einer Haltung der Liebe heraus betrachten.

Viele Menschen widersetzen sich dem Wandel, weil er voraussetzt, die eigenen offenen Wunden zu sehen, und diese lösen in uns meist Scham aus. Ihr Partner möchte nicht, dass Sie diese Seite an ihm kennen. Auf einer tieferen Ebene wissen die Partner meist, dass dem anderen solche Dinge nicht verborgen bleiben. Sie sind also der Mensch, dem gegenüber Ihr Partner sich am verwundbarsten fühlt. Ich bin mir sicher, dass auch Sie das Gefühl haben, Ihr Partner könnte Sie jederzeit und ohne Probleme bloßstellen. Wie können Sie beide sich lieben, sodass Sie beim jeweils anderen keine Scham hervorrufen? Wie können Sie die Wunden des anderen so umfassend akzeptieren, dass Sie sie ansehen und heilen können? Das ist alles andere als leicht, aber vielleicht mögen Sie sich dies als Ideal vor Augen halten.

Ist der Partner hingegen absolut und auf Dauer nicht bereit, sich zu ändern, dann sollten Sie in gewisser Weise die Hoffnung aufgeben. Damit aber malen Sie das Menetekel der Trennung bzw. Scheidung an die Wand. Als HS-Elternteil sind Sie sich bewusst, was das heißt, vor allem für eine Familie.

Daher möchte ich hier nur auf zwei Punkte hinweisen, deren sich die meisten Menschen nicht bewusst sind.

Erstens gibt es da neben der Liebe noch die Anhaftung. Wenn Sie mit einem anderen Menschen zusammenleben, dann gewöhnen Sie sich aneinander. Ihr Leben ist schließlich auf ganz konkrete Weise miteinander verschmolzen. Außerdem gab es ja auch gute Zeiten, und diese erscheinen vor Ihrem inneren Auge, wenn Sie eine Trennung anstreben. Anhaftung ist nicht dasselbe wie Liebe, aber sie zu lösen kann noch schmerzlicher sein. Gerade wenn eine Beziehung tatsächlich endet, ist die Anhaftung häufig realer als die Liebe. Die Liebe ist vielleicht erloschen, aber die Anhaftung bindet Sie immer noch aneinander. Und Sie fragen sich, ob Sie nicht einen Fehler machen.

Zweitens ist eine Scheidung oder dauerhafte Trennung für die Familie nicht so schlimm wie ein Paar, das »nur um der Kinder willen« zusammenbleibt. Das hängt ganz von der Familie ab, auch wenn es im Allgemeinen heißt, dass eine Scheidung die Kinder härter trifft. Sie sind ganz besondere Menschen und nicht der Durchschnitt. Was Ihnen in dieser Situation helfen kann, ist, impulsive Entscheidungen zu vermeiden, aber trotzdem ein Gefühl für mögliche Alternativen zu entwickeln. Vielleicht erwartet Sie ja ein anderes Leben oder ein anderer Partner. Weder Sie noch Ihre Kinder werden glücklich, wenn Sie einfach ohne jeden Plan den Sprung ins Unbekannte wagen.

In den letzten hundert Jahren hat sich unser Leben völlig verändert: Wir erwarten heute die vollkommene Erfüllung durch eine Beziehung mit einem Partner, der mit uns zusammenlebt. Früher aber gab es im Leben eines Menschen alle möglichen wichtigen Beziehungen. Der Großteil davon hielt ein Leben lang. Viele schenkten Erfüllung und Sicherheit. Da waren die Verwandten, die meist in der Nähe lebten, die Arbeitskollegen, die ein Leben lang dieselben blieben, die Gemeindemitglieder und die Menschen, mit denen man ein Hobby teilte. Heute sind wir alle mobiler geworden, sodass für viele Menschen nur noch die Kernfamilie eine sichere Bindung bietet, auf die man jederzeit zurückgreifen kann. Umgekehrt bietet uns heute der technische Fortschritt die Möglichkeit, Freundschaften über weite Distanzen hinweg aufrechtzuerhalten. Aber für Anhaftung und Liebe ist räumliche Nähe unverzichtbar.

Ist der einzige Mensch, der in Ihrer unmittelbaren Nähe lebt, ein Partner, mit dem Sie eine unbefriedigende Beziehung führen, dann ist klar, dass Sie unglücklich sind und die Scheidung wollen. Dann wird dieser Platz an Ihrer Seite wenigstens für jemand anderen frei. Aber – solange es nicht zu Gewalt und Missbrauch kommt – haben Sie auch die Möglichkeit, mehr Beziehungen außer Haus zu knüpfen und mit diesen Menschen ein erfüllendes Leben zu führen. Wenn sich das für Sie und Ihren Partner besser anfühlt, dann können Sie unter diesen Umständen auch in der Beziehung bleiben.

Wofür Sie sich auch entscheiden mögen. Scheinbar hoffnungslose Situationen sind leichter zu ertragen, wenn Sie eine spirituelle Haltung dazu einnehmen. Das aber setzt voraus, dass Sie einem spirituellen Pfad und einem spirituellen Übungsweg folgen. Ich bin überzeugt, dass Hochsensible von Natur aus spirituell veranlagt sind. Ein spiritueller Pfad verschafft Ihnen nicht nur Trost während einer möglichen Trennung, er bringt Sie auch mit Menschen in Kontakt, die ähnlich denken wie Sie. Selbst wenn Sie sehr introvertiert sind, öffnet eine spirituelle Praxis den Blick, füllt Ihr Herz mit Liebe und ermöglicht Ihnen, Ihre augenblickliche Lage zu akzeptieren. Nichts an unserem Leben ist je endgültig und unveränderlich. Alles kann sich jederzeit ändern.

Meine Ehe bestand aus zwei Menschen mit einem sehr unterschiedlichen Wesen. Wenn zwei Menschen einander auf diese Weise ergänzen, entsteht häufig etwas Großartiges. Wir hatten unglaubliche äußere Erfolge. Das ist einer der Gründe, weshalb unsere Ehe fünfzehn Jahre lang gehalten hat. Aber wenn wir unseren Blick nach innen richteten, fühlten wir uns unvollkommen, unverstanden und wie bestraft.

Seit wir die Scheidung eingereicht haben, wird im Haus nicht mehr so viel herumgebrüllt. Wir hören einander besser zu. Ich würde gerne sagen, dass meine Kinder nicht streiten und wir in seliger Gelassenheit leben, aber das wäre eine Lüge. Ich kann allerdings ehrlich sagen, dass ich achtsam bin und das Spiel bewusst spiele. Ich habe nicht das Gefühl, mich zurückziehen zu müssen. Ich habe Zeit für mich, wenn die Kinder bei ihrem Vater sind. Ich vermisse sie, aber ich verstehe auch, dass es mir nach solch einer Ruhephase wirklich besser geht.

Damit will ich nicht sagen, dass man nur über den Umweg einer Scheidung zu einem friedvollen Elterndasein kommt. Was ich sagen möchte, ist dies: Achten Sie darauf, worin das Gefühl der Überlastung seine Wurzeln hat. Machen Sie sich klar, dass Sie sehr gute Eltern sein können, wenn Sie die richtige Mischung aus Selbstachtsamkeit, Erholungsphasen, minimalen Konflikten und Liebe für Ihre Kinder finden.

Schlusswort

Dieses Kapitel ist randvoll gepackt mit Informationen. Vielleicht möchten Sie es ja öfter durchlesen, damit Sie sich im Bedarfsfall darauf beziehen können.

Aber natürlich vermag ein einzelnes Kapitel in einem Buch nicht alle Probleme zu lösen, die in einer Beziehung auftreten können. Diese sind schließlich so zahlreich wie die Menschen, die sie eingehen. Es gibt eine ganze Menge guter Eheratgeber. Ich möchte Ihnen hier folgende empfehlen: John Gottman, *Die 7 Geheimnisse einer glücklichen Ehe*[71] und Harville Hendrix, *So viel Liebe wie du brauchst*[72].

Hier sind wir nun am Ende unserer gemeinsamen Reise angelangt. Ich habe einige meiner Leser kennengelernt, aber meist muss ich mich mit meiner Vorstellungskraft begnügen, wenn ich Ihnen begegnen möchte. Die ist allerdings sehr ausgeprägt. In meinem Herzen und meinem Geist »kenne« ich viele von Ihnen. Ich erinnere mich noch gut, wie schwer das Elternsein für mich war. Ich erinnere mich noch, wie ich in irgendeiner Bahnhofsbuchhandlung eine Frauenzeitschrift erwarb und darin den einzigen wirklich ehrlichen Artikel übers Elternsein fand, den ich je gelesen habe. Er trug den Titel »Warum hat mir niemand gesagt, wie schlimm das wird?« Oder so ähnlich. Jedenfalls habe ich mir genau diese Frage gestellt, während ich die Zeilen der Autorin verschlang.

Ich liebte meinen Sohn und habe das Ganze überlebt. Ich habe das Elterndasein sogar größtenteils genossen. Aber ich habe nie diesen ehrlichen Artikel vergessen, und ich frage mich, wie viele von Ihnen einen Aufsatz mit dieser Überschrift lesen würden. Aus den Zuschriften meiner Leser weiß ich, dass viele es tun würden. Andere Menschen sind fürs Elternsein wie geschaffen.

Wie auch immer: Seien Sie gesegnet, weil Sie den härtesten und gleichzeitig wertvollsten Job auf der Welt machen!

Danksagung

Marki Talley ist dafür verantwortlich, dass ich dieses Buch jetzt abgeschlossen habe – ich habe schon 2012 angefangen, daran zu arbeiten! Ich hatte sie darum gebeten, und sie hat dafür gesorgt, dass ich am Ball blieb – geduldig, aber beharrlich. Sie übernahm einen großen Teil des Lektorierens und Formatierens und signalisierte mir, welche Inhalte noch überarbeitet werden mussten.

Dieses Buch hätte nie das Licht der Welt erblickt, gäbe es da nicht all jene Menschen, die ich in meinem Newsletter um Beiträge gebeten habe. Sie lieferten mir mitunter umfangreiche Schilderungen ihres Lebens als hochsensible Eltern. Mein weiterer Dank gebührt all jenen Eltern (hochsensible und nicht hochsensible – zum Vergleich), die die Onlineumfrage ausgefüllt haben.

Für die liebevolle Unterstützung meines Mannes auf unserer »Reise« durch die Hochsensibilität, die schon 1990 begann, bin ich ihm auf ewig zutiefst dankbar. Was die Forschungsarbeiten zu hochsensiblen Eltern angeht, durfte ich auf seine brillante Analyse der Daten zählen und auf seine beharrlichen Hinweise, dass wir unsere Resultate in einer Fachzeitschrift mit Peer-Review veröffentlichen sollten. Dies gibt der »sensory processing sensitivity« (oder der »high environmental sensitivity«), wie der Fachausdruck lautet, in Bezug auf die Elternschaft die nötige wissenschaftliche Legitimation.

Wie immer war meine Agentin Betsy Amster meine rechte Hand. Sie stellte die Kontakte zur Verlagswelt her und kümmerte sich um all die vertraglichen Details, in denen ich ganz und gar nicht gut bin. Meine echte rechte Hand musste dann nur auf der gepunkteten Linie eine Unterschrift hinterlassen.

Ein Hoch auf Kensington Publishing. Das Kensington-Verlagshaus hieß für mich in gewisser Weise, dass ich zu meinen Ursprüngen zurückkehrte, denn dort wurde mein erstes Buch

The Highly Sensitive Person veröffentlicht. Dieses Mal weiß ich über meinen Verleger besser Bescheid als damals. Kensington ist das einzige englische Verlagshaus im Besitz einer Familie. Und trotzdem ist es das Sechstgrößte, gleich nach den fünf großen Konzernverlagen. Die Kensington-Leute sind eine echte Familie, ob sie nun verwandt sind oder nicht. Die meisten Leute arbeiten dort seit Jahren, was für das Verlagsgeschäft und viele andere große Unternehmen unüblich ist. Sie arbeiten dort, weil sie gerne zusammenarbeiten. Mich haben sie gebeten, mich dieser Familie anzuschließen, und zwar auf eine Weise, die sich wirklich anders anfühlte als meine Erfahrungen mit anderen Verlagshäusern. (Wenn Sie bei Kensington anrufen, geht tatsächlich ein Mensch ans Telefon!)

Danke, Kensington, und danke Michaela Hamilton, die meine Lektorin war. Ein Dankeschön auch an Jackie Dinas, die ich noch von ihrer Arbeit in der Abteilung Auslandsrechte kannte. Sie hat das erste Buch in dreißig verschiedenen Sprachen herausgebracht (oder mehr! Ich habe nicht mitgezählt.)

Und schließlich möchte ich allen Hochsensiblen danken, obwohl die Nichteltern unter Ihnen dieses Buch vermutlich nicht lesen werden. Ich habe in Ihrer Gesellschaft eine sehr lange Reise gemacht. Ich habe oft erzählt, dass ich die Straße hinunterging und etwas über Hochsensibilität vor mich hin murmelte. Und plötzlich stellte ich fest, dass sich hinter mir ein ganzer Menschenzug formierte. Wir haben uns gefunden, und wir sind viele! Hochsensible stellen ungefähr zwanzig Prozent der Menschheit. Und Ihr Wesenszug findet sich in über hundert anderen Arten. Also lassen Sie uns weiter die Welt zum Besseren verändern, indem jeder von uns seinen eigenen Weg geht. Und natürlich ist das Elternsein eine der effektivsten Methoden, um das zu erreichen.

Über die Autorin

Elaine Aron ist klinische Psychologin und in der Forschung tätig. Sie hat mehrere internationale Bestseller geschrieben. Ihr erstes Buch *Sind Sie hochsensibel?* wurde in dreißig Sprachen übersetzt. Danach folgten: *Hochsensible Eltern*, *Hochsensibilität in der Liebe*, *Das hochsensible Kind*, *Sind Sie hochsensibel? – ein Arbeitsbuch* und *Hochsensible Menschen in der Psychotherapie*. Elaine Aron hat als Erste erkannt, dass Hochsensibilität ein angeborener Wesenszug ist. Seit ihrer ersten Studie hierzu hat sie Hochsensibilität wissenschaftlich untersucht. Daneben hat sie die Foundation for the Study of Highly Sensitive Persons gegründet und zeichnet für die Webseite und Online-Informationsplattform www.HSPerson.com verantwortlich. Sie hat in führenden Fachzeitschriften zahlreiche Aufsätze zum Thema veröffentlicht. Dr. Elaine Aron erwarb ihren Master in klinischer Psychologie an der York University in Toronto (Kanada) und promovierte in Klinischer Tiefenpsychologie am Pacifica Graduate Institute in Santa Barbara. Eine Zusatzausbildung erwarb sie am C. G. Jung Institute in San Francisco. Sie und ihr Ehemann, Dr. Arthur Aron, sind weltweit führend in der psychologischen Forschung zu engen Bindungen. Als Pioniere in der Erforschung der Hochsensibilität entwickelten sie Methoden, um mithilfe der Magnetresonanztomografie dem Geschehen im Gehirn Hochsensibler auf die Spur zu kommen. Elaine Aron lebt in Marin County, Kalifornien.

Hinweise des Verlags zu Vereinen, die im deutschsprachigen Raum Hochsensiblen Hilfe anbieten

- Die Webseite der auf Hochsensibilität spezialisierten Sozialwissenschaftlerin Petra Moira Schmidt (www.gute-loesungen.de) bietet Hilfestellung.
- Weitere Kontakte vor Ort finden Sie auf der Webseite des Informations- und Forschungsverbundes Hochsensibilität: www.hochsensibel.org/startseite/kontakte-vor-ort.php
- Der Verein hat Schwesterorganisationen in Österreich (www.zartbesaitet.net) und der Schweiz (www.hochsensibilitaet.ch)

Endnoten

1 Aron, Elaine, Aron, Arthur, Nardone, Natalie, Zhou, Shelly, "Sensory Processing Sensitivity and the Subjective Experience of Parenting: An Exploratory Study", in: *Family Relations* (2019).

2 Ainsworth, Mary S., "Infant-mother attachmen", in: *American Psychologist* 34, Nr. 10 (1979), S. 932.

3 Voort, Anja van der, "The importance of sensitive parenting: a longitudinal adoption study on maternal sensitivity, problem behavior, and cortisol secretion", Dissertation am *Institute of Education and Child Studies* der Universität Leiden, 2014.

4 Siehe: Ainsworth, in: *American Psychologist* 34, Nr. 10 (1979), S. 932.

5 Wolf, Max, Van Doorn, G. Sander, Weissing, Franz J., "Evolutionary emergence of responsive and unresponsive personalities", in: *Proceedings of the National Academy of Sciences* 105, Nr. 41 (2008), S. 15825 – 15830.

6 Aron, Elaine, Aron, Arthur, Jagiellowicz, Jadzia, "Sensory processing sensitivity: A review in the light of the evolution of biological responsivity", in: *Personality and Social Psychology Review* 16, Nr. 3 (2012), S. 262 – 282.

7 Aron, Elaine, Aron, Arthur, Nardone, Natalie, Zhou, Shelly, "Sensory Processing Sensitivity and the Subjective Experience of Parenting: An Exploratory Study", in: *Family Relations* (2019).

8 Brandjerdporn, Grace, Meredith, Pamela, Strong, Jenny, Green, Mandy, "Sensory sensitivity and its relationship with adult attachment and parenting styles", in: *PloS One* 14, Nr. 1 (2019), S. e0209555.

9 Aron, Arthur, Ketay, Sarah, Hedden, Trey, Aron, Elaine, Markus, Hazel Rose, Gabrieli. John, "Temperament trait of sensory processing sensitivity moderates cultural differences in neural response", in: *Social Cognitive and Affective Neuroscience* 5, Nr. 2 – 3 (2010), S. 219 – 226.

10 Jagiellowicz, Jadzia, Xu, Xiaomeng, Aron, Arthur, Aron, Elaine, Cao, Guikang, Feng, Tingyong, Weng, Xuchu, "The trait of sensory processing sensitivity and neural responses to changes in visual scenes", in: *Social Cognitive and Affective Neuroscience* 6, Nr. 1 (2010), S. 38 – 47. Bei der Aufgabe ging es darum, subtile Unterschiede auf Landschaftsfotos wahrzunehmen. Bei der schwierigeren Aufgabe zeigten HSM eine detailliertere Wahrnehmung als andere Probanden.

11 Hedden, Trey, Ketay, Sara, Aron, Arthur, Markus, Hazel Rose, Gabrieli, John, "Cultural influences on neural substrates of attentional control", in: *Psychological Science* 19, Nr. 1 (2008), S. 12 – 17. Die Wahrnehmungsaufgaben entpuppten sich als mehr oder weniger schwierig, je nach der Kultur, aus der der Proband stammte. Diese Schwierigkeiten lassen sich mit dem Magnetresonanztomografen messen. Dessen Bilder zeigen, wie viel Aktivität (Anstrengung) die verschiedenen Gehirnteile aufbringen müssen. Menschen, die aus einer Kultur stammen, in der das Kollektiv über dem

Individuum steht wie in China, berücksichtigen eher den Kontext einer Information: Ist eine Schachtel, die mit einem Strich versehen ist, genauso groß wie eine andere Schachtel, die an derselben Stelle einen Strich hat? (Unglaublich, dass die Kultur sich auf unsere Fähigkeit auswirkt, Feinheiten wahrzunehmen, nicht wahr?) Wie lang dieser Strich jedoch ist, rückt nicht in den Fokus ihrer Aufmerksamkeit. Wenn man sie also bittet, die verschiedenen Längen zu vergleichen, haben sie damit Schwierigkeiten.
Amerikaner, die aus einer individualistischen Kultur stammen, sehen eher individuelle Eigenschaften – ob der Strich auf der Schachtel genauso lang ist wie der auf der anderen Schachtel. Oder eben nicht. Ihr Gehirn allerdings muss mehr Arbeit leisten, um die Größe der Schachteln zu vergleichen. Zusammengefasst: Wenn Sie aus einer kollektiven Kultur kommen, in der der soziale Kontext zählt, ist die erste Aufgabe leichter zu erfüllen. Stammen Sie dagegen aus einer individualistischen Kultur, gelingt die zweite leichter.

12 Acevedo, Bianca, Aron, Elaine, Aron, Arthur, Sangster, Matthew Donald, Collins, Nancy, Brown, Lucy, "The highly sensitive brain: an fMRI study of sensory processing sensitivity and response to others' emotions", in: *Brain and Behavior* 4, Nr. 4 (2014), S. 580 – 594.

13 Ebda.

14 Aron, Elaine, Aron, Arthur, "Sensory-processing sensitivity and its relation to introversion and emotionality", in: *Journal of Personality and Social Psychology* 73, Nr. 2 (1997), S. 345.

15 Aron, Elaine N., Aron, Arthur, Davies, Kristin M., "Adult shyness: The interaction of temperamental sensitivity and an adverse childhood environment", in: *Personality and Social Psychology Bulletin* 31, Nr. 2 (2005), S. 181 – 197. Unmittelbar danach teilte man den Probanden mit, dass einige von ihnen Aufgaben von erheblichem Schwierigkeitsgrad zu lösen bekommen hatten, während man andere geradezu lächerlich einfache Dinge gefragt hatte. Die Probanden unterzogen sich einem Stimmungstest, und zwar jeweils unmittelbar vor dieser Mitteilung und nach dem Test. Dies sollte uns Aufschluss geben, wie der Eindruck, den sie von ihren Resultaten hatten, die HSM bzw. die Nicht-HSM unter ihnen beeinflusste.

16 Jagiellowicz, Jadzia, Aron, Arthur, Aron, Elaine, "Relationship between the temperament trait of sensory processing sensitivity and emotional reactivity", in: *Social Behavior and Personality: an International Journal* 44, Nr. 2 (2016), S. 185 – 199.

17 Acevedo, Bianca, Aron, Elaine, Aron, Arthur, Sangster, Matthew Donald, Collins, Nancy, Brown, Lucy, "The highly sensitive brain: an fMRI study of sensory processing sensitivity and response to others' emotions", in: *Brain and Behavior* 4, Nr. 4 (2014), S. 580 – 594.

18 Die Spiegelneuronen wurden erst in den letzten zwanzig Jahren entdeckt. Erstmals beschrieben wurden sie in einem Labor in Parma, wo Wissenschaftler Makaken (einer Affenart) Elektroden ins Gehirn pflanzten, um herauszufinden, welcher Teil des Gehirns welche Handbewegungen koordiniert. Man stellte fest, in welcher Gehirnregion es zu Aktivitäten kam,

während ein Affe seine Hand hob, um etwas zu ergreifen. Dann stellte sich heraus, dass dieselben Aktivitäten im Gehirn des Affen zu beobachten waren, wenn die Wissenschaftler etwas in die Hand nahmen. Es brauchte eine Weile, bis die Wissenschaftler dahinterkamen, was da passierte. Dann nannte man die betroffenen Neuronen »Spiegelneuronen«, weil sie die Affen dazu brachten nachzuahmen, was die Menschen taten. Was die Existenz der Spiegelneuronen für den Menschen bedeutete, kam erst noch später ans Licht. Mittlerweile wissen wir, dass auch beim Menschen bestimmte Gehirnregionen aktiv werden, wenn er andere Menschen dabei beobachtet, wie sie etwas tun oder empfinden. Es sind jedes Mal dieselben Neuronen, die sich bei dem Beobachteten melden. Mehr dazu finden Sie in: Rizzolatti, Giacomo, Sinigaglia, Corrado, *Empathie und Spiegelneurone: Die biologische Basis des Mitgefühls*, Frankfurt a. M. 2008.

19 Baumeister, Roy, Vohs, Kathleen, DeWall, C. Nathan, Zhang, Liqing, "How emotion shapes behavior: Feedback, anticipation, and reflection, rather than direct causation", in: *Personality and Social Psychology Review* 11, Nr. 2 (2007), S. 167 – 203. Baumeister ist bekannt dafür, dass er Themen aus einem völlig neuen Blickwinkel anpackt. In diesem Fall lautet seine Argumentation: Normalerweise glauben wir, dass Emotionen das rationale Denken stören, wenn wir Entscheidungen zu treffen haben oder aktiv werden müssen. In Wirklichkeit stellt sich der Großteil der Emotionen erst nach dem Ereignis ein. Diese helfen uns, uns an das Geschehen zu erinnern und daraus zu lernen. Letztlich werden dadurch rationale Entscheidungen in der Zukunft gefördert.

20 Baumeister et al. (2007), in: *Personality and Social Psychology Review* 11, Nr. 2 (2007), S. 167 – 203.

21 Jagiellowicz et al., in: *Social Cognitive and Affective Neuroscience* 6, Nr. 1 (2010), S. 38 – 47.

22 Gerstenberg, Friederike, "Sensory-processing sensitivity predicts performance on a visual search task followed by an increase in perceived stress", in: *Personality and Individual Differences* 53, Nr. 4 (2012), S. 496 – 500.

23 Wolf et al., in: *Proceedings of the National Academy of Sciences* 105, Nr. 41 (2008), S. 15825 – 15830.

24 Leake, Rosemary, Weitzman, Richard, Glatz, Theodore, Fisher, Delbert, "Plasma oxytocin concentrations in men, non-pregnant women, and pregnant women before and during spontaneous labor", in: *The Journal of Clinical Endocrinology & Metabolism* 53, Nr. 4 (1981), S. 730 – 733.

25 Wachs, Theodore, "Relation of maternal personality to perceptions of environmental chaos in the home", in: *Journal of Environmental Psychology* 34 (2013), S. 1 – 9.

26 Hanson, Rick, Hanson, Jan, Pollycove, Ricki, *Mother Nurture: A Mother's Guide to Health in Body, Mind, and Intimate Relationships*, New York 2002. (Das Buch ist leider nicht auf Deutsch erschienen, Anm. d. Übers.)

27 Ebda.

28 Cohen, Sheldon, Janicki-Deverts, Denise, Turner, Ronald, Doyle, William, "Does hugging provide stress-buffering social support? A study of susceptibility to upper respiratory infection and illness", in: *Psychological Science* 26, Nr. 2 (2015), S. 135 – 147.

29 Bass, Brenda, Butler, Adam, Grzywacz, Joseph, Linney, Kirsten, "Do job demands undermine parenting? A daily analysis of spillover and crossover effects", in: *Family Relations* 58, Nr. 2 (2009), S. 201 – 215.

30 Carter, Bernie, "Parenting: A glut of information", in: *Journal of Child Health Care* vom Juni 2007, Nr. 11-2, S. 82 – 84.

31 Kurcinka, Mary Sheedy, *Wie anstrengende Kinder zu großartigen Erwachsenen werden*, München 2019.

32 Pluess, Michael, Belsky, Jay, "Differential susceptibility to rearing experience: The case of childcare", in: *Journal of Child Psychology and Psychiatry* 50, Nr. 4 (2009), S. 396 – 404.

33 Patterson, C. Mark, Newman, Joseph, "Reflectivity and learning from adversive events: Toward a psychological mechanism for the syndromes of disinhibition", in: *Psychological Review 100,* Nr. 4 (1993), S. 716.

34 Vohs, Kathleen, Baumeister, Roy, Schmeichel, Brandon, Twenge, Jean, Nelson, Noelle. Tice, Dianne, "Making choices impairs subsequent self-control: A limited-resource account of decision making, self-regulation, and active initiative", in: *Self-Regulation and Self-Control*, Oxfordshire 2018, S. 45 – 77.

35 Baumeister, Roy, et al., "How emotion shapes behavior: Feedback, anticipation, and reflection, rather than direct causation", in: *Personality and Social Psychology Review* 11, Nr. 2 (2007), S. 167 – 203.

36 Borysenko, Joan, Dveirin, Gordon, *Your soul's compass*, Carlsbad 2008.

37 Jaeger, Barrie, *Making Work Work for the Highly Sensitive Person*, New York 2004.

38 Levinson, Harry, "A second career: The possible dream", in: *Harvard Business Review* 61, Nr. 3 (1983), S. 122 – 129.

39 Brindle, Kimberley, Moulding, Richard, Bakker, Kaitlyn, Nedeljkovic, Maja, "Is the relationship between sensory processing sensitivity and negative affect mediated by emotional regulation?", in: *Australian Journal of Psychology* 67, Nr. 4 (2015), S. 214 – 221.

40 Rainer Maria Rilke, »Gott spricht zu jedem nur«, in: ders., *Sämtliche Werke*, Bd. 1, Frankfurt a. M. 1955, S. 294.

41 Taylor, Steven, "Anxiety sensitivity and its implications for understanding and treating PTSD", in: *Advances in the Treatment of Posttraumatic Stress Disorder: Cognitive-Behavioral Perspectives* (2004), S. 57 – 66.

42 Fairbrother, Nichole, Woody, Sheila, "New mothers' thoughts of harm related to the newborn", in: *Archives of Women's Mental Health* 11, Nr. 3 (2008), S. 221 – 229.

43 Wolak, Janis, Finkelhor, David, Sedlak, Andrea, "Child victims of stereotypical kidnappings known to law enforcement in 2011", in: *Juvenile Justice*

Bulletin (2016), S. 1 – 20.

44 Foxman, Paul, *Dancing with fear: Overcoming anxiety in a world of stress and uncertainty*, Lanham 1999.

45 Pearlstein, Teri, Howard, Margaret, Salisbury, Amy, Zlotnick, Caron, "Postpartum depression", in: *American Journal of Obstetrics and Gynecology* 200, Nr. 4 (2009), S. 357 – 364.

46 Paulson, James, Bazemore, Sharnail, "Prenatal and postpartum depression in fathers and its association with maternal depression: a meta-analysis", in: *Jama* 303, Nr. 19 (2010), S. 1961 – 1969.

47 Swain, James, Kim, P., Spicer, J., Ho, S. S., Dayton, Carolyn. Elmadih, A., Abel, K. M., "Approaching the biology of human parental attachment: Brain imaging, oxytocin and coordinated assessments of mothers and fathers", in: *Brain Research* 1580 (2014), S. 78 – 101.

48 Ebda.

49 Figueiredo, Bárbara, Conde, Ana, "Anxiety and depression symptoms in women and men from early pregnancy to 3-months postpartum: parity differences and effects", in: *Journal of Affective Disorders* 132, Nr. 1 – 2 (2011), S. 146 – 157.

50 Zum Beispiel: Rosenberg, Marshall B., *Gewaltfreie Kommunikation – eine Sprache des Lebens*, Paderborn 2016.

51 Potegal, Michael, Kosorok, Michael, Davidson, Richard, "Temper tantrums in young children: (2) Tantrum duration and temporal organization", in: *Journal of Developmental & Behavioral Pediatrics* 24, Nr. 3 (2003), S. 148 – 154.

52 Solter, Aletha, *Auch kleine Kinder haben großen Kummer*, München 2000.

53 Aron, Elaine, *Die Kraft der Bindung: wie Liebe und Anerkennung unseren Selbstwert bestimmen*, München 2018.

54 Luhmann, Maike, Hofmann, Wilhelm, Eid, Michael, Lucas, Richard, "Subjective well-being and adaptation to life events: a meta-analysis", in: *Journal of Personality and Social Psychology* 102, Nr. 3 (2012), S. 592. Diese recht ausführliche Zusammenfassung kommt zu dem Schluss, dass die Beziehungsqualität nach dem ersten Kind meist leidet, die allgemeine Lebenszufriedenheit aber nicht. Eine andere Studie kommt zu dem Ergebnis, dass die Zufriedenheit mit der Ehe im Durchschnitt abnimmt, es nach der Geburt aber zu ganz unterschiedlichen Einschätzungen kommt. Bei manchen Menschen nimmt die Zufriedenheit auch zu, von einer Abnahme allerdings berichten mehr Menschen, sodass sich im Endergebnis eine allgemeine Abnahme ergibt. Siehe dazu: Tucker, Paula, Aron, Arthur, "Passionate love and marital satisfaction at key transition points in the family life cycle", in: Journal of Social and Clinical Psychology 12, Nr. 2 (1993), S. 135 – 147.

55 Aron, Elaine, *Hochsensibilität in der Liebe*, München 2015.

56 Hanson, Rick, et al., *Mother Nurture: A Mother's Guide to Health in Body, Mind, and Intimate Relationships*, London 2002.

57 Aron, Elaine, *Hochsensibilität in der Liebe*, München 2015.

58 Gottman, John, Silver, Nan, *Die 7 Geheimnisse einer glücklichen Ehe*, Berlin 2012, S. 187.

59 Rosenberg, Marshall B., *Gewaltfreie Kommunikation – eine Sprache des Lebens*, Paderborn 2016.

60 Aron, Elaine, *Sind Sie hochsensibel?*, München 2019.

61 Aron, Elaine, *Die Kraft der Bindung*, München 2018. Siehe dort im Stichwortverzeichnis unter »emotionales Schema«.

62 Johnson, Sue, *Halt mich fest: Sieben Gespräche über lebenslange Liebe*, Paderborn 2019.

63 Reissman, Charlotte, Aron, Arthur, Bergen, Merlynn, "Shared activities and marital satisfaction: Causal direction and self-expansion versus boredom", in: *Journal of Social and Personal Relationships* 10, Nr. 2 (1993), S. 243 – 254.

64 Xu, Xiaomeng, Lewandowski, Gary, Aron, Arthur, "The self-expansion model and optimal relationship development", in: *Positive Approaches to Optimal Relationship Development* (2016), S. 79 – 100.

65 Gable, Shelly, Gosnell, Courtney, Maisel, Natalya, Strachman, Amy, "Safely testing the alarm: Close others' responses to personal positive events", in: *Journal of Personality and Social Psychology* 103, Nr. 6 (2012), S. 963.

66 Rogge, Ronald, Cobb, Rebecca, Lawrence, Erika, Johnson, Matthew, Bradbury, Thomas, "Is skills training necessary for the primary prevention of marital distress and dissolution? A 3-year experimental study of three interventions", in: *Journal of Consulting and Clinical Psychology* 81, Nr. 6 (2013), S. 949.

67 Becker, William, Belkin, Liuba, Tuskey, Sarah, "Killing me softly: Electronic communications monitoring and employee and spouse well-being" In: *Academy of Management Proceedings*, Bd. 2018, Nr. 1, S. 12574.

68 Misra, Shalini, Cheng, Lulu, Genevie, Jamie, Yuan, Miao, "The iPhone effect: the quality of in-person social interactions in the presence of mobile devices", in: *Environment and Behavior* 48, Nr. 2 (2016), S. 275 – 298.

69 Aron, Elaine, *Hochsensibilität in der Liebe*, München 2015.

70 Muise, Amy, Schimmack, Ulrich, Impett, Emily, "Sexual frequency predicts greater well-being, but more is not always better", in: *Social Psychological and Personality Science* 7, Nr. 4 (2016), S. 295 – 302.

71 Gottman, John, Silver, Nan, *Die 7 Geheimnisse einer glücklichen Ehe*, Berlin 2012.

72 Hendrix, Harville, *So viel Liebe wie du brauchst*, Vachendorf 2016, Onlineausgabe. Oder: Hendrix, Harville, *Liebe einfach ... und eure Partnerschaft blüht auf*, Vachendorf 2013.

Stichwortverzeichnis

N

O

P

R

Auch als **E-Book** erhältlich

488 Seiten
19,90 € (D) | 20,50 € (A)
ISBN 978-3-63606-356-4

Dr. Elaine N. Aron

Das hochsensible Kind

Wie Sie auf die besonderen Schwächen und Bedürfnisse Ihres Kindes eingehen

Reagiert ein Kind ängstlich auf laute Geräusche, unbekannte Menschen oder Änderungen im Tagesablauf, könnte es hochsensibel sein.
15 bis 20 Prozent aller Kinder sind auf diese besondere Art und Weise empfindsam. Und oftmals sind es gerade die klugen, kreativen Kinder. Bei manchen führt die gesteigerte Sensibilität aber auch zu Schüchternheit oder Konzentrationsschwierigkeiten.
Elaine N. Aron gibt in diesem Standardwerk Eltern Hilfestellungen, wie sie die Hochsensibilität ihres Kindes erkennen und es seiner besonderen Empfindsamkeit gemäß fördern und begleiten können.

mvgverlag